STAR MARKET IPO
PRACTICE ESSENCE

科创板上市
实务精要

袁森庚　李智琪　舒长林　张振华 等／著

中国经济出版社
CHINA ECONOMIC PUBLISHING HOUSE
北 京

图书在版编目（CIP）数据

科创板上市实务精要/袁森庚等著.
—北京：中国经济出版社，2019.10
ISBN 978-7-5136-5772-3
Ⅰ.①科… Ⅱ.①袁… Ⅲ.①创业板市场—上市公司—研究—中国 Ⅳ.①F279.246
中国版本图书馆 CIP 数据核字（2019）第 147002 号

广州鼎诚家族办公室有限公司对本书出版的鼎力支持，我们深表感谢！

策划编辑 汪 京 雷 生
责任编辑 叶亲忠
责任印制 马小宾
封面设计 华子图文

出版发行 中国经济出版社
印 刷 者 北京柏力行彩印有限公司
经 销 者 各地新华书店
开　　本 710mm×1000mm　1/16
印　　张 15.5
字　　数 230 千字
版　　次 2019 年 10 月第 1 版
印　　次 2019 年 10 月第 1 次
定　　价 58.00 元
广告经营许可证 京西工商广字第 8179 号

中国经济出版社 **网址** www.economyph.com **社址** 北京市东城区安定门外大街 58 号 **邮编** 100011
本版图书如存在印装质量问题，请与本社销售中心联系调换（联系电话：010-57512564）

序言

FOREWORD

科创板是中国证券市场的盛世，将从根本上改变证券市场的格局。我国目前主板、中小板、创业板市场实行的是保荐制，其核心是考察企业的合规水平和持续盈利能力，对企业申请上市设置较高门槛，由监管部门把关，允许一些“问题不多，业绩不错”的企业上市。保荐制对我国的证券市场完善起到了很大作用，在一定程度上支持了企业的上市融资，并且对于广大中小投资者起到了一定的保护作用。

但目前的审核方式也存在很多问题，最突出的就是难以解决成长期科技创新企业的融资问题。由于科技创新企业有别于传统企业，具有前期研发投入高、轻资产运行、盈利周期长、股权结构设计复杂等特点，因此在科技创新企业最需要融资的成长阶段，往往都由于不符合保荐制的合规要求或盈利要求而难以在国内证券市场实现上市。为了解决上述问题，科创板实行注册制，即在保证企业信息披露真实、准确、完整的基础上，把对企业上市的选择权更大程度上交给市场，监管思路的重点由之前的对企业合规水平、盈利水平的判断转移到对企业信息披露水平的判断上来，这样就给不同发展阶段、不同盈利水平、不同股权架构的企业都提供了上市机会。

因此，科创板代表了我国证券市场审核理念的转变，值得每一位企业家朋友、中介机构朋友认真研究。本书作者为奋战在资本市场第一线的券商、律师、会计师人员，他们把对制度的理解，在实务中遇到的突出问题整理分析，希望能为各位读者提供申请科创板上市的实操性参考。

本书将从科创板上市实务的角度，为您分析企业申请科创板上市需解决的重点问题。本书共分为五章，第一章科创板概览阐述了科创板的基本定位，科创板的特点，您从中可以了解到科创板与其他板块的区别，以及新三板公司申请科创板的基本策略。第二章、第三章分别从法律、财务角度讲述了申请科创板上市需要重点关注的问题，其中有丰富的案例供您参考。第四章、第五章则探讨推动企业成长的公司治理、股权激励等问题，以便设计出符合科创板审核要求的公司治理和股权激励模式。

希望本书对您有所帮助。

高 伟

东北证券投行部董事、保荐代表人

自序

PREFACE

2015 年 11 月，国家主席习近平提出“供给侧结构性改革”，并将其作为当前中国经济发展阶段的核心任务。2017 年 10 月，党的十九大进一步明确指出，中国已经进入新时代，中国经济已经进入高质量发展阶段，需要进一步创新发展理念，建设现代化经济体系。当前，中国经济已经进入新一轮创新变革周期，其核心是从以往单纯的资源、资金驱动的发展模式转向创新驱动的发展模式。在实现创新驱动发展过程中，发展具有科技含量高、有较高科技门槛的产业是核心。而进一步推进发展新兴科技类企业是中国供给侧结构性改革成功的重要举措。

然而，新一代信息技术、智能制造、科技医疗、云计算、新材料和新能源等创新技术的研发、积累和运用，需要大量的资金为支撑。为进一步落实创新驱动发展战略，增强资本对提高我国关键核心技术创新能力的服务水平，促进高新技术产业和战略性新兴产业的发展，2018 年 11 月，习主席在首届中国国际进口博览会开幕式上宣布在上交所设立科创板，并试行 IPO 注册制。2019 年 1 月 30 日，证监会发布《关于在上海证券交易所设立科创板并试点注册制的实施意见》，3 月 1 日，证监会发布《科创板首次公开发行股票注册管理办理（试行）》和《科创板上市公司持续监管办法（试行）》。设立科创板并试点注册制乃中国资本市场一项重大改革举措，将大力提升资本服务于科技创新的能力，进一步增强市场的包容性，持续强化市场的优化功能。

企业首次在科创板公开发行股票并上市（以下简称“科创板上市”），应当具备法律规定的各项条件。企业科创板上市实行注册制，将进一步要求上市企业完整、真实、准确披露企业信息。为实现科创板上市之目的，企业需聘请券商、律师、会计师等中介机构提供上市辅导，需要中介机构依法依规从企业行业发展、核心技术、法律和财务等方面对企业进行全面辅导并提出改进建议，上交所对符合上市条件的企业提交证监会申请注册，证监会对符合注册条件的企业依法同意其注册。根据上海证券交易所的公开数据显示，截至2019年7月15日，科创板的上市企业过会率和同意注册率为100%。

《科创板上市实务精要》一书正是在上述背景下，结合科创板法律法规和已过会项目进行深入思考和归纳总结，对国家设立科创板并试点注册制进行详细介绍，对企业科创板上市的重点法律问题、重点财务问题、重点税务问题、公司治理和股权激励等问题进行了全面的阐述。希望本书能帮助企业家认识科创板，清晰判断企业离科创板上市的差距，企业科创板上市的路径，能帮助有志于资本市场的律师更快熟悉科创板上市法律服务工作重点，清单式的重点法律、财务和税务事项的总结，希望能帮助投资机构迅速判断投资企业是否存在上市障碍，为投资决策提供参考依据。

本书创作团队具有多年资本市场法律、财税从业经历，主要从事公司金融、证券和税务等领域的实务工作和理论研究。创作团队将自己对制度的理解以及在实务中遇到的突出问题进行分析，希望能为读者提供有关科创板上市实操性的参考。我们也真诚欢迎读者对本书不足之处能予以指正。

是为序。

本书创作团队

2019年8月16日

目录

CONTENTS

第一章　科创板概览

第一节　科创板介绍

一、定位和意义

2018 年 11 月 5 日，国家主席习近平在首届中国国际进口博览会开幕式上发表主旨演讲，表示将在上海证券交易所（以下简称“上交所”）设立科创板并试点注册制。随后，证监会与上交所表示，将抓紧完善科创板的相关制度规则安排，并制订相应的工作方案、各项规则以及配套制度，借鉴国际成功经验，把握好注册制试点的力度和节奏。

2019 年 6 月 13 日，在第十一届陆家嘴论坛开幕式上，中国证监会和上海市人民政府联合举办了上海证券交易所科创板开板仪式。中共中央政治局委员、国务院副总理刘鹤，中共中央政治局委员、上海市委书记李强，中国证监会主席易会满，上海市市长应勇，共同为科创板开板。易会满主持科创板开板仪式并致开板辞。科创板正式开板，标志着党中央国务院关于设立科创板并试点注册制这一重大改革任务的落地实施。下一步，证监会将会同市场有关各方，扎实、细致、深入地做好上市前的各项准备工作，推动科创板平稳开市、稳健运行。

（一）定位

为进一步落实创新驱动发展战略，增强资本市场对提高我国关键核心技术创新能力的服务水平，促进高新技术产业和战略性新兴产业发展，支持上海国际金融中心和科技创新中心建设，完善资本市场基础制度，推动我国高新技术产业和资本市场的高质量发展。党和国家在上交所新设科创板，主要服务于坚持面向世界科技前沿、面向经济主战场、面向国家重大需求，主要服务于符合国家战略、突破关键核心技术、市场认可度高的科技创新公司。重点支持新一代信息技术、高端装备、新材料、新能源、节能环保以及生物医药等高新技术产业和战略性新兴产业，推动互联网、大数据、云计算、人工智能和制造业深度融合，引领中高端消费，推动质量变革、效率变革、动力变革。

在上交所设立科创板之前，我国多层次资本市场体系已经建立，其主要由主板、中小板、创业板、新三板以及区域股权市场构成。从多层次资本市场构成来看，科创板与现有的各板块都有所不同，属于资本市场的增量改革措施，是对现有多层次资本市场体系的补充，其层次划分应当介于创业板与新三板之间。在多层次资本市场中，科创板所扮演的角色主要是支持科技创新型公司的发展，加强资本市场服务实体经济的能力。

科创板将独立于主板市场，其股票发行、上市标准、证券交易、股权激励、社会责任、表决权差异安排、投资者适当性、退市标准、信息披露等各项制度均与现行的主板、中小板、创业板和新三板的制度有较大差异性。注册制下的科创板，从发行制度上来看，发行材料审核权限和流程将从证监会下放至上交所，审核更偏重形式审查，更注重公司信息披露的全面性、准确性、完整性，弱化对于公司财务指标的硬性要求。

（二）意义

科创板作为中国资本市场改革的重大举措，从决定设立、到制度设计、再到现在的有序推进，其对国家和国家的经济发展具有重要的意义。

设立科创板是落实创新驱动和科技强国战略、推动高质量发展、支持上海国际金融中心和科技创新中心建设的重大改革举措，是完善资本市场基础制度、激发市场活力和保护投资者合法权益的重要安排。

设立科创板，可以更快实现资本市场和科技创新更加深度的融合，科技创新具有投入大、周期长、风险高等特点，而间接融资、短期融资在这方面常常会感觉力有不逮，科技创新离不开长期资本的引领和催化。这些年，我国资本市场在加大支持科技创新力度上，已经有了很多探索和努力，但囿于种种原因，二者的对接还留下了不少缝隙。很多发展势头良好的创新公司远赴境外上市，说明这方面仍有很大提升空间。设立科创板，为有效化解这些问题提供了更大可能；其补齐了资本市场服务科技创新的短板，通过科创板有效解决创新公司的融资问题，是科创板从一开始就要肩负的重要使命。科创板成为资本市场基础制度改革创新的“试验田”，是资本市场的增量改革，区别于主板、中小板、创业板、新三板，在科创板试点注册制，可以说是为改革开辟了一条创新性的路径。同时，科创板通过在盈利状况、股权结构等方面的差异化安排，将增强对创新公司的包容性和适应性。同时，在投资者权益保护上，科创板针对创新公司的特点，在资产、投资经验、风险承受能力等方面加强科创板投资者适当性管理，引导投资者理性参与。同时，应通过发行、交易、退市、证券公司资本约束等新制度以及引入中长期资金等配套措施，实现健康稳定长远发展。科创板未来在专门引入大量科技创新型公司的同时，将为 VC、PE 等股权投资机构带来新的投资退出渠道，有利于金融资本进入科技创新产业领域。而股权投资资本的进一步活跃，也将会和科创板二级市场一起，共同推动新经济龙头公司和大量细分行业龙头公司加速形成。

科创板设立后，我国境内资本市场将由主板、中小板、科创板、创业板、新三板及区域股权市场组成，资本市场结构更加完善和多元化。与此同时，科创板也给一级市场投资圈带来了许多积极影响，高新技术型公司、创新型公司上市渠道的拓宽既可以吸引更多投资者关注科技创新领域，为投资者增加了一条退出通道，也加速了高新技术型创业公司的成长，有助于提高优质创新型公司的估值。此外，不得不注意的一点是，科创板直接利好的科技创新型中小公司大多为民营公司，因此这一政策也在侧面为民营公司和民营经济的发展提供了新的机遇。另外，科创板的设立将大幅减少内地科技型公司海外 IPO 的行为，内地投资者不再需要通过其他渠道，便能享受国内科技型公司带来的红利。不过，短期来看，对二级市场来说，科创板的设立是一个利空消息，部分投资人担心市场规模扩容加速可能会进一步分流二级市场的存量资金。但长期来看，市场规模扩容、多层次资本市场建设会使得估值虚高、脱离基本面支撑的妖股估值回归合理，促进优质股价格提升，最终使二级市场估值回归理性，并在良好的交易秩序下，吸引更多资金入场。

二、注册制

1990年，沪深证券交易所相继成立。1993年，证券市场建立了全国统一的股票发行审核制度，并先后经历了行政主导的审批制和市场化方向的核准制。具体而言，审批制包括额度管理和指标管理两个阶段；核准制包括通道制和保荐制两个阶段；2018年11月5日，国家主席习近平在首届中国国际进口博览会开幕式发表主旨演讲，宣布在上交所设立科创板并试点注册制。自此，进入以信息披露为核心的注册制时代。

（一）额度管理阶段

1993年4月25日，国务院颁布了《股票发行与交易管理暂行条例》，标志着审批制的确立。[①] 在审批制下，股票发行由国务院证券监督管理机构根据经济和市场供求情况，在宏观上制定当年股票发行总规模，经国务院批准后，再由计委根据各个省级行政区域和行业在国民经济发展中的地位和需要进一步将总额度分配到各省、自治区、直辖市、计划单列市和国家有关部委。省级政府和国家有关部委在各自的发行规模内推荐预选公司，证券监管机构对符合条件的预选公司的申报材料进行审批。

（二）指标管理阶段

1996年9月2日，国务院证券委员会公布了《关于1996年全国证券期货工作安排意见》，推行总量控制、限报家数的指标管理办法。[②] 由国家

---

①② 中国证券监督管理委员会网站：http：//www. csrc. gov. cn/pub/new site/ztzl/xgfxtzgg/xgfxbjc/20130703-230251. html.

计委、证券委共同制定股票发行总规模，证监会在确定的规模内，根据市场情况向各省级政府和行业管理部门下达股票发行家数指标，省级政府或行业管理部门在指标内推荐预选公司，证券监管部门对符合条件的预选公司同意其上报发行股票正式申报材料并审核。1997年，证监会下发了《关于做好1997年股票发行工作的通知》，同时增加了拟发行股票公司预选材料审核的程序，由证监会对地方政府或中央公司主管部门推荐的公司进行预选，改变了两级行政审批下单纯由地方推荐公司的做法，开始了对公司的事前审核。

（三）通道制阶段

1999年7月，《中华人民共和国证券法》确立了核准制的法律地位。1999年9月，证监会推出了股票发行核准制实施细则。[①] 随后，证监会又陆续制定了一系列与《证券法》相配套的法律法规和部门规章，例如《中国证监会股票发行审核委员会条例》《中国证监会股票发行核准程序》《股票发行上市辅导工作暂行办法》等，构建了股票发行核准制的基本框架。核准制程序包括：第一，省级人民政府和主管部委批准改制设立股份有限公司；第二，拟发行公司与有资格的证券公司签订辅导（保荐）协议，报当地证管办备案，签订协议后，每两个月上报一次辅导材料，辅导时间为期一年；第三，辅导期满，拟发行公司提出发行申请，证券公司依法予以推荐（保荐）；第四，证监会进行合规性初审后，提交发行审核委员会审核，经发审委专家投票表决，最终经证监会核准后，决定其是否具有发行资格。

（四）保荐制阶段

2003年12月，证监会制定了《证券发行上市保荐制度暂行办法》等法规。[②]保荐制度是指有资格的保荐人推荐符合条件的公司公开发行证券和上市，并对所推荐的发行人的信息披露质量和所做承诺提供持续训示、督促、辅导、指导和信用担保的制度。其主要内容包括：建立保荐机构和保荐代表人的注册登记管理制度；明确保荐期限；分清保荐责任；引进持续

---

①② 中国证券监督管理委员会网站：http：//www. csrc. gov. cn/pub/new site/ztzl/xgfxtzgg/xg-fxbjc/20130703-230251. html.

信用监管和冷淡对待的监管措施四个方面。保荐制度的重点是明确保荐机构和保荐代表人的责任并建立责任追究机制。与通道制相比，保荐制度增加了由保荐人承担发行上市过程中连带责任的内容，以确保保荐机构的保荐人的勤勉尽责义务。

（五）注册制阶段

2015 年 12 月 27 日，第十二届全国人民代表大会常务委员会第十八次会议通过《全国人民代表大会常务委员会关于授权国务院在实施股票发行注册制改革中调整适用〈中华人民共和国证券法〉有关规定的决定》；2018 年 2 月 24 日，第十二届全国人民代表大会常务委员会第三十三次会议通过《全国人民代表大会常务委员会关于延长授权国务院在实施股票发行注册制改革中调整适用〈中华人民共和国证券法〉有关规定期限的决定》；2018 年 11 月 5 日，国家主席习近平在首届中国国际进口博览会开幕式发表主旨演讲，宣布在上交所设立科创板并试点注册制。自此，中国证券市场进入了以市场为核心的注册制时代。

与核准制相比，实施注册制的条件更高：一是市场参与者成熟度高，中介机构及投资者对公司价值有较为准确的判断，发行人具有较高的诚信度，能够及时、准确、完整地进行信息披露；二是完善的制度建设，包括信息披露制度、退市制度、投资者保护制度等方面。目前，在多层次市场体系建设、交易者成熟度、发行主体、中介机构和询价对象定价自主性与定价能力以及大盘估值水平合理性等方面，还存在不少与实施注册制改革不完全适应的问题，大规模推行注册制时机尚未完全成熟，而此次选择科创板作为注册制的试验田，一方面可以积累我国在注册制发展上的经验，另一方面，也可以有效防范系统性风险。

三、法律制度和政策

《中华人民共和国公司法》（2018 年修正）
《中华人民共和国证券法》（2014 年 8 月 31 日修正）
《中华人民共和国证券投资基金法》（2015 年 4 月 24 日修正）

续表

《全国人民代表大会常务委员会关于授权国务院在实施股票发行注册制改革中调整适用〈中华人民共和国证券法〉有关规定的决定》（2015 年 12 月 27 日）
《全国人民代表大会常务委员会关于延长授权国务院在实施股票发行注册制改革中调整适用〈中华人民共和国证券法〉有关规定期限的决定》（2018 年 2 月 24 日）
国家主席习近平在首届中国国际进口博览会开幕式提出设立科创板并试点注册制（2018 年 11 月 5 日）上交所、证监会、上海科委等部门答记者问（2018 年 11 月）
湖北、安徽、江苏、浙江等多个地区的相关部门也在策划高新技术公司去科创板上市（2018 年 11 月）
上交所已完成设立科创板并试点注册制的方案草案，科创板核心制度设计已进入公开征求意见前的关键时期（2018 年 12 月）
证监会消息称，部署明年九项重点工作，科创板尽快落地被列为首位（2018 年 12 月 24 日）
证监会公开表示，证监会正在指导和协同上海交易所，在充分听取市场意见和各个部委的意见基础上，日夜工作，尽早推动科创板和试点注册制的落地（2019 年 1 月 12 日）
中央全面深化改革委员会通过设立上交所科创板并试点注册制总体实施方案（2019 年 1 月 23 日）
证监会官网正式发布了《关于在上海证券交易所设立科创板并试点注册制的实施意见》（2019 年 1 月 30 日）
证监会召开设立科创板并试点注册制相关制度规则征求意见座谈会（2019 年 2 月 13 日）
上交所召开设立科创板并试点注册制配套规则征求意见座谈会（2019 年 2 月 15—17 日）
易会满到上海调研设立科创板并试点注册制准备工作（2019 年 2 月 20—21 日）
易会满出任证监会主席后，首次公开亮相，就设立科创板并试点注册制，及进一步促进资本市场稳定健康发展有关情况进行介绍并答记者问（2019 年 2 月 27 日）
2019 年 3 月，设立科创板并试点注册制主要制度规则正式发布：《科创板首次公开发行股票注册管理办法（试行）》《科创板上市公司持续监管办法（试行）》《中国证券登记结算有限责任公司证券登记规则》《中国证券登记结算有限责任公司科创板股票登记结算业务细则（试行）》《上海证券交易所科创板股票发行上市审核规则》《上海证券交易所科创板股票上市委员会管理办法》《上海证券交易所科技创新咨询委员会工作规则》《中国证监会科技创新咨询委员会工作规则（试行）》《上海证券交易所科创板股票发行与承销实施办法》《上海证券交易所科创板股票上市规则》《科创板创新试点红筹公司财务报告信息披露指引》《上海证券交易所科创板股票交易特别规定》《上海证券交易所科创板股票交易特别规定》《上海证券交易所科创板股票盘后固定价格交易指引》《上海证券交易所科创板股票交易风险揭示书必备条款》《上海证券交易所科创板公司上市推荐指引》
关于证券公司开通客户科创板股票交易权限的答记者问（2019 年 3 月 7 日）
2019 年证券公司保荐代表人系列培训班内容纪要（科创板专题）（2019 年 3 月 18 日）
上海证券交易所科创板股票发行上市审核问答（二）（2019 年 3 月 24 日）

第二节　科创板和其他板块比较

一、科创板和国内资本市场比较

<table>
<tr><th>板块
项目</th><th>科创板</th><th>主板</th><th>中小板</th><th>创业板</th><th>新三板</th></tr>
<tr><td>上市制度</td><td>注册制</td><td>核准制</td><td>核准制</td><td>核准制</td><td>半注册制</td></tr>
<tr><td>存续期限</td><td>3 年</td><td>3 年</td><td>3 年</td><td>3 年</td><td>2 年</td></tr>
<tr><td>盈利要求</td><td rowspan="3">按照发行人预计市值分为 5 套指标（满足其一即可）：
（1）预计市值不低于 10 亿元，最近两年净利润均为正且累计净利润不低于 5000 万元，或者最近一年净利润为正且营业收入不低于 1 亿元；
（2）预计市值不低于 15 亿元，最近一年营业收入不低于 2 亿元，且最近三年研发投入合计占最近三年营业收入的比例不低于 15%；
（3）预计市值不低于 20 亿元，最近一年营业收入不低于 3 亿元，且最近三年经营活动产生的现金流量净额累计不低于 1 亿元；
（4）预计市值不低于 30 亿元，且最近一年营业收入不低于 3 亿元；
（5）预计市值不低于 40 亿元，主要业务或产品需经国家有关部门批准，市场空间大，目前已取得阶段性成果，并获得知名投资机构一定金额的投资（医药行业企业需取得至少一项一类新药二期临床试验批件，其他符合科创板定位的企业需具备明显的技术优势并满足相应条件）。
预计市值 = 股票公开发行后的总股本×发行价格</td><td colspan="2">最近 3 个会计年度连续盈利，且累计净利润 > 3000 万；或营业收入累计 > 3 亿</td><td>最近 2 年连续盈利，累计净利润 ≥ 1000 万；或者最近 1 年盈利，最近 1 年营业收入 ≥5000 万</td><td>最近两个完整会计年度的营业收入累计不低于 1000 万元；因研发周期较长导致营业收入少于 1000 万元，但最近一期期末净资产不少于 3000 万元的除外</td></tr>
<tr><td>现金流要求</td><td colspan="2">最近 3 个会计年度经营活动现金流量净额>5000 万</td><td>无</td><td>每一个会计期间内形成与同期业务相关的持续营运记录，不能仅存偶发性交易或事项</td></tr>
<tr><td>净资产要求</td><td colspan="2">最近一期期末无形资产占净资产比 ≤ 20%；最近一期期末不存在未弥补亏损</td><td>最近一期期末净资产 ≥ 2000 万，且不存在未弥补亏损</td><td>报告期末每股净资产不低于 1 元/股</td></tr>
</table>

续表

板块 / 项目	科创板	主板	中小板	创业板	新三板
主营业务要求	重点支持新一代信息技术、高端装备、新材料、新能源、节能环保以及生物医药等高新技术产业和战略性新兴产业，推动互联网、大数据、云计算、人工智能和制造业深度融合	无特定主营业务要求，其生产经营活动符合法律、行政法规和公司章程的规定，符合国家产业政策及环境保护政策			
控制权及经营稳定性	董事、高管、核心技术人员最近2年内未发生重大不利变化；控股股东和受控股股东、实际控制人支配的股东所持发行人的股份权属清晰，最近2年内实际控制人未发生变更，不存在导致控制权可能变更的重大权属纠纷	最近3年主营业务、董事和高级管理人员无重大变动，实际控制人没有变更		最近2年主营业务、董事和高级管理人员无重大变动，实际控制人没有变更	不存在董监高发生重大变化可能导致的经营稳定性风险
审核流程	上交所应在受理之日起3个月内结合上市委员会的审议意见出具同意发行上市或终止发行上市审核的决定；中国证监会收到上交所报送的审核意见及发行人申请文件后，依照相关发行条件及信息披露要求，在20个工作日内做出同意注册或不予注册的决定；中国证监会同意注册的决定有效期为6个月	中国证监会受理申请文件后，由相关职能部门对发行人的申请文件进行初审，并由发行审核委员会审核；中国证监会依照法定条件对发行人的发行申请做出予以核准或者不予核准的决定，并出具相关文件			主办券商向全国股份转让系统公司报送挂牌申请材料，全国股份转让系统公司对材料进行审查，出具反馈意见，全国股份转让系统公司审查通过（挂牌），报证监会核准（公开转让）
发行定价机制	应当向经中国证券业协会注册的证券公司、基金管理公司、信托公司、财务公司、保险公司、合格境外机构投资者和私募基金管理人等专业机构投资者询价确定股票发行价格； 定价完成后，如发行人总市值无法满足其在招股说明书中明确选择的市值与财务指标上市标准，将中止发行	首次公开发行股票，可以通过向符合条件的网下机构和个人投资者询价的方式确定股票发行价格，也可以通过发行人与主承销商自主协商直接定价等其他合法可行的方式确定发行价格；公开发行股票数量在2000万股或以下且无老股转让计划的，可以通过直接定价的方式确定发行价格			无前收盘价的，成交首日不设申报有效价格范围

续表

板块 项目	科创板	主板	中小板	创业板	新三板
交易机制	T+1	T+1			
交易方式	竞价交易制度+盘后固定价格交易	竞价交易制度			竞价交易+做市转让+盘后协议转让
涨跌幅限制	涨跌幅限制：20% IPO、增发上市的股票，上市后的前5个交易日不设涨跌幅限制	涨跌幅限制：20% IPO、增发上市的股票，上市后的前5个交易日不设涨跌幅限制			申报价格应当不高于前收盘价的200%且不低于前收盘价的50%
交易数量	单笔申报数量不小于200股，可以1股为单位递增；限价申报：最大不超过10万股；市价申报：最大不超过5万股卖出时，余额不足200股的部分，应当一次性申报卖出	应为100股或其整数倍，单笔申报最大数量不超过100万股卖出时，余额不足100股的部分，应当一次性申报卖出			每笔委托的股份数量应不低于3万股，但账户中某一部分余额不足3万股时，可一次性报价卖出；协议转让单笔申报数量不低于10万股，或转让金额不低于100万元人民币
融资融券制度	自上市首日起可作为融资融券标的	融资融券标的：有严格限制 融券价格：融券卖出的申报价格不低于最新成交价；当天没有成交的，不低于前收盘价			无
投资者适当性	个人：前20个交易日证券账户及资金账户的资产不低于50万元并参与证券交易满24个月	无 沪伦通：持有金融资产大于300万元			2年以上证券投资经验，前一交易日日终证券类资产市值在500万元人民币以上

续表

项目 \ 板块	科创板	主板	中小板	创业板	新三板
最小价格变动单位	上交所可以依据股价高低，实施不同的申报价格最小变动单位	0.01元			
减持	股票上市之日起36个月不得转让。在限售期满后减持首发股份的，应当明确并披露公司的控制权安排，保证上市公司持续稳定经营。公司上市时未盈利的，在公司实现盈利前，自公司股票上市之日起3个完整会计年度内，不得减持首发前股份；自公司股票上市之日起第四个会计年度和第五个会计年度内，每年减持的首发前股份不得超过公司股份总数的2%	大股东减持或者特定股东减持，采取集中竞价交易方式的，在任意连续90日内，减持股份的总数不得超过公司股份总数的1%。持有上市公司非公开发行股份的股东，通过集中竞价交易减持该部分股份的，除遵守前款规定外，自股份解除限售之日起12个月内，减持数量不得超过其持有该次非公开发行股份数量的50%。大股东减持或者特定股东减持，采取大宗交易方式的，在任意连续90日内，减持股份的总数不得超过公司股份总数的2%。受让方在受让后6个月内，不得转让所受让的股份。董监高每年转让的股份不得超过其所持有本公司股份总数的25%，离职后半年内，不得转让其所持本公司股份			发起人持有的本公司股份，自公司成立之日起一年内不得转让。董监高在任职期间每年转让的股份不得超过其所持有本公司股份总数的25%，控股股东可分三批解除转让限制，时间分别为挂牌之日、挂牌期满一年和两年，即每年三分之一

二、科创板和国际资本市场比较

	科创板	香港主板	纳斯达克
上市制度	注册制	注册制	注册制
存续期	3年	3年	有盈利的企业没有要求，无盈利的企业经营年限要在3年以上

续表

<table>
<tr><th></th><th>科创板</th><th>香港主板</th><th>纳斯达克</th></tr>
<tr><td>盈利要求</td><td rowspan="3">按照发行人预计市值分为5套指标（满足其一即可）：
（1）预计市值不低于10亿元，最近两年净利润均为正且累计净利润不低于5000万元，或者最近一年净利润为正且营业收入不低于1亿元；
（2）预计市值不低于15亿元，最近一年营业收入不低于2亿元，且最近三年研发投入合计占最近三年营业收入的比例不低于15%；
（3）预计市值不低于20亿元，最近一年营业收入不低于3亿元，且最近三年经营活动产生的现金流量净额累计不低于1亿元；
（4）预计市值不低于30亿元，且最近一年营业收入不低于3亿元；
（5）预计市值不低于40亿元，主要业务或产品需经国家有关部门批准，市场空间大，目前已取得阶段性成果，并获得知名投资机构一定金额的投资（医药行业企业需取得至少一项一类新药二期临床试验批件，其他符合科创板定位的企业需具备明显的技术优势并满足相应条件）。
预计市值=股票公开发行后的总股本×发行价格</td><td rowspan="3">符合下列其中一项：
（1）盈利测试：最近一年盈利至少2000万，以及前两年累计盈利至少3000万港元，同时上市时市值至少达到2亿港元；（2）市值+收益测试：上市时市值至少达到40亿港元且最近一个经审计财政年度的收入至少为5亿港元；（3）市值+收益+现金流：上市时市值至少达20亿港元，最近一个经审计财政年度的收入至少5亿港元，且前三个财政年度来自营运业务的现金流入合计至少1亿港元</td><td rowspan="3">分全球精选市场、全球市场、资本市场共计11项上市指标</td></tr>
<tr><td>现金流要求</td></tr>
<tr><td>净资产要求</td></tr>
<tr><td>主营业务要求</td><td>重点支持新一代信息技术、高端装备、新材料、新能源、节能环保以及生物医药等高新技术产业和战略性新兴产业，推动互联网、大数据、云计算、人工智能和制造业深度融合</td><td>无特殊行业规定。对生物科技公司、同股不同权结构的创新产业公司降低一定上市门槛</td><td>立足于服务科技型、创新反传统商业模式的新兴企业，定位为科创落地的实现板块</td></tr>
<tr><td>控制权及经营稳定性</td><td>董事、高管、核心技术人员最近2年内未发生重大不利变化；控股股东和受控股股东、实际控制人支配的股东所持发行人的股份权属清晰，最近2年内实际控制人未发生变更，不存在导致控制权可能变更的重大权属纠纷</td><td>发行人最近3年主要业务和管理层没有发生重大变化，实际控制人没有发生变更</td><td>有盈利的企业经营年限没有要求，无盈利的企业经营年限要在三年以上</td></tr>
</table>

续表

	科创板	香港主板	纳斯达克
审核流程	上交所应在受理之日起3个月内结合上市委员会的审议意见出具同意发行上市或终止发行上市审核的决定；中国证监会收到上交所报送的审核意见及发行人申请文件后，依照相关发行条件及信息披露要求，在20个工作日内做出同意注册或不予注册的决定；中国证监会同意注册的决定有效期为6个月	递交香港上市文件与联交所审批；中国证监会批复（H股）；交易所批准上市申请；路演；证券承销	美国证券交易委员会（SEC）登记，向境外交易所提交第一次申请上市的材料，美国证监会审查注册说明书。提出多轮反馈意见及审查；注册登记后安排路演及定价；证券承销
发行定价机制	应当向经中国证券业协会注册的证券公司、基金管理公司、信托公司、财务公司、保险公司、合格境外机构投资者和私募基金管理人等专业机构投资者询价确定股票发行价格； 定价完成后，如发行人总市值无法满足其在招股说明书中明确选择的市值与财务指标上市标准，将中止发行	路演并确定发行价	路演并确定发行价
交易机制	T+1	T+0	T+0
交易方式	竞价交易制度+盘后固定价格交易	竞价交易+做市商制度	竞价交易+做市商制度
涨跌幅限制	涨跌幅限制：20% IPO、增发上市的股票，上市后的前5个交易日不设涨跌幅限制	不设单日涨跌幅	不设单日涨跌幅
交易数量	单笔申报数量不小于200股，可以1股为单位递增； 限价申报：最大不超过10万股；市价申报：最大不超过5万股卖出时，余额不足200股的部分，应当一次性申报卖出	单笔最小交易单位发行人自行决定	最小交易单位为1股
融资融券制度	自上市首日起可作为融资融券标的	无	无
投资者适当性	个人：前20个交易日证券账户及资金账户的资产不低于50万元并参与证券交易满24个月	无	无
最小价格变动单位	上交所可以依据股价高低，实施不同的申报价格最小变动单位	0.001/2.50港币	0.01美元

续表

	科创板	香港主板	纳斯达克
减持	股票上市之日起36个月不得转让。在限售期满后减持首发股份的，应当明确并披露公司的控制权安排，保证上市公司持续稳定经营，公司上市时未盈利的，在公司实现盈利前，自公司股票上市之日起3个完整会计年度内，不得减持首发前股份；自公司股票上市之日起第四个会计年度和第五个会计年度内，每年减持的首发前股份不得超过公司股份总数的2%		

第三节　新三板公司的资本策略

一、整体分析

新三板市场的功能是服务实体经济，在提升中小微公司的融资能力、规范运营等方面具有较为突出的作用。据公开数据显示，2015—2018 年，新三板挂牌公司每年通过定增方式募集金额在 1000 亿以上，这与二级市场缺乏流动性的特点形成了鲜明对比。随着科创板的设立，证监会和地方政府鼓励符合科创板定位的公司在科创板上市。

根据新三板公布的公司数据，我们认为，对于新三板挂牌公司进入科创板上市，主要应当从创新层公司和做市公司中进行筛选。

（一）创新层公司

根据 Wind 统计的数据显示，新三板创新层公司的净利润、净利润年均复合增长率和营业收入年均复合增长率等情况如下：

2017 年净利润统计表

净利润（万元）	0~1000	1000~3000	3000~6000	6000~10000	10000~20000	20000 以上
数量（家）	183	350	209	63	27	20

2015—2017 年净利润年均复合增长率

增长率（%）	负增长	0~20	20~50	50~100	100~300	300 以上
数量（家）	322	170	173	126	80	23

2015—2017 年营业收入年均复合增长率

增长率（%）	负增长	0~10	10~30	30~50	50~100	100 以上
数量（家）	147	129	249	184	176	54

通过对创新层公司净利润、净利润年均复合增长率和营业收入的年均复合增长率的分析，我们发现新三板的创新层公司普遍具有较强的盈利能力和较高的成长性，在自己经营的行业具有一定的影响力，根据该等公司的净利润，其已经达到或者符合科创板上市的财务条件。

（二）做市公司

根据 Wind 统计的数据显示，截至 2018 年 6 月 1 日，新三板共有 1251 家公司采用做市转让方式。行业做市公司数据统计如下：

行业	20 家以上	10~19 家	6~9 家	2~5 家	合计
制造业	7	43	129	451	630
信息传输、软件和信息技术服务业	2	26	56	179	263
租赁和商务服务业	/	2	16	43	61
科学研究和技术服务业	/	3	10	39	52
批发和零售业	/	2	11	31	45
建筑业	/	2	12	34	48
文化、体育和娱乐业	1	3	9	14	27
农、林、牧、渔业	/	4	9	15	28
交通运输、仓储和邮政业	/	2	4	12	18
水利、环境和公共设施管理业	/	2	5	10	17
金融业	1	1	7	9	18
电力、热力、燃气及水生产和供应业	/	1	5	5	11
房地产业	/	/	5	9	14
教育	/	1	3	2	5
卫生和社会工作	/	/	3	1	4
采矿业	/	1	/	3	4
居民服务、修理和其他服务业	/	/	2	3	5
住宿和餐饮业	/	/	/	1	1
总计	11	93	286	861	1251

通过对新三板做市公司做市商数量的多少，可以判断公司在行业的影响力以及公司在资本市场的认可度。另外，通过对做市公司的行业分析，部分企业符合科创板的定位，符合科创板上市的行业要求。

通过对创新层公司和做市公司的分析，我们认为，该等公司通过在新三板挂牌，其公司治理已经比较规范，经营管理行为也合法合规，财务及相关内控制度已经健全，团队对资本运营已经有了深刻的认识。其中，做市数量多、具有高盈利能力和高成长性的创新层公司且符合科创板定位的公司，可以选择科创板。

二、转科创板

公司选择到科创板上市，既是公司基于自身发展需求所做的正常选择，也是多层次资本市场有机联系的重要体现。新三板挂牌公司与其他未挂牌公司相比，在公司治理、信息披露等方面更加规范、更具优势。

结合国家的法律制度和实践经验，目前，新三板挂牌公司登陆科创板不存在制度障碍。对于挂牌公司申报 IPO，涉及在新三板的信息披露、停复牌、终止挂牌等事项的办理，目前已有成熟的制度安排，对申报科创板上市的挂牌公司同样适用，可正常办理。

（一）转科创板前沿

截至定稿之日，江苏北人（836084）、西部超导（831628）、先临三维（830978）、金达莱（830777）和山大地纬（831688）等有 20 余家新三板挂牌公司递交了科创板上市的申报材料。据了解，还有部分新三板挂牌公司在观望、等待时机。

在已经递交科创板申报材料的新三板挂牌公司中当属西部超导的进程最快。其 2019 年 4 月 15 日收到上海证券交易所的受理函，2019 年 4 月 25 日收到上海证券交易所的问询函，2019 年 6 月 20 日上海证券交易所科创板股票上市委员会召开 2019 年第 7 次会议，同意发行上市（首发）申请，目前正在准备材料提交中国证监会注册。

（二）交易所的特殊规定

《公开发行证券的公司信息披露内容与格式准则第 41 号——科创板公

司招股说明书》规定，发行人应披露公司在其他证券市场的上市/挂牌情况，包括上市/挂牌时间、上市/挂牌地点、上市/挂牌期间受到处罚的情况、退市情况等（如有）。

《上海证券交易所科创板股票上市规则》规定，“公司股份已经转入全国中小企业股份转让系统或者认可的其他转让场所挂牌转让的，在公司办理完毕其股份的重新确认、登记、托管等相关手续后安排其股票上市交易”。

上交所科创板股票发行上市审核问答（二）里面，其中就有“发行人在全国股份转让系统挂牌期间形成契约性基金、信托计划、资产管理计划三类股东的，对于相关信息的核查和披露有何要求?”。

（三）交易所的重点关注

根据我们对目前公告的反馈问题，对于新三板企业一般会有以下特定问题：

第一，信息披露的差异性。发行人在新三板挂牌时的信息披露情况，逐项核查信息披露差异，说明相关信息是否与发行人的申报文件提供的信息一致，存在差异的，请详细列明差异情况并说明差异产生的原因，是否构成重大信披违法。

第二，股东人数超过 200 人。发行人是否存在因做市交易和定向增发导致股东人数超过 200 人的情形；若有，是否已取得证券监督管理部门的批准。

第三，三类股东的问题。发行人的股东中是否存在信托、资管计划持股或契约型基金持股的情形。

第四，新三板挂牌期间的合规运作情况。发行人在“新三板”挂牌及挂牌期间交易情况和运作情况是否符合相关法律法规的规定，是否受到行政处罚或被采取监管措施，并发表明确核查意见。

第五，是否申报过主板或创业板。撤回创业板上市申请的原因，逐项核查信息披露差异，说明相关信息是否与发行人的申报文件提供的信息一致，存在差异的，请详细列明差异情况并说明差异产生的原因，是否构成重大信披违法。

第六，报告期内协议转让期间的历次股权转让核查内容。中介机构需要核查报告期内发行人历次通过协议方式股权转让、增资的原因、价格、定价依据、价款支付情况，同一时间价格存在差异的需要解释原因与合理性。核查通过协议方式新入股股东、增资股东与发行人董监高、实际控制人家庭关系密切成员是否存在亲属、合作经商等关联关系，与本次发行中介机构及签字人员是否存在亲属、合作经商等关联关系。发行人协议方式受让股份的股东、增资股东是否存在代持股份、信托持股等情形。

（四）申请终止挂牌

根据《全国中小公司股份转让系统业务规则（试行）》，挂牌公司向中国证监会申请公开发行股票并在证券交易所上市，或向证券交易所申请股票上市的，应向全国股转公司申请暂停股票转让；中国证监会核准其公开发行股票并在证券交易所上市或证券交易所同意其股票上市的，全国股转公司终止其股票挂牌。

1. 申请终止挂牌的时间

新三板挂牌公司最迟可以在获得中国证监会同意注册且生效后才申请终止公司股票在新三板挂牌，在筹备或申报科创板上市期间，不需要在新三板摘牌。这样可以避免新三板已经终止挂牌，而科创板上市失败的尴尬局面，降低科创板上市风险。

2. 终止挂牌的程序

（1）制定终止挂牌的方案

挂牌公司应当就终止挂牌的具体原因、股票暂停转让安排、对异议股东保护措施等相关事项进行安排，并形成书面文件。

必要时，就异议股东的保护措施与异议股东进行沟通和协商，可以通过股票回购、现金补偿等方式对异议股东权益保护做出安排。

（2）会议和表决

按照《公司法》《公司章程》《股东大会议事规则》和《董事会议事规则》的规定召开董事会、股东大会和表决，股东大会审议相关事项，股东大会须经出席会议的股东所持表决权的三分之二以上通过。

（3）信息披露

挂牌公司应当披露董事会和股东大会的公告、有关终止挂牌的临时公告、终止挂牌的原因、股票暂停转让的安排、异议股东的保护措施及其他与挂牌相关的工作进度和事项。

3. 材料准备

挂牌公司应当在终止挂牌事项经股东大会审议通过后的一个月内，通过 BPM 系统向全国股转公司提交下列文件：

（1）挂牌公司关于股票终止挂牌的书面申请；

（2）董事会决议；

（3）股东大会决议；

（4）主办券商审查意见；

（5）法律意见书；

（6）年费缴款凭证；

（7）全国股转公司要求的其他文件。

4. 律师的核查事项

（1）挂牌公司主动终止挂牌原因；

（2）终止挂牌是否履行了相应审议程序和信息披露义务；

（3）异议股东保护措施是否充分合理；

（4）公司是否存在涉嫌违法违规行为及其整改情况；

（5）公司是否存在未办结的股票发行、并购重组等业务；

（6）全国股转公司要求发表的其他意见。

（五）转科创板的作用

（1）提高融资能力，增加融资渠道。公司科创板上市成功以后，公司的地位提高、估值就会拉升，融资能力随之提升；上海证券交易所的再融资渠道多种多样，可以根据公司的实际情况自由地选择。

（2）留住人才、吸引人才、激励人才。科创板的股权激励制度比较灵活，公司拥有更多的灵活性，可以留住和激励现有的人才，还可以不断地吸引人才的进入，保持公司人才队伍的战斗力和凝聚力。

（3）有利于投资人退出。高新技术类公司的成长需要投入大量的资金，所以公司在成长过程中需要不断引进投资人。在科创板上市成功以后，投资人可以通过二级市场退出，不需要创始团队承担股份回购的风险。

（4）实现产融结合、产融互动。公司科创板上市成功以后，有更宽广的资本运作空间，可以通过并购基金的方式实现行业、上下游整合，提升公司的核心竞争力和产业链影响力。

（5）提升企业公众形象、认知度、知名度，能够起到很好的广告效应，增加了品牌的价值。

（6）获得各省市地方的政策扶持及经济补贴。

三、案例分析

1. 天准科技

2017 年 11 月 3 日，天准科技于股转系统发布《苏州天准科技股份有限公司关于申请股票终止挂牌对异议股东权益保护措施的公告》，公司控股股东、实际控制人承诺由其或其指定的第三方对异议股东持有的公司股份进行回购。

2018 年 2 月 8 日，天准合智与刘磊、陈聚鑫、吴胜娟、李慧静分别签署《股份转让协议》，约定的转让价格并不相同。

请保荐机构和发行人律师就下列问题核查并发表明确意见：（1）发行人在股转系统公告的异议股东权益保护的主要措施，包括但不限于现金选择权的提供方、价格；（2）对不同的异议股东回购请求权人提供不同价格的回购是否符合发行人在股转系统的信息披露文件及股转系统的相关规定，是否存在潜在争议。

2017 年 11 月 3 日，发行人于股转系统披露了《苏州天准科技股份有限公司关于申请股票终止挂牌对异议股东权益保护措施的公告》，具体内容如下：

为保护未出席公司 2017 年第六次临时股东大会且对公司终止挂牌及上述议案存在异议的股东的利益，公司控股股东、实际控制人承诺：在公司股票终止挂牌后的 10 个自然日内，控股股东、实际控制人或其指定第三方对异议股东持有的公司股份进行收购，收购价格不低于该异议股东取得公司股份时的成本价格（如该异议股东购买股票后存在派息、送股、资本公积金转增股本等除权除息事项，收购价格应按照相应调整后的价格计算），异议股东多次买入并卖出公司股票的，成本按“先进先出”原则计算，具体价格及回购方式以双方协商确定为准。如异议股东未在上述期限内书面提出股份回购要求，则视为同意继续持有公司股份，有效期满后承诺人不再承担上述回购义务。

发行人控股股东、实际控制人指定天准合智作为股份回购主体。天准合智向异议股东回购股份的具体情况如下：

根据天准合智与上述异议股东签署的《股份转让协议》、上述股东买卖天准科技股票的交易记录、股份转让款项支付的银行凭证，并经六和律师访谈部分出让方，上述股份回购价格系以天准科技在股转系统终止挂牌前的最后一个交易日的收盘价 13.16 元为定价参考依据，在此基础上经各方协商确定。上述回购虽然存在不同的股权转让价格，但该等股权转让价格的约定系各方真实的意思表示，并且符合发行人于 2017 年 11 月 3 日在股转系统披露的《苏州天准科技股份有限公司关于申请股票终止挂牌对异议股东权益保护措施的公告》中载明的承诺，亦不违反股转系统的相关规定，股份转让真实、合法、有效。

发行人挂牌期间在运营、股份变动、信息披露等方面的合法合规性，是否符合《非上市公众公司监督管理办法》等相关法律法规的规定，是否履行必要的程序，是否存在违法违规情形，是否存在影响本次发行上市法律障碍的情形。

（1）挂牌期间运营方面的合法合规性

①挂牌期间制度建立、完善情况

发行人在股转系统挂牌后，根据《公司法》、股转系统挂牌公司治理要求以及公司的实际经营情况，建立、修订了相关制度［具体内容详见《律师工作报告》“十四、发行人股东大会、董事会、监事会议事规则及规范运作”之“（三）发行人历次股东大会会议、董事会会议、监事会会议的召开、决议内容及签署”相关内容］。发行人通过相关制度的制定和不断完善，逐步建立了符合上市要求的、能够保证中小股东充分行使权利的公司治理结构。

②挂牌期间股东大会、董事会、监事会运行情况

发行人在股转系统挂牌期间共计召开股东大会 18 次。历次股东大会的召集、召开程序、出席会议人员的资格、表决方式、表决程序、决议内容及签署均符合《公司法》、公司章程及《股东大会议事规则》等规定，股东大会对董事会的历次授权和重大决策行为合法、合规、真实、有效。

发行人在股转挂牌期间共计召开董事会 25 次。历次董事会的召集、召开程序、出席会议人员的资格、表决方式、表决程序、决议内容及签署均符合《公司法》、公司章程及《董事会议事规则》等规定。发行人董事会规范运作，不存在董事会违反《公司法》、公司章程及《董事会议事规则》等的规定行使职权的情形。

发行人在挂牌期间共计召开监事会 9 次。历次监事会的召集、召开程序、出席会议人员的资格、表决方式、表决程序、决议内容及签署均符合《公司法》、公司章程及《监事会议事规则》等规定。发行人监事会规范运作，不存在违反《公司法》、公司章程及《监事会议事规则》等规定行使职权的情形。

③挂牌期间生产经营方面情况

律师核查发行人取得的工商、安全生产、税务、社会保险、住房公积金、海关、土地、公安等主管部门出具的合法合规证明，以及六和律师前往外汇、环保等主管部门访谈核实，挂牌期间，发行人生产经营合法合规，不存在因违反工商、安全生产、税务、社会保险、住房公积金、海关、外汇、环保、土地等方面法律法规而受到相关部门行政处罚的情形，不存在涉嫌犯罪正被司法机关立案侦查的情形。

（2）挂牌期间股份变动方面的合法合规性

发行人挂牌期间历次增加注册资本过程中部分增资过程未履行评估及资产评估项目备案程序，在《补充法律意见书》讲到，2019 年 4 月 6 日，江苏省人民政府办公厅出具《关于确认苏州天准科技股份有限公司历史沿革有关问题合规性的函》（苏政办函〔2019〕26 号），确认天准科技的历史沿革相关事项经主管部门批准，符合当时国家法律法规和政策规定。因

此，就发行人股本演变中部分增资过程未履行评估及资产评估项目备案程序问题，发行人已经取得江苏省人民政府的确认批复，发行人已采取足够的规范措施。

（3）挂牌期间信息披露方面的合法合规性

公司在股转系统挂牌期间，严格按照《全国中小企业股份转让系统挂牌公司信息披露细则（试行）》（2013 年 2 月 8 日颁布，2017 年 12 月 22 日废止）、《全国中小企业股份转让系统挂牌公司信息披露细则》（2017 年 12 月 22 日实施）及相关信息披露指引等的要求，对相关事项及时履行了信息披露义务。公司在股转系统挂牌期间，不存在受到股转系统实施自律监管措施和纪律处分的情形。

综上所述，六和律师认为，发行人挂牌期间在运营、股份变动、信息披露等方面合法合规，符合《非上市公众公司监督管理办法》等相关法律法规的规定，履行了必要的程序，不存在违法违规情形，不存在对本次发行上市构成法律障碍的情形。

2. 西部超导

招股说明书披露，发行人于 2014 年 12 月至今在股转系统挂牌并公开转让，目前公司股票已停牌并暂停转让。请保荐机构、发行人律师和申报会计师核查挂牌期间的所有公开披露信息与本次申请文件和财务报告披露的内容是否存在实质性差异。如有，请列示对照表予以解释说明。请保荐机构和申报会计师说明各个科目调整的原因，并就相关调整是否符合会计准则的规定发表明确意见。请保荐机构和发行人律师就下列问题核查发表明确意见：（1）发行人是否存在“三类股东”。如是，是否按照《审核问答（二）》之 10 进行核查和披露；（2）发行人挂牌期间在运营、股份变动、信息披露等方面的合法合规性，是否符合《非上市公众公司监督管理办法》等相关法律法规的规定，是否履行必要的程序，是否存在违法违规情形，是否存在影响本次发行上市法律障碍的情形。

3. 方邦电子

发行人于 2017 年申报创业板被否决，请发行人补充说明：（1）前次申报的简要过程，发审委否决意见和要求落实的主要问题，需要落实的主要问题在本次申报前的落实情况；（2）前次申报以来相关证券服务机构及其签字人员是否发生变化及变化原因；（3）本次申报和前次申报的信息披露差异情况；（4）会计调整事项是否符合企业会计准则的规定。

第二章　重点法律问题

第一节　科创板法律红线概览

哪些是企业一触及，便无缘科创板的法律问题点呢？相对于主板、创业板，科创板的法律“红线”又会有哪些共同点与区别呢？证监会《关于在上海证券交易所设立科创板并试点注册制的实施意见》明确提及对于发行股票的原则是“精简优化”，因此我们认为在发行条件上，跟主板、创业板相比应该是共性多于不同点的，只是在具体的项目上标准放低或者说“优化”。

科创板上市的法律“红线”，主要有以下几方面内容。

一、独立性存在重大瑕疵

科创板上市的基本发行条件之一就是，企业具备健全且运行良好的组织机构，具有完整的业务体系和直接面向市场独立经营的能力，不存在对持续经营有重大不利影响的情形。与主板、创业板的要求基本一致的是，拟上市企业需要资产完整，业务及人员、财务、机构独立。

“资产完整”要求发行人合法拥有与生产经营相关的土地、厂房、机器设备、商标、专利、技术等；“业务独立”要求发行人业务应当独立于控股股东、实际控制人及其控制的其他企业；“人员独立”要求发行人的高管不得在控股股东、实际控制人及其控制的其他企业中任董事、监事以外的其他职务，不得在关联方领薪；“财务独立”要求发行人建立独立的财务核算体系和规范的财务管理制度，财务人员不得兼职；“机构独立”要求发行人建立健全的内部经营管理机构，不得机构混同。

独立性还要求，与控股股东、实际控制人及其控制的其他企业间不存在对发行人构成重大不利影响的同业竞争，不存在严重影响独立性或者显失公平的关联交易。同业竞争将在下文详细论述，关联交易的审核标准则是增加了“不存在严重影响独立性”。

二、存在对发行人构成重大不利影响的同业竞争

同业竞争的本质是，大股东在上市体系内外各有一个企业发行人从事同类竞争业务，从而搭建起利益输送的管道，通过价格控制、业务导入可以轻松实现利益转移。主板、创业板的审核中，同业竞争是一条常见的红线，要求发行人与控股股东、实际控制人及其控制的其他企业间不存在同业竞争，只要存在同业竞争就构成发行障碍。

科创板，则是在此基础上加上“构成重大不利影响”。那什么是“重大不利影响”呢？对此《上海证券交易所科创板股票发行上市审核问答》（以下简称“审核问答”）有比较详尽的描述。

根据审核问答，申请在科创板上市的企业，如存在同业竞争情形，认定同业竞争是否构成重大不利影响时，保荐机构及发行人律师应结合竞争方与发行人的经营地域、产品或服务的定位，同业竞争是否会导致发行人与竞争方之间的非公平竞争、是否会导致发行人与竞争方之间存在利益输送、是否会导致发行人与竞争方之间相互或者单方让渡商业机会情形，对未来发展的潜在影响等方面，核查并出具明确意见。竞争方的同类收入或毛利占发行人该类业务收入或毛利的比例达30%以上的，如无充分相反证据，原则上应认定为构成重大不利影响。

三、主要资产、核心技术、商标等存在重大权属纠纷

另一条显而易见的法律红线，即发行人不存在主要资产、核心技术、商标等的重大权属纠纷，重大偿债风险，重大担保、诉讼、仲裁等或有事项，经营环境已经或者将要发生重大变化等对持续经营有重大不利影响的

事项。

何谓“重大”？目前科创板的规定规则并没有明确规定。此标准可以参考主板、创业板的过往案例，我们认为只要对发行人的持续经营造成实质性的不利影响，即可以构成“重大”影响。

四、发行人及其控股股东、实际控制人、董监高的“红线”

控股股东实际控制人：①最近3年内，不存在贪污、贿赂、侵占财产、挪用财产或者破坏社会主义市场经济秩序的刑事犯罪，不存在欺诈发行、重大信息披露违法或者其他涉及国家安全、公共安全、生态安全、生产安全、公众健康安全等领域的重大违法行为（何谓“其他”，审核问答有详尽表述）；②控股股东和受控股股东、实际控制人支配的股东所持发行人的股份权属清晰。

董事、监事和高级管理人员：①最近3年内不存在受到中国证监会行政处罚，或者因涉嫌犯罪被司法机关立案侦查或者涉嫌违法违规被中国证监会立案调查，尚未有明确结论意见等情形；②最近2年内董事、高级管理人员及核心技术人员均没有发生重大不利变化。

五、其他红线问题

虽然没有明文规定，但是根据目前科创板规定的一些原则性描述，结合主板、创业板审核的惯例，以下我们认为也属于法律“红线”（包括但不限于）。

1. 重大出资问题

对于历史出资不实或不足的情况，如专利出资评估价值不实等，只要补足即可，不再要求运行时间。但是恶意抽逃出资情况除外。

2. 国有或集体企业改制设立中的程序瑕疵

如拟上市企业存在国企改制瑕疵情况，仍需要省级人民政府或国资主管部门出具意见。

3. 环保核查高压线

如发行人涉及环保问题，如发行人或子公司涉及环保处罚问题，在目前环保高压的态势下，能通过审核的概率比较渺茫。

4. 人事劳动的红线

虽然科创板更重视发行人的信息披露，在某些问题上相比于主板和创业板的标准是“松”了的，但是某些标准确实基本一致，有越来越严的趋势。在目前社保入税的大环境下，如员工社保的购买比例低于合理水平，则应属于审核中的“红线”。

5. 新三板公司的特殊要求

如发行人为新三板挂牌公司，发行人在挂牌新三板期间的合规性，是否受到过监管机关的监管措施甚至行政处罚，以及从申请挂牌开始的持续信息披露与IPO申报材料之间是否存在重大差异等问题，将会容易构成红线类问题。

6. 三类股东的问题

三类股东（契约型私募基金、资产管理计划和信托计划）这个问题，相比于主板和创业板应该会有所放松，但是发行人需要充分披露该三类股东的股权架构，建议在申报之前能清理则清理。

第二节　关联交易与同业竞争

关联交易与同业竞争向来是IPO的审核重点，也是企业IPO被否的常见原因之一。笔者以为，关联交易与同业竞争关系到企业财务数据的真实性，以及企业的独立性问题。这两个问题，既独立又有联系。是否构成关联方？相关的关联交易是否会影响企业的业绩真实性？是否存在同业竞争？科创板虽然是资本市场的试验田，但是对这两个问题，也是非常关注。笔者的理解是，在认定口径上，科创板会跟主板或创业板有所区别，在某些方面，有可能确实是“放松”了，但是对这两个问题的关注度以及企业需要解决相应问题的努力程度，跟以前不应该有实质的区别。

一、关联交易与同业竞争的审核逻辑

《科创板首次公开发行股票注册管理办法（试行）》明确规定“资产完整，业务及人员、财务、机构独立，与控股股东、实际控制人及其控制的其他企业间不存在对发行人构成重大不利影响的同业竞争，不存在严重影响独立性或者显失公平的关联交易”。与原主板及创业板的规定相比，关联交易的描述一致，但是同业竞争增加了定性“重大不利影响”。

同业竞争的本质是，控股股东或实际控制人及其近亲属在上市体系外有其他企业，且该企业与发行人从事同类竞争业务，从而搭建起利益输送的管道，通过价格控制、业务导入可以轻松实现利益转移。主板和创业板同业竞争的问题向来是审核的红线，只要存在同业竞争就构成发行障碍。2019 年 3 月 25 日证监会发布的《首发业务若干问题解答》（俗称“IPO 50”条），对同业竞争问题也是重点关注。

关联交易可以在上市前实现为发行人输送利益，上市后转移利润，损害中小股东利益。以往对于关联交易，发审委关注点主要包括：关联交易的必要性，是否存在利益输送的情形；是否与发行人存在关联关系；对关联方的资金依赖；对外转让关联方的原因、关联方注销的原因；关联交易是否影响发行人的业务独立性；关联方及关联交易的披露是否适当、完整；关联交易价格是否公允；关联方占用发行人资金的原因等。

二、科创板中的同业竞争

（一）科创板中同业竞争的特殊点

主板和创业板关于同业竞争的规定基本一样，以主板为例：根据《公开发行证券的公司信息披露内容与格式准则第 1 号——招股说明书（2015 年修订）》第五十一条规定，发行人应披露已达到发行监管对公司独立性的下列基本要求中，明确“发行人的业务独立于控股股东、实际控制人及其控制的其他企业，与控股股东、实际控制人及其控制的其他企业间不存在同业竞争”。

科创板的规定：《科创板首次公开发行股票注册管理办法（试行）》

明确规定“资产完整，业务及人员、财务、机构独立，与控股股东、实际控制人及其控制的其他企业间不存在对发行人构成重大不利影响的同业竞争，不存在严重影响独立性或者显失公平的关联交易”。同业竞争在科创板中发行规则中跟主板、创业板等的IPO有一个重大的变更，即不是一刀切，而是规定只有“与控股股东、实际控制人及其控制的其他企业间不存在对发行人构成重大不利影响的同业竞争”才会构成科创板上市的实质障碍。

那什么是“重大不利影响”呢?《上海证券交易所科创板股票发行上市审核问答》对此有比较明确的界定，申请在科创板上市的企业，如存在同业竞争情形，认定同业竞争是否构成重大不利影响时，保荐机构及发行人律师应结合竞争方与发行人的经营地域、产品或服务的定位，同业竞争是否会导致发行人与竞争方之间的非公平竞争、是否会导致发行人与竞争方之间存在利益输送、是否会导致发行人与竞争方之间相互或者单方让渡商业机会情形，对未来发展的潜在影响等方面，核查并出具明确意见。保荐机构及律师的责任非常重大，审核机构将认定的责任压给了中介机构。因此作为中介机构在认定时，都会以偏谨慎的口径来做认定，以尽量减少自己的责任。尤其是同业竞争，让发行人出具控股股东、实际控制人做出的避免新增同业竞争的承诺，应该是中介机构的必然选择。

那有没有什么明确的比例来定性“重大”呢?竞争方的同类收入或毛利占发行人该类业务收入或毛利的比例达30%以上的，如无充分相反证据，原则上应认定为构成重大不利影响。

《公开发行证券的公司信息披露内容与格式准则第41号——科创板公司招股说明书》第六十二条、第六十三条规定，发行人应分析披露与控股股东、实际控制人及其控制的其他企业间不存在对发行人构成重大不利影响的同业竞争，如存在与控股股东、实际控制人及其控制的其他企业从事相同、相似业务的情况，应对不存在对发行人构成重大不利影响的同业竞争作出合理解释，并披露发行人防范利益输送、利益冲突及保持独立性的具体安排等。即发行人在招股说明书中需要披露以下内容：一是竞争方与发行人存在同业竞争的情况，二是保荐机构及发行人律师针对同业竞争是否对发行人构成重大不利影响的核查意见和认定依据。

（二）同业竞争如何核查？

是否存在同业竞争，如何核查呢？

（1）核查公司章程以及股东名册；

（2）核查控股股东、实际控制人填写的相关问卷；

（3）访谈实际控制人及其近亲属，访谈总经理、财务总监、董事会秘书等高级管理人员；

（4）查阅控股股东、实际控制人及其亲属直接或间接控制的企业的营业执照、公司章程/合伙协议、财务报表等资料；

（5）通过国家企业信用信息公示系统、天眼查等网站进行查询验证；

（6）取得主要股东及实际控制人签署的关于避免同业竞争的承诺函。

目前科创板的审核对于同业竞争的核查范围，基本上是限定在控股股东、实际控制人及其亲属直接或间接控制的企业，而不会是扩展到其他的股东，以及董监高等。但是在实践中，中介机构出于谨慎考虑，对于其他股东、董监高及其亲属直接或间接控制的企业都会列入核查范围，只是核查力度不会像对控股股东及实际控制人那样大。

当然以上并不是穷尽了所有的核查手段，在具体的案例中，需要更加个案分析。

三、科创板中的关联交易

关联交易的定义，何谓关联方，如何认定等，科创板与主板、创业板没有实质的区别。中介机构以前怎么认定关联方，在科创板也应该是如何认定的。

科创板的规则当然明确规定，应当保证关联交易的合法性、必要性、合理性和公允性，保持上市公司的独立性，不得利用关联交易调节财务指标，损害上市公司利益。上交所发布的股票上市规则中也专章论述关联交易。

发行人应根据交易的性质和频率，按照经常性和偶发性分类披露关联交易及关联交易对其财务状况和经营成果的影响。购销商品、提供劳务等经常性关联交易，应分别披露报告期内关联方名称、交易内容、交易价格的确定方法、交易金额、占当期营业收入或营业成本的比重、占当期同类型交易的比重以及关联交易增减变化的趋势，与交易相关应收应付款项的余额及增减变化的原因，以及上述关联交易是否仍将持续进行。

偶发性关联交易，应披露关联方名称、交易时间、交易内容、交易金额、交易价格的确定方法、资金结算情况、交易产生的利润及对发行人当期经营成果的影响、交易对公司主营业务的影响。

发行人应披露报告期内所发生的全部关联交易的简要汇总表。发行人应披露报告期内关联方的变化情况。由关联方变为非关联方的，发行人应比照关联交易的要求持续披露与上述原关联方的后续交易情况，以及相关资产、人员的去向等。

发行人应披露报告期内发生的关联交易是否履行了公司章程规定的程序，以及独立董事对关联交易履行的审议程序是否合法及交易价格是否公允的意见。

无论如何，笔者认为在审核中，关联方核查可能依旧高压，尤其关联方非关联化应该仍是红线。

四、案例分析

（一）同业竞争的案例

1. 容百科技（2019年6月19日过会）

招股说明书披露，发行人实际控制人及其控制的其他企业与发行人不存在同业竞争。通过反馈信息，我们看到交易所的关注点包括：（1）认定不存在同业竞争关系时，是否已经审慎核查并完整地披露发行人控股股东、实际控制人及其亲属直接或间接控制的全部企业；（2）上述企业的实际经营业务，并说明是否简单依据经营范围对同业竞争做出判断，是否仅以经营区域、细分产品/服务、细分市场的不同来认定不构成同业竞争；（3）上述企业的历史沿革、资产、人员、业务和技术等方面与发行人的关系，采购销售渠道、客户、供应商等方面是否影响发行人的独立性。请保荐机构、发行人律师结合发行人控股股东、实际控制人及其亲属的对外投资情况、相关主体从事的具体业务等核查上述主体与发行人是否存在同业竞争或潜在同业竞争，并发表明确核查意见。

2. 杭可科技（2019年6月13日过会）

申报材料显示，发行人现有业务主要来源于关联方杭可仪器。杭可仪器主营业务是否与发行人相同或相似，与发行人是否具有替代性、竞争性及利益冲突，是否与发行人存在人员、技术、业务或资金往来，销售渠道、主要客户及供应商是否存在重叠，是否存在同业竞争。请保荐机构、发行人律师对上述事项进行核查，说明核查方式、过程及依据，并发表明确意见。

杭可科技的解释口径：（1）发行人与杭可仪器主营业务不同，不具有替代性和竞争性，不存在利益冲突；（2）人员方面：由于经营活动的调整，杭可仪器和发行人存在少量后勤人员及质量检验人员的人员流动，上述人员均为辅助人员，非发行人核心人员，除此之外，不存在其他人员流动情况；（3）业务技术方面：自2018年起，杭可仪器剩余未转让的专利、商标和技术均为与军用特种电源和实验室用老化筛选设备相关，核心技术与发行人不存在共用或共通；（4）销售渠道等方面：核查发行人、杭可仪器提供的重要采购、销售合同等相关资料，论述已经不存在客户及供应商重叠的情况。最后得出结论：发行人与杭可仪器主营业务不同，不具有替代性和竞争性，不存在利益冲突，亦不存在同业竞争的情形。

3. 西部超导（2019年6月20日过会）

西北院控制的其他企业中，部分企业从事钛或钛制品相关业务或以钛为原材料，涉及企业主要包括西部钛业。请发行人披露：发行人与西部钛业不构成同业竞争的核心原因及依据。交易所还强调：（1）结合前述情况说明西北院及其控制的企业是否经营与发行人主营业务相同或相似的业务；（2）结合相关主体的历史沿革、资产、人员、经营范围、主营业务（包括但不限于产品服务的具体特点、技术、商标商号、客户、供应商等）等方面与发行人的关系，以及业务是否有替代性、竞争性、是否有利益冲突等，判断是否对发行人构成竞争。发行人不能简单以产品销售地域不同、产品档次不同等认定不构成同业竞争。

西部超导详细回复：第一，产品的生产工艺和核心设备不同，双方均不具备生产对方产品的能力；第二，产品形态、用途不同，相互间不存在替代关系；第三，主要客户群体存在差异；第四，技术储备存在较大差异；第五，业务定位和发展方向不同；第六，两家公司的毛利率、净利率的差异较大，是不存在同业竞争在商业上最有力的证据。综上，西部超导和西部钛业不存在同业竞争。

其中关于毛利率不同的描述最有意思：毛利率是一个公司在行业中具体领域的重要体现，一般来讲，相竞争的两个公司或两项业务呈现出近似的毛利率或净利率，经营成果的趋势保持一致。西部超导和西部钛业在各自的领域内充分竞争，形成了各自的毛利率水平。

4. 交控科技（2019 年 6 月 17 日过会）

这个案例也很有意思，交控科技披露其股权相对分散，不存在控股股东和实际控制人。交易所注意到发行人的前三大股东中的董事长郜春海与交大资产是否构成共同控制或潜在的一致行动人。如是的话，交易所关注到发行人与股东方交大资产是否存在同业竞争，并且交易所非常“不客气”地问道：是否通过认定无实际控制人规避发行条件或监管？

交控科技如何应对呢？首先核查并得出结论：董事长郜春海与交大资产不构成共同控制或潜在的一致行动人。然后详细说明不存在通过认定无实际控制人规避同业竞争的情形，其实逻辑也很简单，就是说明逐项论述前三大股东及其一致行动人与发行人都不存在同业竞争，简单的三段论，推导出一个比较强有力的结论。当然又做了一个常规动作，即三个大股东及其一致行动人都出具避免同业竞争的承诺函。

（二）关联交易的案例

1. 杭可科技——关联交易的合理性

报告期内，发行人与关联方存在采购原材料、房产租赁、水电费、租赁汽车、受让商标专利、购买房屋、购买土地使用权、支付资金占用费、关联担保等关联交易。请发行人说明：（1）上述交易的合理性、必要性及在发行人同类交易中的占比，相关交易的交易内容、交易金额、交易背景、相关交易与发行人主营业务之间的关系。请结合可比市场公允价格、第三方市场价格、关联方与其他交易方的价格等，说明交易价格是否公允；（2）报告期内，上述交易是否履行了必要的决策程序，相关内部控制制度是否健全且得到有效执行；（3）该等交易是否影响发行人的经营独立性，发行人是否构成对关联方的依赖，是否通过该等交易调节发行人收入利润或成本费用、对发行人利益输送，未来该等关联交易的变动趋势。请发行人、保荐机构及相关证券服务机构全面核查是否存在其他未回复或回复存在问题的情况，认真评估自身申请文件的制作质量并发表明确意见。

2. 中微电子——关联销售

报告期内向关联方销售的具体关联方名称、关联关系、销售商品的内容；关联交易的定价依据，与同行业产品相比是否存在较大差异、是否已履行规定的程序；报告期内关联交易金额及占比变动较大的原因；关联交易决策过程是否与章程相符，定价是否遵循了市场原则，关联交易是否损害公司及中小股东利益，关联股东或董事是否回避，独立董事和监事是否发表不同意见等；日常关联交易预计的具体内容、关联方名称、定价依据；公司与各关联方签订且仍然有效的重大协议或合同，并对该等协议或合同期满后的处理方式作出说明；报告期内关联交易占比较大，是否影响公司独立性。

核查方式：核查了报告期内发行人与关联方签署的关联交易合同/订单、发行人的主要股东、董事、监事和高级管理人员填写的调查表、发行人选举监事、审议关联交易的董事会、股东大会的会议文件，并查询了国家企业信用信息公示系统及企查查等网站，取得了发行人及相关方的书面确认。

3. 方邦电子——重点关注关联方资金占用

2016 年发行人存在关联方资金拆借及代垫的情形。交易所需要发行人反复说明：（1）关联方占用发行人资金的原因；（2）王明霞代发行人子公司垫付款项的内容、原因；（3）发行人相关内控制度是否健全并有效执行。请保荐机构及发行人律师核查并就发行人是否符合《注册办法》第 11 条之“内部控制制度健全且被有效执行”、第 12 条“不存在严重影响独立性或者显失公平的关联交易”等相关规定发表明确意见，说明核查过程、依据。

核查程序：查阅了发行人的财务报表及《审计报告》《内部控制鉴证报告》、发行人与关联方之间资金往来的记账凭证及银行单据，并对相关当事人进行了访谈，了解资金拆借的原因，核查了与资金拆借的决策程序相关的会议文件、发行人相关资金管理制度等。

第三节 知识产权的问题

科创板与高科技或者"硬核科技"是共生共存的，对于科技型企业来说，知识产权（包括专利、商标、著作权以及其他非专利技术）就非常重要了。我们不能想象一家科创板企业，在知识产权方面是很匮乏的以及有纠纷或潜在纠纷的。

一、知识产权与科创板的定位问题

监管规则规定保荐机构应当准确把握科技创新企业的运行特点，充分评估企业科技创新能力，重点关注的重要事项就有要判定发行人是否掌握具有自主知识产权的核心技术，以及是否拥有市场认可的研发成果，包括但不限于与主营业务相关的发明专利、软件著作权及新药批件情况。由此可见，知识产权与科创板的定位都是密切相关的，如果知识产权的问题没解决好，那就不符合科创板对适格发行人的定位了。

二、知识产权关系到科创板的发行条件

科创板的发行条件之一要求发行人业务完整，具有直接面向市场独立持续经营的能力，这点就包括发行人不存在核心技术、商标等的重大权属纠纷，也就是说知识产权不能有重大权属纠纷。

持续经营能力也是科创板发行成功的基本条件，其中知识产权还会关系到如果是生产型企业需要合法拥有与生产经营有关的商标、专利、非专利技术的所有权或者使用权，发行不能存在核心技术、商标的重大权属纠纷。

三、信息披露及风险因素

科创板是注册制的试验田，注册制的核心在于信息披露。知识产权这方面的信息披露那也是重中之重，需要披露哪些呢？监管规则明确要求披露发行人的核心技术是否取得专利或其他技术保护措施、在主营业务及产品或服务中的应用和贡献情况。

风险因素的披露也是必不可少，知识产权方面有哪些与风险披露特别相关的要点呢？

第一，要求上市公司业务和技术出现下列情形的，保荐机构、保荐代表人应当就相关事项对公司核心竞争力和日常经营的影响，以及是否存在其他未披露重大风险发表意见并披露：核心知识产权、特许经营权或者核心技术许可丧失、不能续期或者出现重大纠纷。

第二，发行人应结合科创企业特点，披露由于重大技术、产品、政策、经营模式变化等可能导致的风险：技术风险，包括技术升级迭代、研发失败、技术专利许可或授权不具排他性、技术未能形成产品或实现产业化等风险。

四、知识产权纠纷

在实践中竞争对手利用知识产权纠纷来狙击发行人的上市，也是常有的事情。知识产权纠纷给发行人构成的烦恼，有些招股书中就有披露，如有披露：

由于公司品牌知名度较高，容易引致第三方假冒或以其他方式获取和使用公司知识产权。尽管公司已采取相关措施，但是公司的知识产权仍然可能遭受第三方侵犯。监控未经授权使用公司知识产权的情况较为困难，公司采取的措施可能无法完全阻止他人盗用公司知识产权，如果公司在维护、保护知识产权方面发生失败，导致公司核心的知识产权被第三方侵犯，可能对公司的业务、财务状况和经营业绩产生重大不利影响。随着行业发展和市场竞争的加剧，可能会出现相关竞争者恶意/误认为公司侵犯其知识产权或寻求宣告公司知识产权无效的风险，并因此引致争议和纠纷；如果公司在相关争议和纠纷中最终被司法机关认定为过错方或相关主张未获得知识产权主管部门支持，公司可能面临承担经济赔偿、停止生产相关产品、知识产权被宣告无效等风险，从而对公司的业绩产生不利影响。

五、交易所反馈中提及的知识产权相关的问题

我们总结目前披露的与知识产权相关的反馈问题，主要有以下几类：

（1）披露核心技术人员的认定依据，核心技术人员在公司研发、取得专利、集成电路布图设计专有权、软件著作权、非专利技术等方面发挥的具体作用。

（2）结合公司研发部门主要成员、主要专利发明人、主要研发项目参与人、员工持股数量及变化等情况，说明核心技术人员的认定是否恰当，最近2年内是否发生重大不利变化。

（3）中介机构对发行人的专利、集成电路布图设计权、商标、软件著作权等是否存在瑕疵、纠纷或潜在纠纷发表明确意见。

（4）结合发行人相关研发人员的工作履历，披露上述知识产权是否涉及研发人员在原单位的职务成果，研发人员是否违反竞业禁止的有关规定，是否存在违反保密协议的情形，是否可能导致发行人的技术存在纠纷及潜在纠纷。

（5）补充披露用以出资的专有技术的独占使用权的具体授权期限、授权内容和相关安排，专有技术出资的原因和具体情况，以出资的相关专有技术的独占使用权以及发行人基于其开发的其他技术是否存在权属纠纷。

（6）请发行人补充披露发行人及其子公司拥有专利的具体取得方式。考虑到申请中的专利是否取得授权可能存在不确定性，请发行人修改并完善相关披露内容。

（7）相关商标、专利、软件著作权等知识产权管理的内部控制制度是否建立健全并有效运行。

（8）相关专利的保护范围是否覆盖公司全部产品。

第四节　核心技术的问题

一、核心技术的重要性

上海证券交易所于 2019 年 3 月 3 日发布的《科创板企业上市推荐指引》要求保荐机构应当优先推荐三大类科技创新企业。《注册管理办法》规定要优先支持符合国家战略、拥有关键核心技术、科技创新能力突出、主要依靠核心技术开展生产经营的企业。从已发布的核查要求以及设立科技创新咨询委员会的动向来看，发行人是否拥有先进的核心技术将是影响其能否成功上市的关键因素之一。

申报科创板的 IPO 企业一般系拥有大量先进的知识产权、专有技术的科技创新企业，其拥有的核心技术通常是通过自主研发、转让和授权方式取得。同时，该类企业亦存在从国内外各大高校、龙头企业、海外先进公司引进核心技术人员的情形。无论以何种方式取得的核心技术，若其权利取得或使用存在不确定风险，都将对发行人主营业务的实际开展产生重大影响。

二、关于核心技术的案例分析

1. 安集微

发行人及其子公司共获得 190 多项发明，且有部分专利在境外获得授权，发行人核心技术主要由相关专利组合来支撑与保护，发行人核心技术研发实力较强，后续还要继续研发更多的专利与技术。

请发行人说明：（1）公司的研发管理制度是否健全、完备，是否足以确保发行人核心技术的独立性、维护核心技术的权益；（2）发行人核心技术的载体除了已申请授权的专利外是否存在专有技术，是否存在聘请第三方做专利与技术的代理与管理，对相关技术秘密是否采取了切实有效的保护措施。

在反馈中，发行人表述其制定了研发管理的一系列制度，对职责划分、项目立项、项目实施、资金管理、项目评审、技术资料保管和知识产权申请与保护等工作流程及授权审批做了详尽的规定，强化了研发工作全过程的管理和控制。

公司根据市场需求和行业发展趋势，有针对性地进行产品研发和前瞻性研究，通过完善的研发管理制度和专利冲突检索制度，确保发行人核心技术的独立性。

发行人取得了中知（北京）认证有限公司颁发的知识产权管理体系认证证书（证书号码：165IP191070ROM；知识产权管理体系符合标准：GB/T 29490—2013），已建立健全了知识产权的管理制度，维护核心技术的权益。

2. 交控科技

发行人的核心技术为 CBTC，及在此基础上发展的 I-CBTC、FAO。其中 CBTC 技术来源于股东方交大资产的出资，I-CBTC、FAO 为自主研发。

交易所关注到发行人：（1）披露剩余 11 家竞争对手的情况，包括但不限于公司的简要财务指标（如有公开数据）、自主 CBTC 技术的类型、技术水平、技术来源、市场占有率、主要销售区域等；（2）结合前述情况，与发行人的情况进行相应的比对分析并披露；（3）分析并披露 I-CBTC、FAO 是否是城市轨道交通信号系统领域主流发展趋势，是否有更先进的技术发展路线，其他国内外竞争对手 I-CBTC、FAO 研发情况；（4）披露 I-CBTC 技术在全球范围内是否为公司首家突破，如否，“公司的 I-CBTC 技术突破了信号系统互联互通的世界级难题”的表述是否准确；（5）结合国内主要竞争对手的技术水平、重要股东、销售区域等，分析发行人的核心竞争力；（6）结合国际竞争对手的成立时间、技术积累、品牌、价格等优劣势，分析发行人的核心竞争力；（7）披露发行人核心技术或产品是否存在被近年国际、国内市场上其他技术替代、淘汰的风险。如是，进行相应的风险提示。

三、核心技术人员

《科创板首次公开发行股票并注册管理办法》第十二条规定了核心技

术人员的稳定性将作为科创板的发行条件之一，充分体现了科创板所面向的是“科技创新企业”这一定位的要求。为此，本次《科创板审核问答》对于发行人核心技术人员的认定依据、人员范围，以及核心技术人员稳定性，即最近2年内核心技术人员没有发生重大不利变化的原则、证明维度和判断标准做出了具体规定。

（1）《科创板审核问答》对于核心技术人员的范围给出了指导性意见，包括公司技术负责人、研发负责人、研发部门主要成员、主要知识产权和非专利技术的发明人或设计人、主要技术标准的起草者等。同时规定，发行人应当在招股说明书中披露核心技术人员认定依据和认定情况。结合中国证监会《公开发行证券的公司信息披露内容与格式准则第41号——科创板公司招股说明书》的相关规定，我们理解，除招股说明书中需要说明发行人对于相关人员的具体认定依据和披露核心技术人员的相关信息外，保荐机构及发行人律师，亦需要核查相关核心技术人员的学历证书和职称证书、简历中的职务经历是否与函证结果一致、相关人员所取得的技术成果是否真实、发行人有无制定核心技术人员认定和变更的制度文件，相关核心技术人员的认定是否程序合规等事项。

（2）就认定核心技术人员是否发生重大不利变化的认定标准来看，《科创板审核问答》在整体上沿用了51条中关于“董高变化”审核思路。主要包括：对于认定是否发生重大不利变化的原则亦需遵循“实质重于形式”的原则；对于发行人证明核心技术人员在最近2年内没有发生重大不利变化，仍是沿用51条中的关于董事、高级管理人员量变（变动的人数及占比）、质变（变动是否会对发行人生产经营产生重大不利影响）的两个维度。

（3）如何认定核心技术人员：查阅发行人的核心技术人员认定文件，专利权利证书，董事、高级管理人员及核心技术人员任职文件，并访谈人事部门负责人。

（4）发行人核心技术人员的认定标准及依据为满足以下一条或多条标准的员工：技术研发负责人；核心专利的发明人；全面掌握公司技术、工艺、产品，对公司新技术、新工艺、新产品研发具有决定作用的员工。

四、关于核心技术人员的案例分析

福光股份——核心技术人员的认定

公司现有肖维军、林春生、张世忠 3 名核心技术人员。请发行人：(1) 根据《上海证券交易所科创板股票发行上市审核问答》（以下简称《问答》）的要求，充分披露核心技术人员的认定依据，核心技术人员在研发、取得公司专利技术、非专利技术等方面的具体作用；(2) 披露报告期内核心技术人员的变化情况，以及最近 2 年内是否发生重大不利变化。请保荐机构、发行人律师结合公司研发部门主要成员、主要专利发明人、主要研发项目参与人等情况，说明核心技术人员的认定是否全面、恰当，最近 2 年内是否发生重大不利变化。

核心技术人员的认定是否全面、恰当?

发行人对核心技术人员的认定，原则上选自公司技术负责人、研发负责人、公司研发部门主要成员、主要知识产权和非专利技术的发明人或设计人、主要技术标准的起草者或主要研发项目参与人。

核心技术人员最近 2 年内是否发生重大不利变化?

截至报告期末，发行人核心技术人员总数为 9 人。最近 2 年内，发行人核心技术人员新增林孝同 1 人，占核心技术人员总数比例的 11.11%。发行人原有核心技术人员未发生重大变化，新增核心技术人员占比较低且有利于公司增强自身科技创新能力与业务发展潜力。发行人核心技术人员最近 2 年内不存在离职或无法正常参与发行人生产经营的情形。

第五节　出资瑕疵或改制瑕疵的问题

一、审核中的关注点

根据《审核问答（二）》，发行人历史上存在出资瑕疵或者改制瑕疵的，中介机构核查应当重点关注哪些方面?

保荐机构和发行人律师应关注发行人是否存在股东未全面履行出资义务、抽逃出资、出资方式等存在瑕疵，或者发行人历史上涉及国有企业、集体企业改制存在瑕疵的情形。

（一）历史上存在出资瑕疵

历史上存在出资瑕疵的，应当在申报前依法采取补救措施。保荐机构和发行人律师应当对出资瑕疵事项的影响及发行人或相关股东是否因出资瑕疵受到过行政处罚、是否构成重大违法行为及本次发行的法律障碍，是否存在纠纷或潜在纠纷进行核查并发表明确意见。发行人应当充分披露存在的出资瑕疵事项、采取的补救措施，以及中介机构的核查意见。

（二）历史上存在改制瑕疵

对于发行人是国有企业、集体企业改制而来的或历史上存在挂靠集体组织经营的企业，若改制过程中法律依据不明确、相关程序存在瑕疵或与有关法律法规存在明显冲突，原则上发行人应在招股说明书中披露有权部门关于改制程序的合法性、是否造成国有或集体资产流失的意见。国有企业、集体企业改制过程不存在上述情况的，保荐机构、发行人律师应结合当时有效的法律法规等，分析说明有关改制行为是否经有权机关批准、法律依据是否充分、履行的程序是否合法以及对发行人的影响等。发行人应在招股说明书中披露相关中介机构的核查意见。

《审核问答（二）》中针对出资瑕疵的核查要求与《IPO51 条》的核查要求相比，删除了“补足出资是否已取得其他股东的同意”的核查要求以及“充分关注出资瑕疵问题，综合考虑出资瑕疵性质、采取的补救措施及有效性、有权机关的行政处罚等因素，对于涉及金额较大、存在恶意隐瞒、提供虚假文件或对股东权益有重大影响等重大出资瑕疵事项作为影响发行上市条件的问题进行重点关注，出现前述情况的，原则上构成发行上市的法律障碍”的原则性红线。

上述调整与科创板注册制“重披露，轻审核”的原则息息相关。在以往的 A 股 IPO 审核过程中，若拟上市公司股东历史上的出资瑕疵存在《IPO51 条》列示的主观故意和重大情形的，基本上就宣告无缘本次 IPO；

而对科创板拟上市公司而言，若存在上述问题的只需根据《审核问答（二）》的要求通过中介机构的核查和发行人的充分披露，将不再成为科创板发行上市的原则性红线。

在实践中，对于历史上曾经是国有企业或者集体企业的发行人，在其申报上市前，中介机构一般会要求发行人取得省级国资主管部门或者省级人民政府出具的关于历史上的改制程序合法合规，不存在国有或集体资产流失的确权意见；即便是发行人历史上的改制程序完全符合当时的改制规定，一般也会要求取得上述确权文件以夯实中介机构对整个改制流程合法合规的论证并作为论证依据之一。《审核问答（二）》所述“有权部门”的理解与认定，仍需通过未来审核实践予以厘清。

二、案例分析

1. 安集微电子科技（上海）股份有限公司（以下简称“安集微”，于2019年6月5日过会）——本次增资是否履行评估备案程序等法定程序

律师经过核查后认为，国家集成电路基金对安集微增资进行了资产评估并履行了内部投资决策程序，其投资安集微已取得财政部出具《财政部关于确认国家集成电路产业投资基金股份有限公司投资的安集微电子科技（上海）股份有限公司国有股权管理方案的函》（财建函〔2019〕3号）。

2. 浙江杭可科技股份有限公司（以下简称“杭可科技”，于2019年6月13日过会）——集体企业改制是否存在瑕疵

相关改制是否履行了法定程序，是否符合当时有效的法律法规的规定，是否存在侵害集体资产权益的情形，是否存在纠纷或潜在纠纷，是否存在有权部门出具的确认文件。

中介机构根据《杭州市江干区人民政府关于确认杭州可靠性仪器厂历史沿革中有关事项的复函》（江政函〔2017〕55号）、《杭州市人民政府关于确认杭州可靠性仪器厂历史沿革有关情况的请示》（杭政〔2019〕26号）及《浙江省人民政府办公厅关于浙江杭可科技股份有限公司历史沿革中有关事项确认的函》（浙政办发函〔2019〕21号），认为杭可科技的改制，不存在侵害国有或集体资产权益的情形，不违反相关法律法规，不存

在纠纷或潜在纠纷。杭可科技的改制，已获得有权部门提供的改制合法合规确认文件。

3. 北京天宜上佳高新材料股份有限公司（以下简称“天宜上佳”，于2019年6月5日过会）——股东延迟出资、出现减资等情形

律师工作报告显示，天宜上佳历史上存在股东延迟和变更出资期限、股东之间进行知识产权出资与货币实缴出资互换以及减资等情形。

请发行人说明：（1）股东延迟和变更出资期限是否符合修订前《公司法》的相关规定以及是否履行了必要程序；（2）天宜上佳股东之间于2014年6月进行知识产权出资与货币实缴出资互换的原因；（3）天宜上佳2014年6月减资的原因。

请保荐机构及发行人律师核查并发表明确意见。

（1）股东延迟和变更出资期限是否符合修订前《公司法》的相关规定以及是否履行了必要程序。

根据当时有效的《公司法》第七条规定，依法设立的公司，由公司登记机关发给公司营业执照，公司营业执照签发日期为公司成立日期。第二十六条规定，有限责任公司的注册资本为在公司登记机关登记的全体股东认缴的出资额；公司全体股东的首次出资额不得低于注册资本的20%，也不得低于法定的注册资本最低限额，其余部分由股东自公司成立之日起两年内缴足；其中，投资公司可以在五年内缴足。第一百七十九条规定，有限责任公司增加注册资本时，股东认缴新增资本的出资，依照本法设立有限责任公司缴纳出资的有关规定执行。因此，股东认缴新增资本的出资应最迟在该等增资事宜取得工商行政管理部门核准变更登记并颁发新的营业执照之日起两年内缴足。第四十四条规定，股东会会议做出修改公司章程、增加或者减少注册资本的决议，以及公司合并、分立、解散或者变更公司形式的决议，必须经代表三分之二以上表决权的股东通过。

根据天宜上佳的工商登记资料并经核查，天宜上佳出现股东实际延迟出资的具体时间系在天宜上佳领取相关增资的营业执照时间两年内、符合修订前《公司法》的相关规定，股东延迟和变更出资期限已经履行了股东会决策和办理工商变更登记手续等必要程序。

（2）天宜上佳股东之间于2014年6月进行知识产权出资与货币实缴出资互换的原因。

经核查，上述相关出资互换股东已出具书面文件，不可撤销地确认，上述出资互换系其真实意思表示，其对于天宜上佳历史沿革上的无形资产出资及其变动、与货币出资之间的互换、减资等均不存在任何异议、争议、纠纷或潜在纠纷；其与天宜上佳现在的股东或曾经的股东之间不存在任何争议、纠纷或潜在纠纷（包括但不限于任何对公司的股权结构、股权权属方面以及其他方面的争议、纠纷或潜在纠纷），亦不存在任何其他协议或利益安排。

（3）天宜上佳2014年6月减资的原因。

根据天宜上佳提供的资料、对相关股东的访谈及其出具的书面文件并经核查，2014年6月天宜上佳减资的原因主要为：吴佩芳用以出资天宜上佳的非专利技术“高速列车制动闸片的生产制造技术”在2012年至2013年所实际实现的收入与《非专利技术评估报告》预测实现的收入存在较大差距，为维护天宜上佳长远利益和规范运行，经股东一致同意，天宜上佳进行了相关减资。上述减资完成后，原用于出资的“高速列车制动闸片的生产制造技术”非专利技术的权属虽归全体股东共有，但天宜上佳于2013年开始对生产技术及工艺进行了较大的创新，天宜上佳在实际生产中未再继续使用该技术；前述减资情形对天宜上佳技术研发和生产经营未造成不利影响。

4. 交控科技股份有限公司（以下简称“交控科技”，于2019年6月17日过会）——增资未履行国有资产评估及备案程序

2014年8月，爱地浩海、北交联合与发行人签订《增资协议》。本次增资导致交大创新、交大资产的持股比例下降。根据《企业国有资产评估管理暂行办法》第六条的相关规定，非上市公司国有股东股权比例变动的，应当履行国有资产评估程序。但发行人前述增资未履行国有资产评估及备案程序，存在程序上的瑕疵。

2016年4月20日，北京市国资委签发京国资产权〔2016〕61号《北京市人民政府国有资产监督管理委员会关于北京交控科技股份有限公司国有股权管理有关问题的批复》，对发行人股权结构进行了确认。

请保荐机构和发行人律师就以下事项核查并发表明确意见：(1) 相关股权转让程序是否合法合规、是否造成国有资产流失等；(2) 股权变动后，是否存在纠纷或潜在纠纷；(3) 前述程序瑕疵的可能法律后果，是否构成本次发行上市的障碍。

鉴于上述增资已经过公司股东大会审议通过且已依法向公司登记机关办理变更登记，并已按照相关规定完成国有资产评估及核准批复，且京投公司、交大资产、交大创新已出具《说明函》，认为，本次增资程序合法合规。

上述增资系经北京大正海地人资产评估有限公司以2014年6月30日为评估基准日对交控科技进行了整体评估，交控科技100%股权的评估值为45700万元，最终爱地浩海及北交联合以不低于评估值的价格对交控科技进行增资，且上述增资程序合法合规，京投公司、交大资产及交大创新均已出具《说明函》，认为，上述增资并未导致国有资产流失。

5. 中微半导体设备（上海）股份有限公司（以下简称“中微电子”，于2019年6月20日过会）——以专利出资的关注要点

以专利出资的具体内容，是否涉及职务发明，是否与发行人主营业务相关；专利出资的评估作价程序是否合规；出资性是否符合公司法相关规定。

6. 西部超导材料科技股份有限公司（以下简称“西部超导”，于2019年6月20日过会）——出资存在代持的情形

发行人2012年整体变更为股份公司前为有限责任公司，西部超导在设立、增资时存在出资瑕疵及代持情形，但均已进行了整改。

发行人及相关股东均未因该等出资瑕疵等问题受到行政处罚，该等出资瑕疵不构成重大违法行为，不构成发行人本次发行上市的法律障碍，不存在纠纷或潜在纠纷。

第六节　业务及经营合规性问题

一、科创板审核中的“重大违法行为”

《科创板首次公开发行股票注册管理办法（试行）》（以下简称“注

册管理办法”）中明确规定，最近3年内，发行人及其控股股东、实际控制人不存在贪污、贿赂、侵占财产、挪用财产或者破坏社会主义市场经济秩序的刑事犯罪，不存在欺诈发行、重大信息披露违法或者其他涉及国家安全、公共安全、生态安全、生产安全、公众健康安全等领域的重大违法行为。

（一）重大违法行为的认定标准

根据注册管理办法，科创板对重大违法行为的认定如下：（1）首先只关注最近3年，如果是在3年之外的，信息披露具体情况及具体影响；（2）发行人及其控股股东、实际控制人（不包括小股东，哪怕是占比5%以上的股东）存在经济犯罪，具体包括贪污、贿赂、侵占财产、挪用财产或者其他破坏市场经济秩序的刑事犯罪；（3）欺诈发行或重大信息披露违法；（4）在五大安全领域即国家安全、公共安全、生态安全、生产安全以及公众健康安全的重大违法行为，我们认为所谓的五大安全领域已经包罗万象，基本都可以往里面装。

（二）交易所关于重大违法行为的具体说法

2019年3月3日，上交所发布《上海证券交易所科创板股票发行上市审核问答》，其中对重大违法行为有了定性。

问：对发行条件中“其他涉及国家安全、公共安全、生态安全、生产安全、公众健康安全等领域的重大违法行为”，应当如何理解？

上交所的答复中，我们总结及评论如下：

原则上要被视为重大违法行为：（1）被处以罚款等处罚且情节严重，“罚款”被点了名，如果报告期内存在罚款，中介机构就要好好解释“情节不严重”了；（2）导致严重环境污染、重大人员伤亡、社会影响恶劣等，这里面“严重”“重大”以及“恶劣”都是没有明确定量的，中介机构要承担较大的判断责任，我们理解如果媒体比较关注，成为一时热点的，应该就很悬了。

监管机构把可以不认定为重大违法的权力给到中介机构，但是对于中介机构来说，其实权力越大，责任也就越大。哪一些中介机构不认定为重大违法呢？（1）违法行为显著轻微、罚款数额较小，“显著”以及“较小”都是需要中介机构来论述；（2）相关规定或处罚决定未认定该行为属于情节严重，也就是说如果处罚的行政机关明确提及“情节严重”，那就没戏了，乖乖认栽就好；（3）有权机关证明该行为不属于重大违法，也就是说监管部门的无违规证明是很关键的。这里有一个但书，即违法行为导致严重环境污染、重大人员伤亡、社会影响恶劣等并被处以罚款等处罚的，不适用上述情形，也就说又给社会主义抹黑还被罚了钱的，就不用再解释了。

（三）案例分析

1. 干脆直接下结论，不存在重大违法行为

如北京安博通科技股份有限公司的招股书，简明扼要披露：“公司自设立以来，遵守国家法律法规，合法经营，不存在因违法违规经营而被工商、税务等部门处罚的情形，不存在重大违法违规行为”。还有更霸气而简洁的，如乐鑫信息科技（上海）股份有限公司招股书披露：“本公司严格遵守国家的有关法律与法规，报告期内不存在重大违法违规行为”。

2. 存在罚款，但非重大违法违规行为

深圳市贝斯达医疗股份有限公司招股书中披露在 2017 年存在一笔罚款，具体情况为：依据《中华人民共和国海关行政处罚实施条例》第十五条第（一）项的规定，对发行人科处罚款 5000 元。根据发行人提供的《代收罚款收据》，发行人已于 2017 年 8 月 11 日足额缴纳上述罚款。招股书中披露罚款是因为发行人委托的货代在香港提货时误提他人货物，导致实际进关的货物与发行人报关单申报的货物不一致，发行人已加强内部管理，同时在委托货代时将挑选资质良好的货代，避免类似问题的发生。发行人的律师在法律意见书中也披露，该行政处罚不属于重大违法违规行为。

赛诺医疗科学技术股份有限公司招股书中披露其在 2016 年，被天津市经济技术开发区出入境检验检疫局责令公司进行改正，并处人民币 5 万元的罚款。5 万元的罚款其实金额并不小，赛诺医疗采取的方法就是找处罚部门出具合规函，来证明罚款不属于“重大行政处罚”。招股书明确披露，上述处罚所涉问题，发行人已及时足额缴纳了相关罚款，相关主管机关对

发行人 2015 年至 2017 年未受到主管机关重大行政处罚出具了明确意见，且上述违法行为系依照最低量罚幅度进行处罚；综上，上述行政处罚不属于重大违法违规行为，不会对发行人本次上市构成实质性障碍。

3. 存在税务处罚，但非重大违法违规行为

明星级企业深圳传音控股股份有限公司的招股书就披露了发行人及子公司在境外存在多笔税务处罚，根据境外律师事务所出具的法律意见书并经核查，公司及其附属公司受到的上述行政处罚金额较小，且非因主观故意造成，不属于情节严重的情形；公司及其附属公司受到的上述行政处罚不会对公司及其附属公司的生产经营产生重大影响，亦不会对本次发行上市构成实质性法律障碍。本次科创板上市的律师，也发表结论“发行人及其附属公司在境外受到的行政处罚共计 15 宗。发行人及其附属公司虽曾受到行政处罚，但不属于重大违法行为”。

4. 没有违法违规行为的披露，也让监管部门出无违规证明

广东紫晶信息存储技术股份有限公司的招股书中披露，公司不存在任何的违法违规行为。估计是觉得环保这块比较重要，披露了找环保局出无违规证明：2019 年 1 月 3 日，广东梅州高新技术产业园区管委会规划和环境保护局出具证明，自 2016 年 1 月 1 日以来，发行人能够认真贯彻国家环境保护相关法律法规，不存在因重大违法违规行为而受到行政处罚的情形。

5. 涉及罚款，金额再小，也要好好论述

如广东利元亨智能装备股份有限公司在招股书中就披露其子公司索沃科技未按规定期限办理 2016 年 1 月 1 日至 2016 年 3 月 31 日企业所得税纳税申报，国家税务总局惠州市惠城区税务局水口税务分局于 2016 年 4 月 21 日出具“惠城国税水简罚〔2016〕367 号”《税务行政处罚决定书（简易）》，对索沃科技处 60 元罚款。金额才 60 元啊，但是发行人还是为此找了监管部门出无违规证明，招股书中披露，“根据国家税务总局惠州市惠城区税务局水口税务分局就上述处罚所出具的《证明》，索沃科技上述违法行为的后果已经消除，不属于重大违法违规行为”。罚款金额再小，也是如此费劲，才能心安理得啊！

如已经过会的安恒信息，所涉及的罚款金额虽小，但是交易所在后续的反馈中依然高度关注，交易所反馈问题：招股说明书披露，2017年、2018年，公司支付罚款金额分别为24.68万元和1.82万元。请发行人说明支付相应罚款的具体事由和经过。请保荐机构、发行人律师对上述事项进行核查，并就相关情形是否构成重大违法行为出具明确意见，说明依据和理由。中介机构的核查手段：（1）查阅了发行人及子公司的营业外支出明细表；（2）查阅了立信会计师出具的《审计报告》；（3）查阅了滞纳金的支付凭证及记账凭证；（4）查阅了相关政府部门出具的证明文件。

（四）建议

如果拟科创板上市公司遇到行政处罚等，不要慌张不要恐惧，我们首先要分析是否涉及红线部分。如果踩了红线，那就好好经营，等3年时间过了，再来申报。如果遇到的只是一些行政处罚，我们建议如下；

（1）信息披露详细情况，包括具体的处罚原因、事件的始末等，突出“非故意”；

（2）被处罚后的整改措施是需要有的，发行人要意识到问题，并且不会一而再再而三地发生同样类型的处罚；

（3）让监管部门出具无违规证明，最好是让下处罚决定的部门来出证明，表示不属于重大行政处罚等。

二、第三方回款问题及解决之道

（一）证监会对第三方回款的态度如何？

一般情况下，证监会在企业涉及第三方回款情形时，一般会关注如下三方面的问题：（1）代收收入和第三方付款的原因，行业内或境外销售区域是否普遍存在类似情况，付款的第三方与销售客户的关系，发行人是否取得第三方签订的代付款协议或付款确认函；（2）代收收入及第三方付款的规范情况，发行人的现金管理制度及通过第三方付款的相关内控制度的建立和有效执行的情况；（3）货款销售的真实性，代收收入及第三方付款对销售收入确认的影响，相关会计处理是否符合《企业会计准则》的规定。

对于具体的比例，2018 年证监会的窗口指导意见最严苛，即需要报告期内呈下降趋势，最近一期不超过 5%，集团公司内部的统一安排付款情况不计算在内。

（二）交易所对第三方回款态度如何？

关于第三方回款，发行人及中介机构应当重点关注哪些方面？根据《上海证券交易所科创板股票发行上市审核问答（二）》，上交所的回复为：

第三方回款通常是指发行人收到的销售回款的支付方（如银行汇款的汇款方、银行承兑汇票或商业承兑汇票的出票方式或背书转让方）与签订经济合同的往来客户不一致的情况。

1. 第三方回款应当符合的条件

企业在正常经营活动中存在的第三方回款，通常情况下应考虑是否符合以下条件：

（1）与自身经营模式相关，符合行业经营特点，具有必要性和合理性，例如境外客户指定付款等；

（2）第三方回款的付款方不是发行人的关联方；

（3）第三方回款与相关销售收入钩稽一致，具有可验证性，不影响销售循环内部控制有效性的认定，申报会计师已对第三方回款及销售确认相关内部控制有效性发表明确核查意见；

（4）能够合理区分不同类别的第三方回款，相关金额及比例处于合理可控范围，最近一期通常不高于当期收入的 15%。

也就是说第三方回款要有合理的商业逻辑，比例上则比证监会的指导意见要低不少，如果最后一期比例超过 15%，基本上就属于红线了。

2. 可以不纳入第三方回款统计的情形

以下情况可不作为最近一期第三方回款限制比例的统计范围：

（1）客户为个体工商户或自然人，其通过家庭约定由直系亲属代为支付货款，经中介机构核查无异常的；

（2）客户为自然人控制的企业，该企业的法定代表人、实际控制人代为支付货款，经中介机构核查无异常的；

由此可见，上交所对于第三方回款的态度要比证监会松不少。

（三）案例分析

1. 需要详细披露第三方回款/付款的原因

晶晨半导体（上海）股份有限公司和优刻得科技股份有限公司在其招股书申报稿中披露，公司部分客户通过第三方付款的主要原因基本是一样的，即：①部分客户出于自身外贸结算便捷性以及外汇结算等原因委托第三方企业代为向公司支付货款；②部分客户因集团内资金统一管理等原因委托其关联企业向公司付款。上述第三方回款情况具有合理的商业理由，符合公司与该行业部分客户的长期商业习惯。

九号机器人有限公司披露，公司部分客户通过第三方付款的主要原因包括：①部分客户由于外汇直接付款受限或缺乏便捷性等原因，委托第三方企业代为向公司支付货款；②部分客户采购时出现临时性资金缺口，故委托其合作方代为向公司付款。上述第三方回款情况具有合理的商业理由，符合公司与该行业部分客户的长期商业习惯。

总结来说，第一，报告期内，公司第三方回款具有真实业务背景，不存在虚构交易或调节账龄情况；第二，公司及实际控制人、董监高或其他关联方与第三方回款的支付方不存在关联关系或其他利益安排；第三，境外销售涉及客户委托货代公司付款具有必要性；第四，不存在因第三方回款导致的货款归属纠纷。

2. 披露了第三方回款的比例，目前的案例都是低于5%

优刻得科技股份有限公司披露，2016 年度、2017 年度、2018 年度第三方回款形成的收入占营业收入之比分别为 7.28%、5.03%和 2.29%，呈下行趋势，且最近一期不高于当期收入的 15%。

三达膜环境技术股份有限公司披露，第三方回款情况报告期内，公司部分客户存在小额第三方回款的情况。2016 年度、2017 年度、2018 年度客户第三方回款金额分别为 414.66 万元、580.00 万元和 597.63 万元，形成的收入占营业收入之比分别为 0.76%、0.99%和 1.01%。

深圳市创鑫激光股份有限公司披露，公司由第三方代客户支付的销售回款占同期营业收入的比例总体呈下降趋势，至 2018 年已降至 1%。

3. 披露建立了严格的内控制度

晶晨半导体（上海）股份有限公司披露，报告期内，公司建立了针对客户第三方回款的严格内控制度。公司要求相关客户与代付款方及公司签署委托付款三方协议，明确约定客户及付款方的相关义务。公司对客户第三方回款进行专项管理，要求相关客户定期与公司针对委托付款事项进行对账及确认。

优刻得科技股份有限公司披露，报告期内，公司建立了针对客户第三方回款的严格内控制度，识别第三方回款行为，对有代付款需求的客户进行合理性、必要性情形备案，并对代付款方身份进行管理。公司定期监控第三方回款情况并与客户对账确认，第三方回款具有可验证性。公司要求相关客户与代付款方及公司签署委托付款三方协议，明确约定客户及付款方的相关义务。

三、业务资质的问题

交易所关注的问题主要集中在发行人是否具备经营生产必备的所有资质。

（1）杭可科技：请发行人补充披露取得的经营资质情况。请发行人说明：①是否具备生产经营必备的所有资质，是否存在即将到期的资质，如存在，请说明续期是否存在实质障碍；②境外经营是否需要具备相应的资质、认证及标准规范，发行人是否符合相关要求。请保荐机构、发行人律师核查上述事项并发表明确意见。

（2）深圳微芯生物科技股份有限公司（以下简称“微芯生物”，于2019年6月5日过会）：是否具备全部必备的生产资质，GMP取得过程是否合法合规，到期后是否存在续期的实质性障碍。

（3）上海微创心脉医疗科技股份有限公司（以下简称“心脉医疗”，于2019年6月19日过会）——境外经营是否满足相应的资质、认证、标准规范等要求。

香港全资子公司未从事生产制造业务，无须相关经营资质、认证或标准规范。欧洲及美国公司具备相应的资质。

四、境外销售核查

通过以下方式对发行人的境外客户进行核查:

（1）将外销收入明细与国家外汇管理局国际收支平台导出的出口报关数据进行核对，以确认外销收入的真实性和完整性;

（2）将账面外销收入收款明细与国家外汇管理局国际收支平台导出的涉外收入申报单已审核信息进行核对，以确认外销回款的真实性;

（3）针对前五大外销客户，取得中国出口信用保险公司出具的海外资信报告;

（4）向境外客户发询证函;

（5）抽取记账凭证、销售合同（或订单）、发货单、出口报关单进行核对（其中对各期前五大外销客户按销售明细进行详查），以确认销售收入真实性;

（6）实地走访主要境外客户，以确认外销收入交易的真实性。

经律师核查，发行人境外销售的收入真实、完整。

五、境外机构的核查

（1）苏州华兴源创科技股份有限公司（以下简称“华兴源创”，于2019年6月11日过会）

请披露境外子公司是否履行项目核准、投资审批及外汇管理相关程序，设立及存续是否符合所在地区相关法律法规。

（2）澜起科技股份有限公司（以下简称“澜起科技”，于2019年6月13日过会）

境外律师出具法律意见，该境外子公司所在国的经营均符合当地的法律法规。

（3）苏州天准科技股份有限公司（以下简称“天准科技”，于2019年6月5日过会）

发行人拥有两家注册在境外的全资下属公司香港天准及加州天准，其中香港天准为公司在香港设立的离岸贸易公司，主要向境外或其他用外币交易结算的客户销售公司的产品；加州天准为公司为方便与境外客户进行业务沟通、开拓业务而在美国设立的分支机构，报告期内不存在产品销售等实际经营业务。

请保荐机构和发行人律师核查并披露：（1）发行人境外子公司的设立是否履行必要的审批、登记程序，是否符合我国有关境外投资、外汇管理的有关规定，生产经营活动是否符合所在地的相关规定，是否存在违法违规行为；（2）报告期内发行人的进出口活动是否符合相关法律法规的规定，是否存在违法违规行为，是否受到行政处罚。

第七节　主要资产的问题

本章节主要通过案例分析的方法来分析，科创板审核中主要资产这方面，监管部门的主要关注点有哪些，以及如何应对。

一、生产经营场所合法性——天宜上佳

1. 监管部门关注的问题

招股说明书披露，公司存在部分生产经营用房及其他设施被没收情形。

请发行人说明：（1）上述土地是否为发行人主要生产经营用地，该土地及房屋的面积占发行人全部土地或房产面积的比例，使用上述土地或房产产生的收入、毛利、利润情况；（2）结合前述情况，评估其对发行人的重要性；（3）如因土地问题被行政处罚的责任承担主体、搬迁费用及承担主体，有无下一步解决措施。

请保荐机构及发行人律师核查上述事项并发表明确意见，同时就发行人使用集体用地是否符合《土地管理法》等法律法规的规定，是否依法办理了必要的审批和租赁备案手续、有关房产是否为合法建筑、是否可能被行政处罚并就前述是否构成本次发行上市的实质障碍发表明确意见，说明具体理由和依据。

2. 中介机构的核查

报告期内，公司位于上述土地的经营用房及其附属设施产生的收入、毛利和利润占公司总体收入、毛利和利润的比例均在97%以上；同时公司房山生产基地和武清生产基地目前尚未竣工并投入使用。

根据公司出具的关于搬迁及产能计划转移的说明和提供的资料，房山生产基地和武清生产基地厂房及主体建筑已基本建成，其中房山生产基地已开始陆续办理各项工程验收手续，并已提交拥有的3张铁路产品认证证书（动车组粉末冶金闸片产品），增加北京房山窦店新生产场所的认证扩项申请；房山生产基地、武清生产基地建成并投产后，能够全部承载公司现有海淀生产基地土地及地上物的产能和产量，相应位于海淀区的上述生产基地重要性将大幅下降，成为非主要生产经营场所。

中介机构经核查后认为，发行人房山生产基地和武清生产基地厂房建成并投产后，能够承载公司现有位于上述土地的生产经营用房的产能和产量；届时，公司位于上述海淀区上庄镇的生产基地重要性将大幅下降，成为非主要生产经营场所。

3. 如被处罚的应对方案

如因土地问题被行政处罚的责任承担主体、搬迁费用及承担主体，有无下一步解决措施?

（1）如因土地问题被行政处罚的责任承担主体

首先让所述土地或建筑监管部门确认对上述房屋及附属设施不再进行行政处罚；根据实际控制人出具的上述承诺，若因公司继续使用上述建筑物而给公司生产经营造成的直接、间接损失，由其承担。

（2）搬迁费用及承担主体

如按既定计划实现产能转移的，该部分产能转移费用由公司承担；根据中审众环出具的《审计报告》并结合公司现行财务状况，公司具备承担前述费用的能力。根据公司控股股东、实际控制人出具的上述承诺，如因使用上述土地及地上物致使公司受到处罚或政府要求拆迁从而致使发行人产能转移的，由此对公司生产经营造成的直接、间接损失（含产能转移费用）由公司控股股东、实际控制人承担。

（3）下一步解决措施：原生产基地使用的上述土地及地上物5年内无拆迁安排；加快建设新生产基地和武清生产基地；控股股东、实际控制人出具承诺，如因发行人使用上述土地及地上物致使其受到处罚或政府要求拆迁的，由此对公司生产经营造成的直接、间接损失由其承担。

二、生产经营场所不合规——微芯药业

招股说明书披露，发行人子公司微芯药业实际使用的坐落于深圳坪山新区锦绣东路21号房产目前尚未取得房屋所有权证书。该处房产主要用于西达本胺原料药及西达本胺片的生产，系由市政府作为深圳国家生物产业基地生物医药企业加速器的先导工程先行代建，项目土地尚未履行国有土地使用权的挂牌出让手续，公司未取得相关土地使用权和房屋所有权。根据律师工作报告，上述厂房所涉土地使用权系深圳市坪山新区管理委员会依据深地合字〔2010〕9008号《深圳市土地使用权出让合同书》无偿取得，暂未办理土地产权登记。

交易所在反馈意见中让发行人说明：（1）该处土地的性质，目前该处房产的土地与房屋的所有权归属情况，该处房产和土地的面积，微芯药业使用该房产是否需要支付相关费用；（2）该处房产是否为合法建筑，相关土地使用权的取得和使用是否合法，是否存在重大纠纷；（3）微芯药业使用该房产是否合法合规、是否影响发行人资产完整性，并说明相关依据；（4）微芯药业是否可能被临时要求停止使用该处房产，以及可能对发行人生产经营造成的影响。请保荐机构和发行人律师核查并发表意见。

三、新获取土地资产的合规性审查——方邦电子

2016年发行人购买一宗工业用地，总面积为29903平方米，价款为2790万元，土地使用权年限为50年。发行人已足额缴纳土地出让价款。2019年1月发行人与广州市国土资源和规划委员会签订了《补充合同（一）》，约定该地块于2019年10月8日前动工。目前，权利证书正在办理中。交易所关注点：（1）前述土地的用途；（2）权属证书的办理进展，能否在2019年10月8日前取得权属证书。如否，能否按照合同约定动工，

及相应的违约风险。中介机构核查程序：（1）核查了发行人取得土地使用权的土地出让合同及其补充合同、缴款凭证及土地招拍挂文件；（2）实地调查该宗工业用地，取得了发行人所在地负责协调和督促有关职能部门为企业配套基础设施建设等事项工作的广州开发区民营经济和企业服务局出具的说明函；（3）查询了广州市规划和自然资源局《国有建设用地使用权首次登记办理指引（出让、划拨、划拨转出让）》；（4）取得发行人出具的说明。

据此中介机构认为，发行人拟将上述取得的工业用地作为本次募集资金投资项目用地，该宗土地尚未完全平整完毕，且尚未移交给发行人，因此发行人尚未取得该宗土地的不动产权利证书。土地交付后，发行人即可申请办理该宗土地的不动产权利证书，自领取《受理回执》当日起计算5个工作日，能取得该宗土地不动产权利证书。根据《出让合同》《补充合同（一）》，若发行人未能在约定日期动工，且未取得延期建设同意，每延期一日，应向出让人支付相当于国有建设用地使用权出让价款总额千分之一的违约金。但若因出让人土地平整等原因导致发行人于2019年10月8日前不能动工，发行人有权申请该宗土地的动竣工期限顺延。

四、租赁房产的瑕疵——光峰科技

1. 厂房都是租赁的

申请文件显示，截至2019年2月28日，发行人及其控股子公司无自有房屋及建筑物，租赁的主要房产共有29处。其中6处未能取得房屋所有权人同意出租方转租房屋的证明文件，12处未取得权属证明文件，19处租赁房产的相关租赁合同未办理租赁备案登记手续。

2. 交易所的关注点

交易所关注：（1）上述租赁房屋的实际用途与其法定用途是否相符，是否存在因违法违规被行政处罚的风险；（2）租赁尚未取得权属证书的房产或未经所有权人同意转租的房产进行办公、生产经营的合法合规性，是否存在纠纷或潜在纠纷，是否存在行政处罚风险；如果搬迁对公司持续经营的影响，相关补救措施；（3）未办理租赁备案登记手续对相关租赁合同效力的影响，是否存在行政处罚风险。

请保荐机构、发行人律师对上述事项进行核查，并结合相关租赁房屋的具体用途、对发行人的重要程度、租赁费用的公允性、租赁期限、到期后的续约安排、发行人的处置方案等，就上述情况是否对发行人的资产完整性构成重大不利影响发表明确意见。

3. 是否存在被处罚的可能性

根据《合同法》第五十一条及第二百二十八条的规定，无处分权的人处分他人财产，经权利人追认或者无处分权的人订立合同后取得处分权的，该合同有效；因第三人主张权利，致使承租人不能对租赁物使用、收益的，承租人可以要求减少租金或者不支付租金。第三人主张权利的，承租人应当及时通知出租人。

根据《合同法》的上述规定，发行人租赁尚未取得权属证明的房产或未经所有权人同意转租的房产进行生产经营，存在因有权第三方主张权利而导致租赁合同被撤销或被有权机关认定为无效的风险，但发行人作为承租方可要求减少租金或者不支付租金。

根据深圳市宝安区住房和建设局出具的《关于深圳光峰科技股份有限公司出具无违法违规证明的复函》、北京市住房和城乡建设委员会物业服务企业信用信息公示平台的公示信息查询，截至2019年3月31日，发行人及光峰科技未受到建设（房地产）主管部门的行政处罚。根据发行人的书面确认，发行人及光峰科技未因上述房屋租赁而与出租人或有权第三方产生纠纷。

4. 未办理租赁备案登记手续

根据《商品房屋租赁管理办法》的规定，房屋租赁合同订立后30日内，房屋租赁当事人应当到租赁房屋所在地直辖市、市、县人民政府建设（房地产）主管部门办理房屋租赁备案登记；对于未按照法律要求办理租赁备案登记的，房屋租赁单位可能会被房屋主管部门要求限期改正，逾期不改正的，将被处以1千元以上、1万元以下罚款。根据《合同法》及最高人民法院《关于适用〈中华人民共和国合同法〉若干问题的解释（一）》的规定，法律法规规定合同应当办理登记手续，但未规定登记后生效的，当事人未办理登记手续不影响合同的效力。

根据上述规定，发行人或控股子公司应就上述所列租赁房产办理房屋租赁备案登记手续，但未办理租赁登记手续并不影响有关租赁合同本身之效力，亦不会影响发行人或其控股子公司在有关租赁合同中享有的合同权益；未办理相关备案登记手续虽导致发行人或其控股子公司存在行政处罚的风险，但受到的罚款金额将较小。因此，律师认为，上述所列租赁房产未办理房屋租赁备案登记手续不会对发行人的生产经营产生重大风险，不构成本次发行的实质障碍。

第八节　环保问题

一、监管规定

《科创板首次公开发行股票注册管理办法（试行）》，发行人业务完整，具有直接面向市场独立持续经营的能力：（三）发行人不存在主要资产、核心技术、商标等的重大权属纠纷，重大偿债风险，重大担保、诉讼、仲裁等或有事项，经营环境已经或者将要发生重大变化等对持续经营有重大不利影响的事项。

《公开发行证券的公司信息披露内容与格式准则第 41 号——科创板公司招股说明书》，第四十九条“发行人应清晰、准确、客观地披露主营业务、主要产品或服务的情况，包括：（五）生产经营中涉及的主要环境污染物、主要处理设施及处理能力”。

《问答一》，对发行条件中“其他涉及国家安全、公共安全、生态安全、生产安全、公众健康安全等领域的重大违法行为”，应当如何理解？

最近 3 年内，发行人及其控股股东、实际控制人在国家安全、公共安全、生态安全、生产安全、公众健康安全等领域，存在以下违法行为之一的，原则上视为重大违法行为：被处以罚款等处罚且情节严重；导致严重环境污染、重大人员伤亡、社会影响恶劣等。有以下情形之一且中介机构出具明确核查结论的，可以不认定为重大违法：违法行为显著轻微、罚款数额较小；相关规定或处罚决定未认定该行为属于情节严重；有权机关证明该行为不属于重大违法。但违法行为导致严重环境污染、重大人员伤亡、社会影响恶劣等并被处以罚款等处罚的，不适用上述情形。

二、案例分析

1. 中微电子

公司设备在研发、制造过程中，会产生废气、废水，请发行人补充披露：发行人关于环保方面的内部流程、规章制度、相关环保设施及运行情况；报告期内发行人在环保方面的投入金额、相关成本和费用情况；是否存在需要计提的预计负债情况；报告期内是否因环境污染问题被行政机关予以处罚的情况。

核查方式和过程：审阅了发行人关于环境保护的各项内部规章制度、报告期内发行人每年环保投入及相关费用支出的凭证，在国家环境保护部、上海环境保护局、江西省环境保护厅、福建省环境保护厅网站上进行检索，并取得了发行人书面确认。

2. 光峰科技

请发行人补充披露生产经营和募投项目是否符合国家和地方环保要求，是否取得排污许可证等，近 3 年环保投资和相关费用成本支出情况，环保设施实际运行情况及未来环保支出情况，有关污染处理设施的运转是否正常有效，主要污染物情况，是否发生环保事故，环保设施和日常治污费用是否与处理发行人生产经营所产生的污染相匹配。

3. 容百科技

请发行人补充披露：（1）生产经营中涉及环境污染的具体环节、主要污染物名称及排放量、主要处理设施及处理能力；报告期内，发行人环保投资和相关费用成本支出情况，环保设施实际运行情况，报告期内环保投入、环保相关成本费用是否与处理公司生产经营所产生的污染相匹配。

（2）募投项目所采取的环保措施及相应的资金来源和金额等；公司生产经营与募集资金投资项目是否符合国家和地方环保要求。

请保荐机构和发行人律师对发行人生产经营总体是否符合国家和地方环保法规和要求发表明确意见。

律师经查阅发行人及子公司在报告期内各年度的污染物排放/产生量记录台账、采购相关环保处理设施的采购合同及银行付款回单、环保设备台账及抽查的环保设备部分运行记录、发行人及子公司与外部具有资质的危险废物处置单位签署的协议及处置单位持有的资质证书、发行人持有的排污许可证、相关环境保护主管部门出具的合规证明，抽查发行人环保设施的运行维护记录文件，实地走访发行人及其子公司生产经营场所，查询发行人及其子公司相关环境保护主管部门官方网站等，以及根据发行人的说明。

4. 交控科技——环保行政处罚

2017 年 12 月 4 日，北京市丰台区环境保护局下发丰环保辐射罚字〔2017〕026 号《行政处罚决定书》，因发行人未按规定办理辐射安全许可证延续手续，违反了《放射性同位素与射线装置安全和防护条例》第十三条的规定，根据《放射性同位素与射线装置安全和防护条例》第五十二条第（四）项规定，北京市丰台区环境保护局责令发行人停止违法行为，限期改正，处罚款人民币 1 万元。

2018 年 2 月 1 日，北京市丰台区环境保护局出具《证明》，“该单位已积极履行法定义务，改正违法行为。兹证明，交控科技股份有限公司此次受到的处罚金额较小，性质较轻，不属于重大环境违法违规情形且近三年内未受到我局其他的行政处罚”。

2019 年 1 月 7 日，律师就上述行政处罚对北京市丰台区环保局进行了访谈，北京市丰台区环保局确认，“发行人已于 2017 年 12 月缴纳了 1 万元罚款并及时办理了许可证的延期手续。上述违法违规行为所受处罚金额较小、情节较轻、不构成重大违法违规行为。发行人 2016 年 1 月 1 日至今，发行人不存在其他违法违规行为并受到过环保局的其他行政处罚或涉嫌违法违规行为正在受到环保局的调查”。

根据发行人各主管单位出具的合规证明并经律师核查主管单位网站，除上述行政处罚外，发行人不存在其他未披露的行政处罚的情况。

综上，发行人所受上述行政处罚不会对发行人的生产经营产生重大影响，其行为亦不构成重大违法违规行为，发行人不存在其他未披露的行政处罚的情况。

第九节　劳动人事问题

本节主要是通过案例分析对科创板审核中发行人的劳动人事问题进行总结。

一、天宜上佳——创始股东、董监高和核心技术人员是否存在违反与原单位的竞业禁止的协议或承诺，是否会导致发行人出现知识产权纠纷或争议

根据发行人创始股东、董事、监事、高级管理人员和核心技术人员的调查表，前述相关人员与发行人签署的劳动合同、保密协议，发行人与前述人员出具的确认函并经核查，截至本补充法律意见书出具之日，发行人的创始股东、董事、监事、高级管理人员及核心技术人员与原单位未签署竞业禁止协议、承诺或含有竞业禁止内容的协议，不存在违反与原单位的竞业禁止协议、承诺或相关协议的情形；发行人及其控股子公司已取得的专利、非专利技术等均不涉及该等人员在原单位的职务成果，不会导致发行人出现知识产权纠纷或争议。

二、福建福光股份有限公司（以下简称“福光股份”，于2019年6月11日过会）——报告期内人员变动较大

公司报告期内人员变动较大。请发行人披露报告期各期末公司员工的年龄、学历和专业构成情况。请保荐机构、发行人律师核查报告期内发行人人员变动的具体原因，是否存在劳务纠纷、劳务派遣或劳务外包，并就

以上事项是否合规、对公司经营的影响发表明确意见。

（一）报告期内发行人人员变动的具体原因

（二）是否存在劳务纠纷、劳务派遣或劳务外包，以上事项是否合规、对公司经营的影响

根据发行人提供的公司员工花名册、相关劳动合同、员工社保缴纳凭证等资料并经律师核查是否存在尚未了结的劳动争议案件，截至本补充法律意见书出具日，发行人不存在劳务纠纷、劳务派遣或劳务外包的情形，发行人报告期内用工事项合规，不会对公司经营造成影响。

三、杭可科技——劳务派遣的法律问题

请发行人结合与劳务派遣公司的协议内容，说明发行人报告期内的劳务派遣是否符合《劳动法》《劳动合同法》《劳务派遣暂行规定》等规定。请保荐机构、发行人律师进行核查，并发表明确意见。

根据发行人提供的《劳务派遣合作协议书》、报告期内发行人员工名册等资料及律师对劳务派遣单位的访谈，自 2017 年 1 月起，发行人实行全员劳动合同制，已不存在劳务派遣用工情况。

根据杭州市萧山区人力资源和社会保障局于 2019 年 1 月 10 日出具的合规证明并经律师核查，确认发行人自 2016 年 1 月 1 日至证明出具之日，不存在因违反国家劳动保障法律、法规而受到行政处罚的情形。

根据杭州市萧山区劳动和社会保障监察大队于 2019 年 4 月 28 日出具的证明文件，2016 年初，发行人劳务派遣用工情况在实际操作中，存在劳务派遣用工比例超过 10%及部分岗位不属于临时性、辅助性、替代性岗位的情形，且存在合作单位劳务派遣公司未按照劳务派遣协议约定为劳务派遣人员缴纳社会保险及住房公积金的情形。针对该等情况，发行人积极作出整改，自 2017 年 1 月开始已不存在劳务派遣用工情形。发行人未因劳动用工问题而受到杭州市萧山区劳动和社会保障监察大队立案调查或行政处罚。

根据发行人实际控制人曹骥、曹政出具的书面承诺，若发行人因劳务派遣用工事项违反劳动保障相关法律、法规、规章、规范性文件的规定，而被任何行政主管机关、主管机构给予处罚，或被相关员工主张承担任何

赔偿或补偿责任的，则就发行人依法应承担的该等罚款、滞纳金或赔偿和补偿款项，均将由本人先行以自有资产承担和支付，以确保发行人不会因此遭受任何损失；在必须先行支付该等款项的情况下，本人将在发行人支付后的五日内及时以现金形式偿付发行人。

基于上述，律师认为发行人报告期初的劳务派遣用工情况存在瑕疵，经发行人积极整改，自2017年1月起，发行人实行全员劳动合同制，已不存在劳务派遣用工情况。

四、容百科技——少部分员工未缴纳社会保险和住房公积金

请发行人补充披露应缴未缴的具体情况及形成原因；补缴是否会对发行人的持续经营造成影响，如是，请揭示相关风险，并披露应对方案。请保荐机构、发行人律师核查应缴未缴社保和公积金的具体情况及原因；补缴是否会对发行人的持续经营造成影响，并对是否属于重大违法行为出具明确意见。

律师经查阅发行人提供的员工花名册、相关人员关系证明文件，抽查发行人的社会保险单位缴纳凭证以及住房公积金缴纳凭证，取得发行人及其子公司所属社保和公积金主管部门出具的合规证明文件、发行人实际控制人出具的书面承诺，访谈发行人人力资源部门负责人员，及走访了发行人所属社会保险和住房公积金主管部门等，对发行人报告期内社会保险和住房公积金的缴纳情况核查。

律师认为，发行人报告期内存在员工未参缴社会保险与住房公积金的情况，主要为正在办理相关手续的新入职员工，发行人已在次月或者其通过试用期后为该等员工予以缴纳；同时，随着发行人积极完善社会保险与住房公积金参缴制度，报告期内应缴未缴金额显著下降，不会对发行人经营业绩、持续经营构成重大不利影响；此外，发行人及其子公司所属社会保险管理部门与住房公积金管理部门已出具证明，确认发行人在报告期内不存在因违反社会保险、住房公积金方面法律法规而受到重大行政处罚的情形。因此，发行人存在未为部分员工缴纳社会保险和住房公积金的情况，不属于重大违法行为。

第十节　诉讼或仲裁

哲人有云，人在江湖飘，哪有不挨刀。企业在社会上生存，免不了与其他企业有磕磕碰碰的事情。矛盾发生时，有企业选择“古惑仔”式简单粗暴的解决方式，而拟IPO企业都是文明企业或准文明企业，所以一般选择诉讼或仲裁的争端解决方式。那现在问题来了，当诉讼发生时，对发行人的IPO进程是否有消极影响？监管机构在诉讼方面，主要关心哪些层面的问题？笔者今天从解读监管机构反馈意见的角度，尝试深层次地分析诉讼对拟IPO企业的影响。

一、常规披露内容

通常来说，申报文件中的招股说明书和法律意见书会有专章对“重大诉讼、仲裁事项”进行信息披露，通常需要披露如下两项：

1. 诉讼相关事项对发行人财务状况、经营成果、声誉、业务活动、未来前景等可能产生较大影响的诉讼或仲裁事项；

2. 发行人的控股股东、实际控制人、控股子公司以及公司董事、监事、高级管理人员和核心技术人员不存在作为一方当事人的重大诉讼或仲裁事项。

二、监管机构重点关注

监管机构如认为相关披露文件对诉讼案件语焉不详，或者该诉讼事项达到了一定的重要程度，通常会在反馈阶段继续追问相关诉讼事宜，确保诉讼不会对公司造成重大影响。具体类型包括：

1. 诉讼的具体情况怎么样？

诉讼的事由、诉讼标的、最近进展及相关案件的执行情况。

2. 诉讼对发行人经营影响几何？

诉讼事项对发行人经营的影响，是否会对发行人的业绩和持续经营产生不利影响，是否构成本次发行上市的障碍。

3. 中介机构是怎么样核查的，给个明确意见？

请保荐机构和发行人律师对上述事项进行核查，说明核查过程、提供相关依据并发表意见。对发行人是否符合《首次公开发行股票并上市管理办法》第十三条的规定发表明确意见。

三、案例反馈问题

1. 方邦电子——重大诉讼及进展

交易所关注：（1）报告期内发生的重大诉讼及进展；（2）创始股东、董监高和核心技术人员是否存在违反与原单位的竞业禁止的协议或承诺，是否会导致发行人出现知识产权纠纷或争议；（3）主要产品和核心知识产权是否还存在其他纠纷或潜在法律风险，风险揭示是否充分。

核查程序：（1）就报告期内发行人发生的重大诉讼及进展，信达律师核查了发行人的诉讼文书、财务报表及审计报告，并在中国裁判文书网等网站进行检索核查；（2）就创始股东、董监高和核心技术人员是否存在违反与原单位的竞业禁止的协议或承诺，信达律师访谈了在发行人任职的创始股东（包括苏陟、胡云连、夏登峰）、董事、监事、高级管理人员及核心技术人员，在中国裁判文书网、全国法院被执行人信息查询平台等网站进行检索核查；（3）就发行人主要产品和核心知识产权是否存在其他纠纷或潜在法律风险，信达律师在中国裁判文书网、全国法院被执行人信息查询平台等网站进行检索核查，访谈了发行人总经理、研发负责人、知识产权事务负责人，并经发行人确认；（4）就发行人受让专利历次转让的原因，是否履行相关审批程序，是否存在法律风险，信达律师查阅了发行人受让专利的相关程序文件，向专利主要发明人苏陟进行访谈了解该等专利历次转让的背景及原因。

2. 杭可科技——诉讼或仲裁事项的全面披露

请发行人说明：是否存在对其财务状况、经营成果、声誉、业务活动、未来前景等可能产生较大影响的诉讼或仲裁事项，以及控股股东或实际控制人、控股子公司，发行人董事、监事、高级管理人员和核心技术人员作为一方当事人可能对发行人产生影响的刑事诉讼、重大诉讼或仲裁事项。如存在，请补充披露诉讼或仲裁事项的基本情况、目前进展，判决及裁决结果、执行情况以及对发行人的影响。请保荐机构、发行人律师进行核查，并对该等诉讼或仲裁事项对发行人的影响发表明确意见。

根据发行人说明及其提供的相关证明文件、诉讼文书并经律师在中国裁判文书网（http：//wenshu. court. gov. cn/）、中国执行信息公开网（http：//zxgk. court. gov. cn/）的检索查询，截至本补充法律意见书出具日，未发现发行人存在尚未了结的重大诉讼、仲裁案件；报告期内，未发现控股股东、实际控制人、控股子公司，发行人董事、监事、高级管理人员和核心技术人员作为一方当事人可能对发行人产生影响的刑事诉讼、重大诉讼或仲裁事项。

律师在反馈意见回复中出具补充法律意见书，认为未发现对发行人财务状况、经营成果、声誉、业务活动、未来前景等可能产生较大影响的诉讼或仲裁事项；报告期内，未发现控股股东、实际控制人、控股子公司，发行人董事、监事、高级管理人员和核心技术人员作为一方当事人可能对发行人产生影响的刑事诉讼、重大诉讼或仲裁事项。

3. 中微电子——重要的专利纠纷或诉讼

重要专利纠纷或诉讼及截至目前的进展；未决诉讼达成和解的具体约定，是否涉及公司核心技术或产品，是否限制公司海外销售，是否存在影响公司正常生产经营的潜在纠纷或其他风险；目前公司的核心产品或技术是否有被指控侵犯专利权引起的诉讼及进展。

第十一节　对赌协议的问题

“对赌”这个词翻译体现了中国特色，赌有输必有赢，但其实对赌协议运用得好，对于融资方以及投资人来说，都是有好处，不一定就是零和博弈。对赌条款其实是舶来品，但却在中国资本市场生根发芽，我们可以观察到，目前大部分的股权投资都会标配“对赌条款”。投资人好像有了对赌条款就万事大吉了，尽调也可以草草了事，企业目前状况不好也可以选择性忽视，反正有“对赌”嘛，不行就让目标公司及企业主买单。对赌+回购，几乎就把股权投资“债化”了。

先不论对赌协议的是与非，本书主要探讨企业在科创板 IPO 时，历史沿革中存在或目前还存在对赌条款，是否构成实质障碍。

一、什么是对赌条款

“估值调整机制（Valuation Adjustment Mechanism）”这个是对赌协议的“官方名称”，是指私募股权资本在投资时，因为投资者与融资者之间信息的不对称，对于企业为了发展的实际情况难以做出 100%正确的决定。为对抗这种信息不对称，投资方与融资方在达成协议时，双方对于企业未来不确定情况进行的约定。如果约定的条件出现，企业未来的获利能力达到某一标准，融资方可以行使一种权利，用以补偿低估企业价值的损失；如果约定的条件不出现，则投资方行使另外一种权利，用以补偿高估企业价值的损失。

对赌条款是否有效，在我国司法实践中也是有多个著名判例的：

1. 2012 年海富案中，最高院认为投资者与目标公司本身之间的补偿条款如果使投资者可以取得相对固定的收益，则该收益会脱离目标公司的经营业绩，直接或间接地损害公司利益和公司债权人利益，故应认定无效。

2. 2014 年九鼎案中，湖北省高院认为股东间就股权回购的对赌协议属于当事人对投资合作商业风险的安排，不违反国家法律、行政法规的禁止性规定，不属于格式条款，因此有效。

3. 2014 年乐园新材案中，上海中院认为人民法院在对此法律行为进行适度评判时，应当遵循以下原则：鼓励交易、尊重当事人意思自治、维护公共利益、保障商事交易的过程正义。股东间就股权回购的对赌协议虽有不妥之处，但亦未严重违背以上评判四原则，故该回购条款仍应为有效。

4. 2019 年的华工公司案对著名的海富案有了“反转”，其认为《公司法》并不禁止有限公司回购本公司股份，有限责任公司回购本公司股份不当然违反《公司法》的强制性规定。有限责任公司在履行法定程序后回购本公司股份，亦不会损害公司股东及债权人利益，亦不会构成对公司资本维持原则的违反。

二、监管部门对对赌协议态度如何

1. 证监会

证监会对对赌条款的态度是相当坚决及明确的，在多次保代培训中都强调“对赌条款在上会前必须终止执行”。证监会不喜欢对赌条款的主要原因，在于其认为对赌条款有损上市公司股权以及经营的稳定性。

招股说明书中如果没有披露是否存在对赌条款，证监会基本一定给企业的反馈问题时，会提出“增资引入股东与发行人之间是否存在对赌协议等特殊安排?”如招股书披露了存在对赌条款的，则证监会在反馈中会要求发行人及中介机构“核查是否存在潜在纠纷，以及说明对赌协议中是否存在以发行人为对赌对象的相关条款或违反法律法规禁止性规定的其他情形”。

2. 交易所

根据《上海证券交易所科创板股票发行上市审核问答（二）》，部分投资机构在投资时约定有估值调整机制（对赌协议），发行人及中介机构应当如何把握?

交易所官方答案是：PE、VC 等机构在投资时约定估值调整机制（一般称为对赌协议）情形的，原则上要求发行人在申报前清理对赌协议，但同时满足以下要求的对赌协议可以不清理：一是发行人不作为对赌协议当事人；二是对赌协议不存在可能导致公司控制权变化的约定；三是对赌协议不与市值挂钩；四是对赌协议不存在严重影响发行人持续经营能力或者其他严重影响投资者权益的情形。保荐人及发行人律师应当就对赌协议是否符合上述要求发表专项核查意见。发行人应当在招股说明书中披露对赌协议的具体内容、对发行人可能存在的影响等，并进行风险提示。

简单来说，就是如果存在对赌协议需要详尽披露，我们的理解是历史上存在对赌协议或条款都是要披露出来的。上交所对对赌协议的态度其实跟以前证监会差不多，只是稍微松了一个口子，即如果满足一些比较苛刻的条件，对赌协议是可以不解除的，否则都需要在申报之前清理掉。而且也能看出来交易所受海富案判决的影响比较大，认为发行人是不能成为对赌协议当事人的。

三、交易所对对赌协议的反馈意见

只要历史上存在对赌协议，交易所在反馈时都会特殊照顾到的，目前已经披露的反馈意见中可见一斑：

（1）发行人历史沿革中是否存在发行人、控股股东、控股股东的股东与发行人其他股东等主体之间的对赌协议。这是在问现在是否还存在对赌协议。

（2）请说明对赌协议的内容及执行情况，是否存在触发对赌协议生效的情形，对赌各方是否存在纠纷或潜在纠纷。这主要是关心对赌协议的主要内容，以及是否存在纠纷或潜在纠纷。

（3）如存在对赌协议，请说明发行人是否作为对赌协议当事人，是否存在可能导致公司控制权变化的约定，对赌协议是否与市值挂钩，是否存在严重影响发行人持续经营能力或者其他严重影响投资者权益的情形。这是关心对赌协议对发行人的影响。

四、案例分析

1. 不存在对赌协议

烟台睿创微纳技术股份有限公司在其补充法律意见书中就披露，律师调取并查阅了发行人置备于市场监督管理机关的档案，就发行人与其股东、发行人股东之间已签署的协议进行了查验，并就发行人控股股东、实际控制人与其他股东是否存在对赌事宜访谈了发行人控股股东、实际控制人马宏。经核查，发行人与其股东、发行人控股股东与其他股东之间未签署对赌协议，当前各方已签署的生效文件中不存在对赌条款。

2. 对赌条款在申报时暂时失效

西安铂力特增材技术股份有限公司在其招股书申报稿中披露，根据海宁国安、杭州沁朴、青岛金石与铂力特、折生阳签署的《增资协议之补充协议的终止协议》，各方同意对《增资协议之补充协议》中的回购条款、转让限制、优先增资权、最优惠待遇进行解除，但未终止《增资协议之补充协议》中的下述条款，即“若上述申请文件未被中国证监会受理、或申请文件被公司撤回、或中止审查超过 12 个月、或申请被中国证监会终止审查或否决，以及因为其他原因导致甲方未能上市的，则乙方承诺将按照本补充协议约定的回购条款与丙方（增资方）另行签订回购协议履行回购义务”，且折生阳出具了履行上述条款的承诺。

根据《增资协议之补充协议的终止协议》，相关特殊安排随着本次的申报终止执行，本次发行上市审核过程不会触发特殊安排的相关条件，涉及未上市的相关特殊安排不影响发行人本次申报所需具备的实质条件。因此，《增资协议之补充协议的终止协议》中的约定不影响发行人本次申报，不构成对本次发行上市的实质障碍。

3. 已经彻底解除，而不是效力中止

浙江杭可科技股份有限公司在其反馈回复中披露，原参与对赌的投资人出具承诺函，“一、截至本确认函签署之日，本人/本企业未曾向杭可科技方主张业绩承诺补偿、回购股份或其他任何权利，杭可科技方亦不存在任何应履行而未履行的义务或任何赔偿、补偿、缔约过失等责任，本人/本企业与杭可科技方不存在任何争议或纠纷。本人/本企业承诺今后也不会依据上述补充协议向杭可科技方主张补充协议项下的任何权利。二、截至本确认函签署之日，相关对赌协议已彻底解除，本人/本企业作为杭可科技的股东，与杭可科技方不存在关于回购股份、支付利益补偿或其他任何性质的替代性利益安排。”

由此得出结论，对赌协议均已彻底解除，并非附条件的中止，不存在其他替代性利益安排。

4. 历史沿革中曾经有发行人作为对赌对象的情况

安集微电子科技（上海）股份有限公司在其反馈中回复中披露，国家集成电路基金和北京集成电路基金投资发行人的相关协议中，发行人曾作为对赌协议当事人。国家集成电路基金、北京集成电路基金有权要求安集微回购股权，并且在安集微无法实施回购时，由 Shumin Wang（王淑敏）100%持有的第三方实体向国家集成电路基金或北京集成电路基金补足差额部分或按照协议约定的价格履行回购义务。但截至反馈之日，发行人与国家集成电路基金、北京集成电路基金之间的对赌协议已终止执行，历史上未存在触发对赌的情形，不会导致公司的控制权发生变化，进而影响治理结构的稳定。

5. 对赌的股份占发行人股本总额的比例较小，执行也不影响股权稳定

福建福光股份有限公司在反馈回复中披露，发行人、中融投资及何文波分别与远致富海、福州创投和黄文增于 2018 年 12 月至 2019 年 3 月签署了《关于福建福光股份有限公司股份转让之协议》及相关补充协议。协议约定：若发行人未能在 2022 年 3 月 31 日之前在中国境内 A 股股票市场首次公开发行股票并在中国境内证券交易所上市，则远致富海、福州创投和黄文增有权将其持有的发行人全部股份按照其支付的股份转让价款加上 10%年利率，扣除已收到的全部现金分红和全部现金补偿款后转让给中融投资。上述条款自发行人向中国证监会或交易所递交正式上市申报材料时自动终止；若发行人上市申请被否决或发行人撤回上市申报材料，则自否决之日或撤回之日起，上述条款的效力自行恢复。

鉴于涉及对赌的股份占发行人股本总额的比例较小，因此，即使未来对赌条款约定的条件成就，该等事项亦不会对发行人实际控制权的稳定性造成重大不利影响。

6. 披露对赌协议存在执行的风险

广东紫晶信息存储技术股份有限公司在其招股书申报稿中披露，2018 年 11 月，达晨创通、东证汉德、东证夏德、远致富海等 7 名投资者对公司进行增资。本次增资扩股发行人的控股股东及实际控制人与相关投资者于 2018 年 12 月分别签署《关于广东紫晶信息存储技术股份有限公司之股份认购协议之补充协议》。协议中包括约定对 2018 年净利润进行业绩承诺及补偿、回购、优先受让权和共同销售权、共同出售权等特殊安排事项。发行人 2018 年净利润已满足该等协议业绩承诺，同时，发行人递交 IPO 申报材料并获受理之日起该协议相关条款将暂停执行。如果发行人首次公开发

行股票未获注册，则公司实际控制人存在恢复执行该等协议并溢价回购投资者股票的风险。

五、结语

基本上可以得出结论，一般情况下，历史沿革中存在对赌条款，对于科创板 IPO 来说不会构成实质障碍。如果满足上交所所列的“苛刻”条件的情况下，理论上可以不清理，但是从上市“大局”的角度来说，我们认为能清理则清理。

第十二节　红筹架构上市的问题

一、交易所的规定

1. 允许红筹企业科创板上市

符合《国务院办公厅转发证监会关于开展创新企业境内发行股票或存托凭证试点若干意见的通知》（国办发〔2018〕21 号）相关规定的红筹企业，可以申请发行股票或存托凭证并在科创板上市。营业收入快速增长，拥有自主研发、国际领先技术，同行业竞争中处于相对优势地位的尚未在境外上市红筹企业，申请发行股票或存托凭证并在科创板上市的，市值及财务指标应当至少符合下列上市标准中的一项，发行人的招股说明书和保荐人的上市保荐书应当明确说明所选择的具体上市标准：

（1）预计市值不低于人民币 100 亿元；

（2）预计市值不低于人民币 50 亿元，且最近一年营业收入不低于人民币 5 亿元。

2. 红筹企业和境内外事项的协调

（1）红筹企业申请发行股票或者存托凭证并在科创板上市的，适用中国证监会关于发行上市审核注册程序的规定。

（2）红筹企业申请其在境内首次公开发行的股票上市的，应当根据《上海证券交易所科创板股票发行上市审核规则》的规定，取得出具的同意发行上市审核意见并由中国证监会做出同意注册决定。

红筹企业在境内发行存托凭证并上市的，还应当提交本次发行的存托凭证已经中国结算存管的证明文件、经签署的存托协议、托管协议文本以及托管人出具的存托凭证所对应基础证券的托管凭证等文件。

根据公司注册地公司法等法律法规和公司章程或者章程性文件（以下简称“公司章程”）规定，红筹企业无须就本次境内发行上市事宜提交股东大会审议的，其申请上市时可以不提交股东大会决议，但应当提交相关董事会决议。

（3）红筹企业在境内发行股票或者存托凭证并在科创板上市，股权结构、公司治理、运行规范等事项适用境外注册地公司法等法律法规的，其投资者权益保护水平，包括资产收益、参与重大决策、剩余财产分配等权益，总体上应不低于境内法律法规规定的要求，并保障境内存托凭证持有人实际享有的权益与境外基础证券持有人的权益相当。

（4）红筹企业提交的上市申请文件和持续信息披露文件，应当使用中文。

红筹企业和相关信息披露义务人应当按照中国证监会的规定，在中国证监会指定信息披露媒体和网站披露上市和持续信息披露文件。

（5）红筹企业具有协议控制架构或者类似特殊安排的，应当充分、详细披露相关情况，特别是风险、公司治理等信息，以及依法落实保护投资者合法权益规定的各项措施。

红筹企业应当在年度报告中披露协议控制架构或者类似特殊安排在报告期内的实施和变化情况，以及该等安排下保护境内投资者合法权益有关措施的实施情况。

前款规定事项出现重大变化或者调整，可能对公司股票、存托凭证交易价格产生较大影响的，公司和相关信息披露义务人应当及时予以披露。

（6）红筹企业进行本规则规定需提交股东大会审议的重大交易、关联交易等事项，可以按照其已披露的境外注册地公司法等法律法规和公司章程规定的权限和程序执行，法律法规另有规定的除外。

公司按照前款规定将相关事项提交股东大会审议的，应当及时予以披露。

（7）红筹企业注册地公司法等法律法规或者实践中普遍认同的标准对公司董事会、独立董事职责有不同规定或者安排，导致董事会、独立董事无法按照规定履行职责或者发表意见的，红筹企业应当详细说明情况和原因，并聘请律师事务所就上述事项出具法律意见。

二、主要关注的问题

海外架构搭建是否涉及外汇使用，是否取得外汇管理部门的批准，是否符合我国有关税收、外资、外汇管理等方面的法律法规规定，是否符合境外法律规定；原拟境外上市主体开曼公司历次融资情况，是否存在优先股或其他特殊权利义务安排，是否与目前拟上市主体存在关联关系，是否存在利益输送等；开曼公司仍保留部分期权的具体原因，是否存在纠纷或潜在纠纷，是否符合《问答》“不得设置预留权益”的相关规定，是否影响发行股权结构的清晰稳定；海外期权计划是否涉及股份支付。

三、案例分析

光峰科技——2010 年，发行人的实际控制人李屹收购境外特殊目的公司 APPO 的权益，并通过 APPO 在境内设立的外商独资企业绎立锐光与光峰科技签署 VIE 协议，搭建了发行人的境外架构。后续，为筹划境内上市，光峰科技通过一系列境内外安排对发行人的股权结构和业务进行重组，终止了与绎立锐光的 VIE 协议，拆除了境外架构。截至发行人启动拆除境外架构之日（即 2018 年 5 月 18 日），APPO 合计向 29 名员工/顾问授予期权，其中有 10 名激励对象已经离职。发行人的实际控制人李屹在设立境外投资平台 APEX、Long Pine，收购境外投资平台 Blackpine 时未及时办理外汇登记手续。

请发行人说明：（1）2010 年李屹设立境外投资平台 Newco、受让吴忠威持有的 APPO 股权、许颜正受让 YLW 持有的 APPO 股权时的资金金额及来源，是否属于返程投资并办理相关外汇登记手续，是否符合外汇管理法律法规规定。(2) APPO 设立以来历次股权融资的金额及定价依据；通过协议控制架构对境内主体资金支持的时间、金额、途径和方式，有关资金往来、利润转移安排的合法合规性，有关融资、分红及返程投资是否符合相关法律法规规定。(3) 截至 2016 年 12 月 31 日 APPO 的股权结构，是否存在拥有特殊表决权的股东或者其他特殊利益安排（比如重大事项否决权、董事提名/任命权等），说明李屹实际控制 APPO，从而间接对光峰科技实施控制的认定依据是否充分。(4) 报告期内境外上市架构相关企业的经营情况、主要财务数据（包括总资产、净资产、净利润等）是否存在重大违法行为，被注销公司是否存在为发行人承担成本和费用的情形；报告期内相关企业的股权结构、实际控制人及最终权益受益人，是否存在委托持股或信托持股等情形。(5) APPO 全体股东将其持有的相应的 APPO 权益平移至境内的过程，平移后相关股权的一一对应关系，所持股权比例的变动情况，如存在差异，请说明原因。(6) 开曼光峰对 APPO2 实施吸收合并的资金来源及合法性，原 APPO 全体股东通过重组安排取得现金后向发行人缴付出资的过程，是否经过主管部门审批，上述资金安排是否符合外汇管理规定。(7) 取消和终止授予 29 名激励对象的期权是否违反境外注册地法律法规，与相关主体是否存在纠纷或潜在纠纷，19 名在职激励对象期权的具体实现情况。(8) 结合相关法律法规，说明李屹在设立境外投资平台 APEX、LongPine，收购境外投资平台 Blackpine 时未及时办理外汇登记手续可能面临的处罚，是否属于重大违法违规及对本次发行上市的影响；境内自然人在境外设立的相关主体在所持境外权益发生变动时是否均进行了外汇变更登记，如未变更登记，是否存在行政处罚风险。(9) APPO等境外主体的注销进展情况，是否存在纠纷及潜在纠纷；其他未注销境外主体及绎立锐光目前的状态、主营业务及未来相关安排，是否存在与发行人经营相同或类似业务的情形。(10) 海外架构搭建、存续及解除过程中各交易步骤、环节和安排是否符合境内外外汇、外资、税务等相关法律法规规定。(11) VIE 协议的终止是否履行了法定程序，签约各方之间是否存在纠纷或潜在纠纷。

海外架构搭建、存续及解除过程中各交易步骤、环节和安排是否符合境内外外汇、外资、税务等相关法律法规规定？

根据《境外法律意见书》《补充境外法律意见书》、发行人提供的APPO海外架构搭建、存续、拆除中的相关资料、APPO股东资料及该等股东出具的书面确认，发行人境外架构搭建、存续及解除过程中的各交易步骤、环节和安排以及涉及的境内外外汇、外资、税务等相关法律法规规定情况如下：海外架构搭建、存续及解除过程中各交易步骤、环节和安排。

第十三节　“三类股东”的问题

存在“三类股东”是拟IPO企业被否的比较常见的问题之一，“三类股东”到底是招谁惹谁了，为啥会成为拟上市企业想要摆脱的阴影呢？存在“三类股东”的企业还能申报科创板上市吗？

所谓“三类股东”是指契约型私募基金、资产管理计划（主要指基金子公司和券商资管计划）和信托计划。在新三板火爆的那几年，好多挂牌公司以能获得“三类股东”的投资为荣，毕竟是获得了机构投资人的投资。等到大潮退去，三板公司要转去IPO时，就发现悲剧了。证监会对于“三类股东”的态度是不友好的，最友好的表述也是：我们正积极研究“三类股东”作为拟上市企业股东的适格性问题。那怎么办啊？好多新三板企业只能是求爹爹告奶奶，连哄带闹“请求”以前的座上宾“三类股东”们出局。可是哪有那么简单啊，请神容易送神难，有些企业费了很大劲清理了“三类股东”，但也是不开心的，因为成本太高了。

那为什么“三类股东”这么不受监管机构的喜爱呢？这是由于“三类股东”存在股份代持、关联方隐藏持股、规避限售等问题，2016年开始，证监会对“三类股东”问题处理非常慎重。按照证监会的要求，存在“三类股东”的发行人要提出符合监管要求的整改计划，并对“三类股东”做穿透式披露。由于穿透式披露在实际操作中困难重重，相当一部分IPO企业因为“三类股东”问题而被搁置。

一、“三类股东”的前世今生如何

1. 新三板崛起的附带

2013 年 2 月 8 日，股转系统发布《全国中小企业股份转让系统投资者适当性管理细则（试行）》，明确了“三类股东”可以作为新三板挂牌公司股票公开转让的受让对象。

2014 年 8 月 21 日，证监会发布了《私募投资基金监督管理暂行办法》，该办法进一步明确了合格投资者制度，并明确了在以合伙企业、契约等非法人形式汇集他人资金投资于私募基金时，将“依法设立并在基金业协会备案的投资计划”视为合格投资者，并视为单一合格投资者，豁免穿透核查和合并计算投资者人数。

2015 年 10 月 16 日，股转系统《全国中小企业股份转让系统机构业务问答（一）——关于资产管理计划、契约型私募基金投资拟挂牌公司股权有关问题》，明确了基金子公司可通过设立专项资产管理计划、证券公司定向、专项资产管理计划和私募基金（包括契约型私募基金）可以投资拟挂牌新三板的公司股权。

2015 年 11 月 24 日，证监会发布《非上市公众公司监管问答——定向发行（二）》，明确了“三类股东”可以参与非上市公司定向发行。

2. 证监会明确表态

2018 年 1 月 12 日，证监会发言人表示，新三板挂牌企业申请 IPO 时存在“三类股东”的监管政策已经明确，要求从源头上防范利益输送行为，对“三类股东”做穿透式披露。具体如下：

一是基于证券法、公司法和 IPO 办法的基本要求，公司稳定性、控股股东与实际控制人的明确性是基本条件，为保证拟上市公司的稳定性、确保控股股东履行诚信义务，监管部门要求公司控股股东、实际控制人、第一大股东不得为“三类股东”。

二是鉴于目前管理部门对资管业务正在规范过程中，为确保“三类股东”依法设立并规范运作，要求“三类股东”已经纳入金融监管部门有效监管。

三是监管部门将从源头上防范利益输送行为，防控潜在风险，从严监管高杠杆结构化产品和层层嵌套的投资主体，要求存在这些情形的发行人提出符合监管要求的整改计划，并对“三类股东”做穿透式披露，同时要求中介机构对发行人及其利益相关人是否直接或间接在“三类股东”中持有权益进行核查。

四是为确保能够符合现行锁定期和减持规则，要求“三类股东”对其存续期做出合理安排。

二、科创板对“三类股东”有什么说法吗

2019 年 3 月 24 日，上交所发布《上海证券交易所科创板股票发行上市审核问答（二）》。其中对“三类股东”有了说法了！

问题：发行人在全国股份转让系统挂牌期间形成契约性基金、信托计划、资产管理计划等“三类股东”的，对于相关信息的核查和披露有何要求？

答：发行人在全国股份转让系统挂牌期间形成“三类股东”持有发行人股份的，中介机构和发行人应从以下方面核查披露相关信息：

（一）核查确认公司控股股东、实际控制人、第一大股东不属于“三类股东”。

（二）中介机构应核查确认发行人的“三类股东”依法设立并有效存续，已纳入国家金融监管部门有效监管，并已按照规定履行审批、备案或报告程序，其管理人也已依法注册登记。

（三）发行人应根据《关于规范金融机构资产管理业务的指导意见》（银发〔2018〕106 号）披露“三类股东”相关过渡期安排，以及相关事项对发行人持续经营的影响。中介机构应当对前述事项核查并发表明确意见。

（四）发行人应当按照要求对“三类股东”进行信息披露。保荐机构及律师应对控股股东，实际控制人，董事、监事、高级管理人员及其近亲属，本次发行的中介机构及其签字人员是否直接或间接在“三类股东”中持有权益进行核查并发表明确意见。

（五）中介机构应核查确认“三类股东”已做出合理安排，可确保符合现行锁定期和减持规则要求。

这个问答我们解读一下：第一，科创板总体来说对“三类股东”还是比较开明的，只要能说清楚，不是控股股东或实际控制人，信息披露等条件能符合，不会成为科创板上市的实质障碍；第二，问题里强调是“在全国股份转让系统挂牌期间形成的”，如果是非三板企业呢？从立法思路来说，应该也是可以的；第三，“三类股东”如果是控股股东、实际控制人或者第一大股东，这会构成科创板上市的实质障碍；第四，中介机构的核查义务是比较大的，“三类股东”可以存在，但是中介机构需要核查确认，“三类股东”不会“捣乱”。

三、核查是否存在“三类股东”的程序

（1）核查发行人股东的工商登记资料、股东名册、调查问卷、穿透后股权结构；

（2）取得相关类“三类股东”的确认函；

（3）核查发行人董事长或总经理的调查问卷；

（4）核查发行人私募基金、股东私募基金备案公示信息；

（5）核查发行人工商信息；

（6）核查“三类股东”涉及的资管合同、产品备案信息、取得最终出资人确认文件；

（7）取得税务备案表及股东确认函。

四、具体的案例

1. 西部超导——“样板工程”

审核中“三类股东”的常规问题：发行人是否存在“三类股东”。如是，是否按照《审核问答二》》之10进行核查和披露。

西部超导于2019年6月20日过会，其对“三类股东”问题的反馈回复中规中矩，堪称“样板工程”，值得参考学习。

是否存在“三类股东”？由于西部超导是原新三板挂牌企业，所以

“三类股东”的存在不可避免。西部超导披露了相关的情况及原因：西部超导股东共计456名，其中“三类股东”共计18名，均系西部超导于股转系统非公开发行或做市交易形成，其中通过2015年7月西部超导在股转系统非公开发行形成3家，做市交易形成15家。西部超导以表格的形式一目了然地将“三类股东”的名称、持股数量、持股比例以及股份来源进行披露。

是否符合《审核问答二》之9的情况？西部超导回复：（1）发行人的控股股东、实际控制人、第一大股东不属于“三类股东”；（2）发行人的“三类股东”依法设立并有效存续，已纳入国家金融监管部门有效监管，并已按照规定履行审批、备案或报告程序，其管理人也已依法注册登记；（3）详细披露了“三类股东”的过渡期安排，以及相关事项对发行人持续经营的影响；（4）披露控股股东，实际控制人，董事、监事、高级管理人员及其近亲属，本次发行的中介机构及其签字人员未直接或间接在“三类股东”中持有权益；（5）披露发行人“三类股东”已做出合理安排，可确保符合现行锁定期和减持规则要求。

2. 杰普特——清除掉所有的“三类股东”

深圳市杰普特光电股份有限公司（以下简称“杰普特”）2016年初引进了东海瑞京专项资管计划和前海瑞莱1号基金，它们各持有73.17万股。2017年5月23日，公司召开临时股东大会，同意公司股东变更事项。其中：（1）无锡清源受让东海瑞京（代表“东海瑞京专项资管计划”）持有的公司73.17万股股份；（2）瑞莱欣茂协议受让前海瑞莱（代表“前海瑞莱1号基金”）持有的公司73.17万股股份。至此，杰普特的股权架构里不再有“三类股东”。

3. 贝斯达——清除掉大部分“三类股东”

深圳市贝斯达医疗股份有限公司（以下简称“贝斯达”）曾是新三板首家带着“三类股东”上会的企业。2018年1月，其携376名股东，含“三类股东”，包含9家契约型基金和1家资产管理计划（持股共占比0.63%，占比不多但是人数不少）上会，最后被否。贝斯达本次继续积极响应科创板，对于“三类股东”的问题，根据其招股说明书的披露，截至

2019年3月12日，发行人现有股东中存在契约型基金，不存在资产管理计划和信托计划。有契约型基金股东数量合计为5名，持股比例合计占发行人股份总数的0.49%。贝斯达还是存在“三类股东”，只是降低了比例。

4. 映翰通——不做清理动作，完整信息披露

北京映翰通网络技术股份有限公司（以下简称“映翰通”）申报科创板，根据招股说明书，映翰通存在“三类股东”的情况。根据中国结算北京分公司出具的股东名册，截至2019年3月12日，发行人现有股东人数为178人，其中属于“三类股东”的发行人股东有3名，分别为上海游马地投资中心（有限合伙）—游马地2号非公开募集证券投资基金、广州沐恩投资管理有限公司—沐恩资本富泽新三板私募投资基金一号、国投安信期货有限公司—鸣谦精选新三板1期资产管理计划。

苏州工业园区凌志软件股份有限公司（以下简称“凌志软件”）申报科创板，根据招股说明书，截至2019年3月31日，除员工持股计划外，凌志软件股东中共有23家“三类股东”，包括20家契约型基金和3家资产管理计划，合计持股数量为1153.48万股，合计持股比例为3.20%。其中，存在分级、多层嵌套、高杠杆问题的“三类股东”有2家，根据该等股东出具的确认函，其已做出了过渡期安排。

五、以前创业板也有存在“三类股东”但发行的案例

海辰药业（300584.SZ）于2016年12月2日成功过会，于2017年1月12日上市。

根据海辰药业公告的《关于公司首次公开发行股票并在创业板上市的补充法律意见书（四）》，参与投资海辰药业的有4个资管计划，分别是“招商财富—毅达创赢1号专项资产管理计划”“招商财富—毅达创赢2号专项资产管理计划”“招商财富—毅达创赢3号专项资产管理计划”“招商财富—毅达创赢4号专项资产管理计划”。4个资管计划的委托人共计4个自然人。招商财富资产管理有限公司通过设立上述4个资管计划认购江苏高投创新科技创业投资合伙企业（有限合伙）的有限合伙份额。江苏高投创新科技为上市主体的直接股东，持有上市主体3.25%股权。

对海辰药业，证监会的反馈意见："说明南京红土、江苏高投创新价值、江苏高投创新科技三家机构增资的原因和定价依据；说明上述投资者追溯到自然人股东或国有股东的股权结构，上述投资者及其股东所投资的其他企业的基本情况；上述投资者及其股东，以及前述主体投资或控制的其他企业与发行人、发行人控股股东、实际控制人、董事、监事和高级管理人员、其他核心人员之间是否存在关联关系，与发行人及其客户与供应商是否存在交易和资金往来。请保荐机构和律师对上述问题进行核查，说明核查过程并发表核查意见。"

常熟汽饰（603035）于2016年11月9日成功过会。

碳元科技（603133）于2017年1月23日成功过会。

长川科技（300604）于2017年3月13日成功过会。

我们认为，上述存在契约型基金、资产管理计划股东的拟上市公司获得证监会认可的主要考虑因素主要包括：

（1）契约型基金、资产管理计划设立合法合规，已完成备案手续，投资范围符合基金合同、资管合同的规定；

（2）最终委托人权属清晰，并且与拟上市公司的控股股东、实际控制人、董监高不存在关联关系；

（3）直接持股的契约型基金系经相关主管部门批准设立，且契约型基金投资拟上市公司时已经过证监会的批准；

（4）间接持股的资产管理计划所持有的权益折算到拟上市公司层面比重不大；

（5）相关案例中资产管理计划存续期较长，不会在IPO审核期限发生存续期届满清盘的情形以致影响拟上市公司股权结构稳定性。

六、建议

如果拟申报公司存在"三类股东"，我们建议如下：

（1）详细披露相关的情况，可以用表格化的方式，详细列举；

（2）公司控股股东、实际控制人、第一大股东及持有5%以上股份的股东一定不能属于"三类股东"；

（3）相关“三类股东”依法设立并规范运作，且已经纳入金融监管部门有效监管；

（4）穿透核查“三类股东”并且核查过程进行信息披露；

（5）“三类股东”出具关于满足存续期要求的承诺文件，承诺基金管理人将促使基金份额持有人、托管人同意于发行人上市审核期间至上市之日起满 12 个月期间维持基金的有效存续，若基金在前述期间内未能有效存续的，管理人将在符合法律法规的前提下以自己的名义受让本基金持有的发行人股份；

（6）核查发行人的 3 名“三类股东”的层层穿透情况，发行人的控股股东、实际控制人、董事、监事和高级管理人员及其近亲属、本次发行的中介机构及其签字人员不存在直接或间接在“三类股东”中持有权益的情形，并让相关人员出具承诺。

第十四节　锁定期的问题

一、科创板前的一般规定

项目 序号	对象	锁定期起点及期限	备注
1	IPO 前已发行的股份	自上市之日起锁定 1 年	《公司法》第 141 条
2	控股股东和实际控制人	自上市之日起锁定 36 个月	《上海证券交易所股票上市规则》5.1.5 条 《深圳证券交易所股票上市规则》5.1.5 条 《深圳证券交易所创业板股票上市规则》5.1.6 条
3	控股股东和实际控制人的关联方或一致行动人	参照控股股东和实际控制人锁定要求	监管部门要求

续表

项目 序号	对象	锁定期起点及期限	备注
4	控股股东和实际控制人的亲属	比照控股股东和实际控制人锁定要求	《首发业务问题解答50条》
5	持有公司股份的董事、监事、高级管理人员	在任职期间每年转让的股份不得超过其所持有公司股份总数的25%；自股票上市之日起锁定1年，离职后半年内不得转让	《公司法》第141条

二、主板和中小板的特别规定

项目 序号	对象	锁定期起点及期限	备注
1	首次公开发行前12个月内（以刊登招股说明书为基准日）进行过增资扩股的股份	自持有新增股份之日起（以完成工商变更登记手续为基准日）的36个月内，不转让其持有的该部分股份	监管部门要求
2	首次公开发行前12个月内（以刊登招股说明书为基准日）受让应锁定36个月的股东转让的股份	自上市之日起锁定36个月	监管部门要求
3	持有公司股份的董事、监事、高级管理人员（仅对中小板上市公司适用）	在申报离任6个月后的12个月内出售公司股票数量占其所持有公司股票总数的比例不得超过50%	《关于进一步规范中小企业板上市公司董事、监事和高级管理人员买卖本公司股票行为的通知》

三、创业板特别规定

项目 序号	对象	锁定期起点及期限	备注
1	没有或难以认定控股股东或实际控制人	股东按持股比例从高到低依次自上市之日起锁定36个月，直至不低于发行前股份总数的51%，与前述股东存在关联关系的股东也比照锁定36个月	监管部门要求
2	首发申请文件受理日前6个月内通过增资扩股新增的股东	自完成工商变更登记之日起锁定3年	监管部门要求
3	首发申请文件受理日前6个月内从控股股东、实际控制人受让的股份	自上市之日起锁定36个月	监管部门要求
4	持有公司股份的董事、监事、高级管理人员	自上市之日起6个月内申报离职的，自申报离职之日起锁定18个月；在首次公开发行股票上市之日起第7个月至第12个月之间申报离职的，自申报离职之日起锁定12个月	《关于进一步规范创业板上市公司董事、监事和高级管理人员买卖本公司股票行为的通知》
		其关联方参照董事、监事、高级管理人员股份锁定要求	监管部门要求

四、新三板特别规定

项目 序号	对象	锁定期起点及期限	备注
1	控股股东及实际控制人在挂牌前直接或间接持有的股票	分三批解除转让限制，每批解除转让限制的数量均为其挂牌前所持股票的三分之一，解除转让限制的时间分别为挂牌之日、挂牌期满一年和两年	《全国中小企业股份转让系统业务规则（试行）》
2	挂牌前12个月以内控股股东及实际控制人直接或间接持有的股票进行过转让的	分三批解除转让限制，每批解除转让限制的数量均为其挂牌前所持股票的三分之一，解除转让限制的时间分别为挂牌之日、挂牌期满一年和两年	《全国中小企业股份转让系统业务规则（试行）》
3	因司法裁决、继承等原因导致有限售期的股票持有人发生变更的	后续持有人应继续执行股票限售规定	《全国中小企业股份转让系统业务规则（试行）》

五、科创板的特别规定

（一）跟投股份的锁定期

2019 年 4 月 16 日，上交所发布《上海证券交易所科创板股票发行与承销业务指引》，《业务指引》明确了保荐机构相关子公司跟投制度。参与跟投的主体为发行人的保荐机构依法设立的另类投资子公司或者实际控制该保荐机构的证券公司依法设立的另类投资子公司，使用自有资金承诺认购的规模为发行人首次公开发行股票数量 2%～5%的股票。跟投股份的锁定期为 24 个月，期限长于除控股股东、实际控制人之外的其他发行前股东所持股份。

（二）没有或难以认定实际控制人的，锁定期如何安排

根据 2019 年 3 月 24 日，上交所发布《上海证券交易所科创板股票发行上市审核问答（二）》，对于发行人没有或难以认定实际控制人的，为确保发行人股权结构稳定、正常生产经营不因发行人控制权发生变化而受到影响，要求发行人的股东按持股比例从高到低依次承诺其所持股份自上市之日起锁定 36 个月，直至锁定股份的总数不低于发行前 A 股股份总数的 51%。

位列上述应予以锁定 51%股份范围的股东，符合下列情形之一的，不适用上述锁定 36 个月规定：员工持股计划；持股 5%以下的股东；非发行人第一大股东且符合一定条件的创业投资基金股东。其中，“符合一定条件的创业投资基金股东”是指符合《私募基金监管问答——关于首发企业中创业投资基金股东的认定标准》的创业投资基金。

对于存在刻意规避股份限售期要求的，交易所将按照实质重于形式的原则，要求相关股东参照控股股东、实际控制人的限售期进行股份锁定。

（三）员工持股计划穿透计算的“闭环原则”

员工持股计划符合以下要求之一的，在计算公司股东人数时，按一名股东计算；不符合下列要求的，在计算公司股东人数时，穿透计算持股计划的权益持有人数。

（1）员工持股计划遵循“闭环原则”。员工持股计划不在公司首次公开发行股票时转让股份，并承诺自上市之日起至少36个月的锁定期。发行人上市前及上市后的锁定期内，员工所持相关权益拟转让退出的，只能向员工持股计划内员工或其他符合条件的员工转让。锁定期后，员工所持相关权益拟转让退出的，按照员工持股计划章程或有关协议的约定处理。

（2）员工持股计划未按照“闭环原则”运行的，员工持股计划应由公司员工持有，依法设立、规范运行，且已经在基金业协会依法依规备案。

案例：中微半导体设备（上海）股份有限公司在招股说明书（申报稿）中就披露，公司员工持股平台南昌智微、中微亚洲、Bootes、Grenade、励微投资、芃徽投资承诺：自本承诺函出具之日起，直至以下两个日期的孰早者，本企业不会以任何方式转让买卖、委托管理本企业或本企业的一致行动人直接或间接持有的首发前股份，也不提议由公司回购该等股份。除非经发行人事先书面同意，本企业及本企业的一致行动人不会就首发前股份设置担保或以其他方式对首发前股份进行处置：（1）自上交所于2019年3月3日在上交所网站公布的《上海证券交易所科创板股票发行上市审核问答》（上证发〔2019〕29号）第11条第（二）款第1项所述的“闭环原则”规定的锁定期届满之日，或（2）适用法律、证券监管机关或证券交易所要求的员工持股被禁止或限制出售其直接或间接持有的发行人股份的期间的届满之日。

（四）上市时没有盈利的特殊锁定期

公司上市时未盈利的，在公司实现盈利前，控股股东、实际控制人自公司股票上市之日起3个完整会计年度内，不得减持首发前股份；自公司股票上市之日起第4个会计年度和第5个会计年度内，每年减持的首发前股份不得超过公司股份总数的2%，并应当符合《减持细则》关于减持股份的相关规定。

公司上市时未盈利的，在公司实现盈利前，董监高及核心技术人员自公司股票上市之日起3个完整会计年度内，不得减持首发前股份；在前述期间内离职的，应当继续遵守本款规定。公司实现盈利后，前两款规定的股东可以自当年年度报告披露后次日起减持首发前股份，但应当遵守本节其他规定。

案例：九号机器人有限公司属于申报时尚未盈利的企业，在其公开发行存托凭证招股说明书（申报稿）中披露，实际控制人及其控制的实体承诺："发行人上市时未盈利的，在发行人实现盈利前，自发行人本次发行上市之日起3个完整会计年度内，本人/本单位不减持存托凭证；自发行人本次发行上市之日起第4个会计年度和第5个会计年度内，本人/本单位每年减持的存托凭证不得超过发行人存托凭证总数的2%"。

（五）核心技术人员的锁定期

《科创板上市公司持续监管办法（试行）》征求意见稿第十七条规定，核心技术人员所持首发前股份的股份锁定期应适当延长，具体期限由交易所规定。但是修改以后变成了：缩短科创板股票上市规则征求意见稿中的核心技术人员股份锁定期，由3年调整为1年，期满后每年可以减持25%的首发前股份。

第三章　重点财税问题

第一节　财务问题

一、企业科创板上市财务基本要求

2019 年 3 月 2 日是一个重大的日子，中国证监会发布通知，正式发布设立科创板及试点注册制，明确了科创板落地的规则，科创企业扬帆出海，实现科技兴邦。笔者总结，在财务方面，企业要达到科创板上市的条件，具体须满足以下要求。

（一）总体要求

（1）符合中国证监会规定的发行条件。

（2）发行后股本总额不低于人民币 3000 万元。

（3）公开发行的股份达到公司股份总数的 25%以上；公司股本总额超过人民币 4 亿元的，公开发行股份的比例为 10%以上。

（4）市值及财务指标符合规定的标准。

（5）上交所规定的其他上市条件。

（二）市值及财务指标要求

1. 通用上市标准

企业市值及财务指标应当至少符合下列标准中的一项，关键词有两个——“市值”与“财务指标”。

（1）预计市值不低于人民币 10 亿元，最近两年净利润均为正且累计净利润不低于人民币 5000 万元，或者预计市值不低于人民币 10 亿元，最近一年净利润为正且营业收入不低于人民币 1 亿元；

（2）预计市值不低于人民币 15 亿元，最近一年营业收入不低于人民币 2 亿元，且最近三年累计研发投入占最近三年累计营业收入的比例不低于 15%；

（3）预计市值不低于人民币 20 亿元，最近一年营业收入不低于人民币 3 亿元，且最近三年经营活动产生的现金流量净额累计不低于人民币 1 亿元；

（4）预计市值不低于人民币 30 亿元，且最近一年营业收入不低于人民币 3 亿元；

（5）预计市值不低于人民币 40 亿元，主要业务或产品需经国家有关部门批准，市场空间大，目前已取得阶段性成果。医药行业企业需至少有一项核心产品获准开展二期临床试验，其他符合科创板定位的企业需具备明显的技术优势并满足相应条件。

由上可见，10 亿市值是“起步价”。市值由谁来认定，如何认定，尚需要细则，也考验中介服务机构的专业服务水平。

注：上述所称净利润以扣除非经常性损益前后的孰低者为准，所称净利润、营业收入、经营活动产生的现金流量净额均指经审计的数值。

2. 红筹企业适用上市标准

红筹企业，可以申请发行股票或存托凭证并在科创板上市。营业收入快速增长，拥有自主研发、国际领先技术，同行业竞争中处于相对优势地位的尚未在境外上市红筹企业，申请发行股票或存托凭证并在科创板上市的，市值及财务指标应当至少符合下列上市标准中的一项：

（1）预计市值不低于人民币 100 亿元；

（2）预计市值不低于人民币 50 亿元，且最近一年营业收入不低于人民币 5 亿元。

由此可见，这里欢迎的红筹企业，都属于高市值企业，50 亿市值以下的小型或迷你型红筹企业，不在科创板的考虑范围之内。

3. 具有表决权差异安排的企业上市标准

存在表决权差异安排的企业申请股票或者存托凭证首次公开发行并在

科创板上市的，其表决权安排等应当符合《上海证券交易所科创板股票上市规则》等规则的规定；企业应当至少符合下列上市标准中的一项：

（1）预计市值不低于人民币 100 亿元；

（2）预计市值不低于人民币 50 亿元，且最近一年营业收入不低于人民币 5 亿元。

有表决权差异安排的企业对于市值也是有高要求，50 亿元市值的企业又有多少是能达到的呢？

无论通用企业、红筹企业或者具有表决权差异安排的企业，其上市标准均引入“预计市值”这一全新指标，对企业估值的方式方法提出了严格的要求。同时，“营业收入”作为上市核心财务指标之一，相比其他上市板块，通过淡化“净利润”指标，让暂时亏损的优质科创企业也有机会实现科创板上市，体现了上市标准制定的科学性。

企业应当结合自身财务状况、公司治理特点、发展阶段以及上市后的持续监管要求等因素，审慎选择适当的上市标准。

（三）其他要求

除上述要求外，企业须确保会计基础工作规范，财务报表的编制和披露符合企业会计准则和相关信息披露规则的规定，在所有重大方面公允地反映企业的财务状况、经营成果和现金流量，并由注册会计师出具标准无保留意见的审计报告。

此外，企业内部控制制度须健全且被有效执行，能够合理保证公司运行效率、合法合规和财务报告的可靠性，并由注册会计师出具无保留结论的内部控制鉴证报告。

另外，企业须确保财务会计资料完整且准确无误，并按证监会的格式要求进行提交。企业提交科创板上市的财务会计相关文件包括但不限于以下资料：

（1）企业最近三年及一期纳税情况及政府补助情况；

（2）企业最近三年及一期所得税纳税申报表；

（3）企业税收优惠、政府补助的证明文件；

（4）主要税种纳税情况说明；

（5）注册会计师对主要税种纳税情况说明出具的意见；

（6）企业及其重要子公司或主要经营机构最近三年及一期纳税情况的证明；

（7）企业最近三年及一期原始财务报表；

（8）企业原始财务报表与申报财务报表的差异比较表；

（9）注册会计师对差异情况出具的意见；

（10）企业设立时和最近三年及一期资产评估报告（如有）；

（11）企业历次验资报告或出资证明；

（12）企业大股东或控股股东最近一年及一期的原始财务报表及审计报告（如有）。

二、财务内控

企业要在科创板实现上市，其财务内控须规范且得到有效执行。财务内部控制制度，作为企业内部控制制度的不可或缺的组成部分，对企业长期稳定、安全发展，起着重要的支撑作用。本节浅谈企业财务内部控制制度的概念、原则和组成等。

（一）财务内部控制制度的概念

财务内部控制制度是指企业的管理层，为确保企业经营活动的效率和效果，保护资产的安全、完整，保障经营信息和会计信息的可靠，利用单位内部分工和相互制约等手段，制定一系列具有控制职能的方法、措施和程序，并使其制度化后形成的体系。

（二）制定财务内部控制制度的原则

（1）合法性原则。企业必须以国家的法律法规为准绳，在国家的规章制度范围内，制定本企业切实可行的财务内控制度。

（2）整体性原则。企业的财务内部控制制度必须充分涉及企业财务会计工作的各个方面的控制。它既要符合企业的长期规划，又要注重企业的短期目标，还要与企业的其他内控制度相互协调。

（3）针对性原则。企业的财务内部控制制度的建立要根据企业的实际情况，针对企业财务会计工作中的薄弱环节制定企业切实有效的内控制度，将各个环节和细节加以有效控制，以提高企业的财务会计水平。

（4）一贯性原则。企业的财务内部控制制度必须具有连续性和一致性。

（5）适应性原则。企业财务内部控制制度应根据企业变化的情况、财务会计专业的发展及社会发展状况及时补充企业的财务内控制度。

（6）经济性原则。指企业的财务内部控制制度的建立要考虑成本效益原则，操作性要强，切实可行。

（7）发展性原则。企业财务内部控制制度要充分考虑宏观政策和企业的发展，密切洞察竞争者的动向，制定出具有发展性或未来着眼点的规章制度。

（三）财务内部控制制度框架组成

企业财务内部控制制度框架主要由以下六方面组成：

1. 基础性制度

（1）会计核算制度：会计核算的体制；主要会计政策；会计科目名称和编号；会计科目使用说明；会计报表种类及其格式；会计报表编制说明等。

（2）财务管理制度：企业内部财务管理体制；货币资金管理；往来结算管理；存货管理；短期、长期投资管理；固定资产管理；在建工程管理；无形资产、递延资产管理；其他资产管理；销售收入管理；成本费用管理；盈利及分配管理；财务会计报告与财务评价管理等。

2. 综合性制度

综合性制度主要包括：账务处理程序制度；财务预算管理制度；会计稽核制度；内部牵制制度；财产清查制度；财务分析制度；会计档案管理办法；会计电算化管理办法；对子（分）公司等所属单位的财务会计管理办法等。

3. 收支审批制度

收支审批制度主要包括：财务收支审批管理办法；重大资本性支出审批与授权审批制度；重大费用支出审批与授权审批制度；财务重大事项报

告制度等。

4. 机构与人员管理制度

机构与人员管理制度主要包括：财务管理分级负责制；会计核算组织形式；会计人员岗位责任制；内部会计人员管理办法；对违纪事项的处罚规定等。

5. 成本费用管理制度

成本费用管理制度主要包括：费用报销管理办法；成本核算办法；成本计划管理办法；成本控制管理办法；成本分析管理办法；成本费用考核管理办法等。

6. 审计稽核制度

审计稽核制度主要包括：内部审计制度；外部审计制度；稽核检查制度等。

三、解析科创板中“研发投入”

《上海证券交易所科创板股票上市规则》规定，企业上市的财务指标包括当适用第二套上市标准时，明确要求“最近三年累计研发投入占最近三年累计营业收入的比例不低于15%”。“研发投入”作为重要的科创板上市指标之一，本节探讨研发投入的认定、组成及计量核算等。

（一）研发投入认定

研发投入是指某一科研项目在研究阶段和开发阶段的经费投入，是企业为研究开发活动形成的总支出。

根据科创板的上市规则，发行人需要披露报告期内研发投入的构成，占营业收入的比例（研发投入占营业收入的比例=研发费用÷营业收入）。发行人的研发投入是否主要围绕核心技术及其相关产品或服务，也是需要重点核查的问题。

研发投入有多重要呢？有不少公司在风险提示环节会披露“随着技术的不断进步和客户要求的进一步提高，如果公司后续研发投入不足或者研发方向出现错误，则可能导致公司无法及时跟进及满足客户技术要求，将对本公司的竞争力产生不利影响”。

（二）研发投入组成

研发投入通常包括研发人员工资费用、直接投入费用、折旧费用与长期待摊费用、设计费用、装备调试费、无形资产摊销费用、委托外部研究开发费用、其他费用等。

如北京映翰通网络技术股份有限公司在其招股书（申报稿）中就披露，报告期内，公司研发投入主要包括职工薪酬和材料费。职工薪酬主要包括研发人员的工资、奖金以及五险一金。材料费主要包括研发过程中耗用的材料。其他类项目包括各类测试费用、折旧与摊销、论证评审费等费用。

（三）研发投入核算

研发投入分为内部研发支出与外部研发投入。

1. 内部研发支出

企业内部研发支出应按照《企业会计准则——基本准则》《企业会计准则第6号——无形资产》等相关规定进行确认和计量。

内部研发支出按研究阶段支出与开发阶段支出分别进行计量与核算。

（1）研究阶段指为获取并理解新的科学或技术知识而进行的创造性的有计划调查。研究阶段的支出，应当于发生时计入当期损益（费用化）。

（2）开发阶段是指在进行商业性生产或使用前，将研究成果或其他知识应用于某项计划或设计，以生产出新的或具有实质性改进的材料、装置、产品等。开发阶段的支出，同时满足以下五项资本化条件的，可确认为无形资产（资本化）。否则，应当于发生时计入当期损益（费用化）。

①完成该无形资产以使其能够使用或出售在技术上有可行性。

②具有完成该无形资产并使用或出售的意图。

③无形资产产生经济利益的方式，包括能够证明运用该无形资产生产的产品存在市场或无形资产自身存在市场；无形资产将在内部使用的，应当证明其有用性。

④有足够的技术、财务资源和其他资源支持，以完成该无形资产的开发，并有能力使用或出售该无形资产。

⑤归属于该无形资产开发阶段的支出能够可靠地计量。

2. 外部研发投入

外部研发投入是指企业委托境内或境外的研究机构、高等院校或其他事业单位进行研发的经费投入，包括委托研发和合作研发中支付给外部单位的研发经费。委外研发投入的计量与核算参照内部研发支出执行。

（四）研发投入账务处理

1. 研究阶段发生支出

借：研发支出——费用化支出

　　贷：银行存款、原材料、应付职工薪酬等

期末：

借：研发费用

　　贷：研发支出——费用化支出

2. 开发阶段发生支出

（1）不符合资本化条件

借：研发支出——费用化支出

　　贷：银行存款、原材料、应付职工薪酬等

期末：

借：研发费用

　　贷：研发支出——费用化支出

（2）符合资本化条件

借：研发支出——资本化支出

　　贷：银行存款、原材料、应付职工薪酬等

期末：

借：无形资产

　　贷：研发支出——资本化支出

（五）研发投入日常管理

（1）建立研发投入相关的内控制度，明确研发支出的开支范围、标准、审批程序以及研发支出资本化的起始时点、依据、内部控制流程。

（2）按照研发项目建立研发投入业务台账核算研发支出。

（3）形成资本化研发支出无形资产清单，包含预计使用寿命、摊销方法和无形资产净值等内容，并定期进行减值测试足额计提减值准备。

四、科创板中的“收入”问题

科创板上市标准考核企业五大财务指标，即：市值、收入、净利润、经营现金流与研发投入。除了第五套标准外，其他都是有“收入”的考量在其中。

在此当中，笔者认为收入指标是关键，因为收入是企业生存与发展的重要基础。同时，2017 年 7 月财政部公布了修订的《企业会计准则第 14 号——收入》（财会〔2017〕22 号）（“新准则”），与目前绝大多数企业使用的《企业会计准则第 14 号——收入》（CAS 14）（“旧准则”）存在较大差异。虽新准则有过渡期安排，但企业 2020 年起申报科创板上市将不可避免须按新准则准备财务资料。因此，本节拟介绍收入的概念和组成，并对新准则下收入的确认和计量进行解读与分析。

（一）收入的概念

收入是指企业在日常活动中形成的、会导致所有者权益增加的、与所有者投入资本无关的经济利益的总流入。

（二）收入的组成

从目前财务报表列报，收入分为营业收入和营业外收入。

营业收入是企业从事业务所取得的收入，是在一定时期内，企业销售商品或提供劳务所获得的货币收入。基于企业从事的业务分为主营业务与其他业务，营业收入又可分为主营业务收入和其他业务收入。主营业务收入指商业企业的商品销售收入、生产加工企业的产品销售收入、饮食业的饮食品销售收入、服务业的服务收入、仓储企业的仓储收入、运输企业的运费收入、代办运输收入等。企业从事与非主营业务外的其他业务产生的收入在其他业务收入进行核算。

营业外收入是指在企业生产经营过程中，与业务无直接关系，但企业获得的经济收益。营业外收入是企业财务成果的组成部分，包括没收包装物押金收入、收回调入职工欠款、罚款净收入等。

（三）新准则下收入的确认与计量

新准则已于2017年7月颁布，其制定的目的主要是为了与2014年5月发布的《国际财务报告准则第15号——客户合同收入》（IFRS 15）保持趋同。与旧准则相比，新准则在收入确认与计量方面的规定发生了较大的变化。

1. 收入确认标准

不同于旧准则下“风险报酬转移”标准，新准则对收入确认标准引入“控制权转移”这一全新的概念。新准则规定，企业应当在履行了合同中的履约义务，在客户取得相关商品控制权时确认收入。

客户取得相关商品控制权是指能够主导该商品的使用并从中获得几乎全部经济利益。在判断客户是否已取得商品控制权时，企业应当考虑下列迹象：

（1）企业就该商品享有现时收款权利，即客户就该商品负有现时付款义务。

（2）企业已将该商品的法定所有权转移给客户，即客户已拥有该商品的法定所有权。

（3）企业已将该商品实物转移给客户，即客户已实物占有该商品。

（4）企业已将该商品所有权上的主要风险和报酬转移给客户，即客户已取得该商品所有权上的主要风险和报酬。

（5）客户已接受该商品。

2. 收入确认时点

新准则下，收入确认的时点有两个，即“在某一时点上”确认收入或“在一段时间内”确认收入。

符合下列条件之一的，属于在某一时段内履行履约义务确认收入；否则，属于在某一时点履行履约义务确认收入：

（1）客户在企业履约的同时即取得并消耗企业履约所带来的经济利益。

（2）客户能够控制企业履约过程中在建的商品。

（3）企业履约过程中所产出的商品具有不可替代用途，且该企业在整个合同期间内有权就累计至今已完成履约部分收取款项。

3. 收入的计量

新准则规定，企业按照分摊至各单项履约义务的交易价格计量收入。

交易价格，是指企业因向客户转让商品而预期有权收取的对价金额。企业应当根据合同条款，并结合其以往的习惯做法确定交易价格，并考虑可变对价、合同中存在的重大融资成分、非现金对价、应付客户对价等因素的影响。

（1）可变对价：企业按照期望值或最可能发生金额确定可变对价的最佳估计数，但不超过在相关不确定性消除时累计已确认收入极可能不会发生重大转回的金额，并在每一个资产负债表日重新估计。

（2）重大融资成分：按照假定客户在取得商品控制权时即以现金支付的应付金额确定交易价格，该交易价格与合同对价之间的差额，应当在合同期间内采用实际利率法摊销。

（3）非现金对价：客户支付非现金对价的，企业应当按照非现金对价的公允价值确定交易价格。非现金对价的公允价值不能合理估计的，企业应当参照其承诺向客户转让商品的单独售价间接确定交易价格。

（4）应付客户对价：企业应付客户（或向客户购买本企业商品的第三方）对价的，应当将该应付对价冲减交易价格，并在确认相关收入与支付（或承诺支付）客户对价二者孰晚的时点冲减当期收入，但应付客户对价是为了向客户取得其他可明确区分商品的除外。

4. 收入确认计量步骤

参照国际会计准则 IFRS-15，新准则下收入确认计量步骤是“五步法”：

（1）识别与客户订立的合同

判断企业与客户之间的合同是否同时满足下列条件：

①合同各方已批准该合同并承诺将履行各自义务；

②该合同明确了合同各方与所转让商品或提供劳务（以下简称“转让商品”）相关的权利和义务；

③该合同有明确的与所转让商品相关的支付条款；

④该合同具有商业实质，即履行该合同将改变企业未来现金流量的风险、时间分布或金额；

⑤企业因向客户转让商品而有权取得的对价很可能收回。

不同时满足上述条件的合同，企业只有在不再负有向客户转让商品的剩余义务，且已向客户收取的对价无须退回时，才能将已收取的对价确认为收入；否则，应当将已收取的对价作为负债进行会计处理。

（2）识别合同中单独的履约义务

合同开始日，企业应当对合同进行评估，识别该合同所包含的各单项履约义务。

履约义务，是指合同中企业向客户转让可明确区分商品的承诺，应同时满足下列条件：

①客户能够从该商品本身或从该商品与其他易于获得资源一起使用中受益；

②企业向客户转让该商品承诺与合同中其他承诺可单独区分。

同时，下列情形通常表明企业向客户转让该商品的承诺与合同中其他承诺不可单独区分：

①企业需提供重大的服务以将该商品与合同中承诺的其他商品整合成合同约定的组合产出转让给客户。

②该商品将对合同中承诺的其他商品予以重大修改或定制。

③该商品与合同中承诺的其他商品具有高度关联性。

（3）确定交易价格

交易价格，是指企业因向客户转让商品而预期有权收取的对价金额。企业应当根据合同条款，并结合其以往的习惯做法确定交易价格，并考虑可变对价、合同中存在的重大融资成分、非现金对价、应付客户对价等因素的影响。详见上文“3. 收入的计量”。

（4）将交易价格分摊至单独的履约义务

当合同中包含两项或多项履约义务的，在合同开始日，按照各单项履约义务所承诺商品单独售价的相对比例，将交易价格分摊至各单项履约义务。商品单独售价判断的最佳证据是企业在类似环境下向类似客户单独销售商品的价格。商品单独售价无法直接观察的，企业应当综合考虑其能够合理取得的全部相关信息，采用市场调整法、成本加成法、余值法等方法合理估计单独售价。

新准则也明确了合同折扣的分摊。合同折扣，是指合同中各单项履约义务所承诺商品单独售价之和高于合同交易价格的金额。对于合同折扣，企业应当在各单项履约义务之间按比例分摊。有确凿证据表明合同折扣仅与合同中一项或多项（而非全部）履约义务相关的，企业应当将该合同折扣分摊至相关一项或多项履约义务。合同折扣仅与合同中一项或多项（而非全部）履约义务相关，且企业采用余值法估计单独售价的，应当首先按照前款规定在该一项或多项（而非全部）履约义务之间分摊合同折扣，然后采用余值法估计单独售价。

（5）履行每一项履约义务时确认收入

企业在履行每一项履约义务时，在商品或服务控制权转移的“某个时点”或“一段时间内”确认收入，具体详见上文“2. 收入确认时点”。

（四）新准则案例（基于财政部发布案例修改）

公司与客户签订了买卖合同，向其销售一批产品，并负责将该批产品运送至客户指定的地点，公司承担相关的运输费用。

（1）识别与客户的合同。公司与客户签订了书面的买卖合同。

（2）识别单独履约义务。本案例存在商品（买卖）与服务（运输）履约义务。若产品控制权在运输前已转移至客户，则买卖运输分别构成单独履约义务；若产品控制权在送达指定地点时才转移至客户，则买卖运输履约义务不可单独区分。

（3）确定交易价格。本案例即买卖合同价格。

（4）将交易价格分摊至单独的履约义务。若买卖运输分别构成单独履约义务，按各单项履约义务（买卖运输）单独售价的相对比例，将交易价格（合同价格）分摊至各单独履约义务（买卖运输）。

（5）履行每一项履约义务时确认收入。若买卖运输分别构成单独履约义务，买卖在“出库”时点确认收入，运输视实际情况在“送达”时点或“运输过程”时段内按进度确认收入；若买卖运输履约义务不可单独区分，则在“送达”时点确认收入。

（五）关于“收入”的一般反馈意见

根据目前已经披露的反馈意见，我们总结了与收入确认有关的以下常见问题：

（1）进一步细化披露收入确认政策；

（2）具体分析产销量及合同订单完成量与收入确认数据一致性；

（3）披露不同客户类型、产品类型和销售模式的收入确认方法、依据、时点和销售结算方式，是否存在未签订合同提前确认收入的情况、是否存在延期确认收入的情况、是否存在经销商代销的情况，同时对比同行业可比公司的收入确认政策，分析发行人收入政策的合理性；

（4）核查发行人销售收入确认是否符合《企业会计准则》的要求，是否与同行业可比公司相关政策存在重大差异。

第二节　税务问题

一、科创企业上市过程税务合规处理的五个重点

在企业科创板上市过程中，诸如股份制改造、股权激励、关联交易以及科创企业特有的高新技术企业认定和优惠、研发费加计扣除、资产投资的加速折旧，以及适应近年来增值税制度改革的税收遵从和社会保险费事项，几乎所有的上市准备事项都可能会涉及税收问题。

税务事项的合规处理，是企业科创板上市过程中最基础、最重要的一个环节。企业在科创板上市过程中，需要对相关的税务事项进行合规的调整和处理，以规避因为税收遵从而带来上市受阻的风险。

针对科创板上市企业的特点，一般来说，企业要注意做好五个方面的事项。

（一）结清历史税款

尤其是拟上市前三年内的涉税事项，需要配合会计账簿的核实调整，

做好对历史税款的清算结清工作：

一是结合收入事项核查，重点关注增值税非常规业务处理（如视同销售、研发产品试销售、农产品加计抵扣等）、营改增过渡期前后营业税业务的清算、附加税费和印花税是否同步足额申报入库等。

二是结合资产清查，重点关注房产税、土地使用税是否足额申报缴纳，房产原值的确定以及土地占用面积和等级的确定是否准备合规，地方税两税优惠政策是否足额得到享受，留存备查相关资料的是否按要求做好整理归档。

三是结合经营成果核查，重点关注研发费加计扣除是否按照要求建立辅助账目，研发项目和一般业务混用人、财、物情形可有明确清晰的记录，对下一期间高新技术企业能否持续认定评估，符合加速折旧的资产涉税处理是否符合规定、是否选择放弃、是否按要求做好财税差异调整，企业应纳税所得额确定是否清晰准确，纳税申报是否按时完成等。在上市准备过程中，企业需要在核查历史税款申报缴纳的基础上，及时清缴少缴漏缴的税款，用好用足《税务行政处罚裁量权行使规则》（国家税务总局公告 2016 年第 78 号发布）、《企业所得税税前扣除凭证管理办法》（国家税务总局公告 2018 年第 28 号发布）相关规定，做好涉税事项处理，争取税务机关的谅解和配合。

（二）盘点政策时点

近年内，企业拟上市科创板，需要特别关注税收政策的时点界限。如自 2016 年 5 月 1 日营业税改征增值税以来，增值税先后在 2018 年 5 月 1 日和 2019 年 4 月 1 日两个时点，经历了两次税率下调，涉及多项相关税收政策的调整问题。小型微利企业所得税优惠政策、企业研发费加计扣除、固定资产标准内一次性扣除、地方税收优惠等政策，也都在近年来有较大的变动，前后政策的差异和衔接问题，需要特别注意理清理顺。

（三）关注重组涉税

企业上市科创板期前，必须要对企业的股权和架构进行事前规划，企业的股份制改造和企业重组等事项，不仅会涉及人员、架构、资产、账簿等问题，更会涉及增值税、企业所得税、土地增值税、契税和印花税等重组涉税事项。更重要的是，在股份制改造和企业重组的过程中，对于增资扩股、股权激励、技术入股、股权转让以及非货币资产投资等事项，还会涉及单位和个人的所得税事项，且可能会同时存在纳税、延期纳税、分期纳税、递延纳税等各不相同的处理，涉及不同的申报、备案事项的办理。同时还需要特别关注个人股东的个人所得税问题，需要提前做好预案，用足政策并足额申报并缴纳税款。

（四）披露关联交易

对照税收法律法规及会计准则的规定，对企业上游、下游链条企业进行关联企业识别，同时对关联企业间的交易，应逐户逐项核实是否按照独立企业之间的业务往来收取或者支付价款、费用，评估是否涉及增值税、消费税、企业所得税等税收的关联调整，依照税法要求做好同期资料和国别报告的上报工作。关注关联交易的定价规则。企业与关联方之间的商品、服务的定价，是否符合营业常规，是否遵循独立公允原则，是否具有合理商业目的。对其中发生的影响企业业务独立、人员独立、财务独立、机构独立的、严重影响独立性或者显失公平的关联交易依法予以披露。

（五）涉税风险对话

税费缴纳合规，是企业科创板上市过程中的一项基础性要求，非常重要。税法更新一般慢于业态模式的变化。科创板上市企业业务类型复杂，其中不乏新业态、新模式的典型代表，在税收政策的适用上会存在种种的问题和障碍，这些都需要税企双方通过充分对话，去寻求解决问题的有效方案。同时，税收政策本身不仅庞大复杂，而且随着税制改革的推进，在不断持续地变化更新，对于企业来说，也需要及时学习和掌握相关的政策规定，需要税务机关提供专业的、个性的、有针对性的服务。

这些，都需要税企双方要围绕企业上市、集中同步梳理税费重点事项，逐项进行风险评估和税务处理，以保障企业顺利登陆科创板。

二、科创企业股份制改造的税务处理

《科创板首次公开发行股票注册管理办法（试行）》规定，科创板股票发行人是依法设立且持续经营 3 年以上的股份有限公司，具备健全且运行良好的组织机构，相关机构和人员能够依法履行职责。为了支持企业上市，同时又规定有限责任公司按原账面净资产值折股整体变更为股份有限公司的，持续经营时间可以从有限责任公司成立之日起计算。

企业谋求科创板上市，首先需要进行股份制改造。股份制改造，简单地说就是由原来的国有企业或非国有企业等非公司制企业以及有限责任公司，按照《公司法》的规定转制为“股份有限公司”的过程称为企业股份制改造过程。

企业股份制改造，会涉及资产评估增值、技术入股、留存收益转增股本、非货币性资产投资以及改制重组等事项的税务处理，其中也需要特别关注。

（一）企业资产评估增值所得税处理

2015 年，财政部、国家税务总局印发《关于企业改制上市资产评估增值企业所得税处理政策的通知》（财税〔2015〕65 号），就国有企业改制上市过程中资产评估增值有关企业所得税政策进行了明确。需要注意的是，该政策有效期限执行到 2018 年 12 月 31 日，截至目前并没有行文延续。2015 年前发生的国有企业改制上市事项，在 2018 年前完成改制资产评估的，符合规定且未就资产评估增值缴纳企业所得税的，可依据执行；已就资产评估增值缴纳企业所得税的，不再退还。

1. 处理规定

在 2015 年 1 月 1 日至 2018 年 12 月 31 日期间，符合条件的国有企业，其改制上市过程中发生资产评估增值可按以下规定处理：

国有企业改制上市过程中发生的资产评估增值，应缴纳的企业所得税可以不征收入库，作为国家投资直接转增该企业国有资本金（含资本公积，下同），但获得现金及其他非股权对价部分，应按规定缴纳企业所得税。资产评估增值是指按同一口径计算的评估减值冲抵评估增值后的余额。

国有企业 100%控股（控制）的非公司制企业、单位，在改制为公司制企业环节发生的资产评估增值，应缴纳的企业所得税可以不征税入库，作为国家投资直接转增改制后公司制企业的国有资本金。

经确认的评估增值资产，可按评估价值入账并按有关规定计提折旧或摊销，在计算应纳税所得额时允许扣除。

2. 优惠条件

能够享受上述税收优惠政策的国有企业，须同时符合三个条件：

（1）国有企业是纳入中央或地方国有资产监督管理范围的国有独资企业或国有独资有限责任公司。

（2）国有企业改制上市，应属于以下情形之一：国有企业以评估增值资产，出资设立拟上市的股份有限公司；国有企业将评估增值资产，注入已上市的股份有限公司；国有企业依法变更为拟上市的股份有限公司。

（3）取得履行出资人职责机构出具的资产评估结果核准或备案文件。

（二）企业资产评估增值个人所得税处理

企业的投资人，既可能是单位，也可能是个人。企业在改制评估过程中，资产评估增值也会涉及个人所得税处理。

《国家税务总局关于资产评估增值计征个人所得税问题的通知》（国税发〔2008〕115号）规定：

个人（自然人，下同）股东从被投资企业取得的、以企业资产评估增值转增个人股本的部分，属于企业对个人股东股息、红利性质的分配，按照“利息、股息、红利所得”项目计征个人所得税。税款由企业在转增个人股本时代扣代缴。

个人以评估增值的非货币性资产对外投资取得股权的，对个人取得相应股权价值高于该资产原值的部分，属于个人所得，按照“财产转让所得”项目计征个人所得税。税款由被投资企业在个人取得股权时代扣代缴。

个人不能提供完整、准确财产（资产）原值凭证的，主管税务机关可依法核定其财产原值。

（三）集体所有制企业改制中个人取得量化资产

《国家税务总局关于企业改组改制过程中个人取得的量化资产征收个人所得税问题的通知》（国税发〔2000〕60号）规定，对于集体所有制企业在改制为股份合作制企业时将有关资产量化给职工个人的有关个人所得税，按以下规则处理：

（1）对职工个人以股份形式取得的仅作为分红依据，不拥有所有权的企业量化资产，不征收个人所得税。

（2）对职工个人以股份形式取得的拥有所有权的企业量化资产，暂缓征收个人所得税；待个人将股份转让时，就其转让收入额，减除个人取得该股份时实际支付的费用支出和合理转让费用后的余额，按“财产转让所得”项目计征个人所得税。

（3）对职工个人以股份形式取得的企业量化资产参与企业分配而获得的股息、红利，应按“利息、股息、红利”项目征收个人所得税。

需要注意的是，上述优惠政策只适用于集体所有制企业改制为股份合作制企业时涉及的资产量化给职工个人，而不是适用所有的企业。

（四）对技术成果投资入股

在科创企业中，技术是公司的核心竞争力。《关于完善股权激励和技术入股有关所得税政策的通知》（财税〔2016〕101 号）规定，企业和个人以技术成果投资入股到境内居民企业，被投资企业支付的对价全部为股票（权）的，企业或个人可选择按非货币投资有关税收政策执行，也可选择适用递延纳税优惠政策。

1. 递延纳税

选择技术成果投资入股递延纳税政策的，经向主管税务机关备案，投资入股当期可暂不纳税，允许递延至转让股权时，按股权转让收入减去技术成果原值和合理税费后的差额计算缴纳所得税。技术成果是指专利技术（含国防专利）、计算机软件著作权、集成电路布图设计专有权、植物新品种权、生物医药新品种，以及科技部、财政部、国家税务总局确定的其他技术成果。技术成果投资入股，是指纳税人将技术成果所有权让渡给被投资企业、取得该企业股票（权）的行为。

其中，企业选择递延纳税的，必须符合规定的条件和要求：

一是应当为实行查账征收的居民企业以技术成果所有权投资。

二是应在投资完成后首次预缴申报时备案，将相关内容填入《技术成果投资入股企业所得税递延纳税备案表》。

三是企业接受技术成果投资入股，技术成果评估值明显不合理的，主管税务机关有权进行调整。

2. 非递延纳税

选择技术成果投资入股按非货币投资有关税收政策执行的，需要区分个人和企业两种情形：

（1）个人技术成果投资

《关于个人非货币性资产投资有关个人所得税政策的通知》（财税〔2015〕41号）规定，个人以现金、银行存款等货币性资产以外的资产，包括股权、不动产、技术发明成果以及其他形式的非货币性资产投资入股，属于个人转让非货币性资产和投资同时发生。对个人转让非货币性资产的所得，应按照“财产转让所得”项目，依法计算缴纳个人所得税。个人以非货币性资产投资，应按评估后的公允价值确认非货币性资产转让收入。非货币性资产转让收入减除该资产原值及合理税费后的余额为应纳税所得额。个人以非货币性资产投资，应于非货币性资产转让、取得被投资企业股权时，确认非货币性资产转让收入的实现。纳税人一次性缴税有困难的，可合理确定分期缴纳计划并报主管税务机关备案后，自发生上述应税行为之日起不超过5个公历年度内（含）分期缴纳个人所得税。

（2）企业技术成果投资

《财政部、国家税务总局关于非货币性资产投资企业所得税政策问题的通知》（财税〔2014〕116号）规定：居民企业（以下简称“企业”）以非货币性资产对外投资确认的非货币性资产转让所得，可在不超过5年期限内，分期均匀计入相应年度的应纳税所得额，按规定计算缴纳企业所得税。企业以非货币性资产对外投资，应对非货币性资产进行评估并按评估后的公允价值扣除计税基础后的余额，计算确认非货币性资产转让所得。

《关于将国家自主创新示范区有关税收试点政策推广到全国范围实施的通知》（财税〔2015〕116号）规定，自2015年10月1日起，全国范围内的居民企业转让5年以上非独占许可使用权取得的技术转让所得，纳入享受企业所得税优惠的技术转让所得范围。居民企业的年度技术转让所得不超过500万元的部分，免征企业所得税；超过500万元的部分，减半征收企业所得税。技术，包括专利（含国防专利）、计算机软件著作权、集成电路布图设计专有权、植物新品种权、生物医药新品种，以及财政部和国家税务总局确定的其他技术。其中，专利是指法律授予独占权的发明、实用新型以及非简单改变产品图案和形状的外观设计。

《国家税务总局关于非货币性资产投资企业所得税有关征管问题的公告》（国家税务总局公告 2015 年第 33 号）规定，实行查账征收的居民企业（以下简称“企业”）以非货币性资产对外投资确认的非货币性资产转让所得，可自确认非货币性资产转让收入年度起不超过连续 5 个纳税年度的期间内，分期均匀计入相应年度的应纳税所得额，按规定计算缴纳企业所得税。关联企业之间发生的非货币性资产投资行为，投资协议生效后 12 个月内尚未完成股权变更登记手续的，于投资协议生效时，确认非货币性资产转让收入的实现。

《财政部、国家税务总局关于非货币性资产投资企业所得税政策问题的通知》（财税〔2014〕116 号）规定，企业在对外投资 5 年内转让上述股权或投资收回的，应停止执行递延纳税政策，并就递延期内尚未确认的非货币性资产转让所得，在转让股权或投资收回当年的企业所得税年度汇算清缴时，一次性计算缴纳企业所得税。企业在计算股权转让所得时，可按规定将股权的计税基础一次调整到位。

企业在对外投资 5 年内注销的，应停止执行递延纳税政策，并就递延期内尚未确认的非货币性资产转让所得，在注销当年的企业所得税年度汇算清缴时，一次性计算缴纳企业所得税。

（五）留存收益转增股本

在企业科创板上市股份制改造过程中，企业以未分配利润、盈余公积和除股票溢价发行外的其他资本公积转增注册资本和股本的，自然人股东需要按照“利息、股息、红利所得”项目，依据现行政策规定计征个人所得税。

《国家税务总局关于股份制企业转增股本和派发红股征免个人所得税

的通知》（国税发〔1997〕第198号）规定，股份制企业用资本公积金转增股本不属于股息、红利性质的分配，对个人取得的转增股本数额，不作为个人所得，不征收个人所得税。股份制企业用盈余公积金派发红股属于股息、红利性质的分配，对个人取得的红股数额，应作为个人所得征税。其中，对于“资本公积金”的界定，《国家税务总局关于原城市信用社在转制为城市合作银行过程中个人股增值所得应纳个人所得税的批复》（国税函〔1998〕289号）进一步明确，是指股份制企业股票溢价发行收入所形成的资本公积金。将此转增股本由个人取得的数额不作为应税所得征收个人所得税。而与此不相符合的其他资本公积金分配个人所得部分，应当依法征收个人所得税。

《国家税务总局关于盈余公积金转增注册资本征收个人所得税问题的批复》（国税函〔1998〕333号）规定，对属于个人股东分得并再投入公司（转增注册资本）的部分应按照“利息、股息、红利所得”项目征收个人所得税，税款由股份有限公司在有关部门批准增资、公司股东会议通过后代扣代缴。

《关于将国家自主创新示范区有关税收试点政策推广到全国范围实施的通知》（财税〔2015〕116号）规定，自2016年1月1日起，全国范围内的中小高新技术企业以未分配利润、盈余公积、资本公积向个人股东转增股本时，个人股东一次缴纳个人所得税确有困难的，可根据实际情况自行制定分期缴税计划，在不超过5个公历年度内（含）分期缴纳，并将有关资料报主管税务机关备案。个人股东获得转增的股本，应按照“利息、股息、红利所得”项目，适用20%税率征收个人所得税。股东转让股权并取得现金收入的，该现金收入应优先用于缴纳尚未缴清的税款。在股东转让该部分股权之前，企业依法宣告破产，股东进行相关权益处置后没有取得收益或收益小于初始投资额的，主管税务机关对其尚未缴纳的个人所得税可不予追征。

（六）非货币资产投资

参照本节“技术成果投资入股”非递延纳税方式处理。

三、科创企业改制重组税务处理

企业在科创板上市融资的过程中，改制重组是其中的重要基础和关键环节之一，涉及资产、经营、人员、财务等各方面的运作，也是企业在上市过程中涉税的重点、难点。

企业改制重组会涉及增值税、企业所得税、土地增值税、印花税、契税等一系列税种，目前有效的规范性文件包括：《财政部、国家税务总局关于全面推开营业税改征增值税试点的通知》（财税〔2016〕36 号）、《关于纳税人资产重组有关增值税问题的公告》（国家税务总局公告 2011 年第 13 号）、《财政部、国家税务总局关于企业重组业务企业所得税处理若干问题的通知》（财税〔2009〕59 号）、《财政部、国家税务总局关于促进企业重组有关企业所得税处理问题的通知》（财税〔2014〕109 号）、《国家税务总局关于资产（股权）划转企业所得税征管问题的公告》（国家税务总局公告 2015 年第 40 号）、《关于继续实施企业改制重组有关土地增值税政策的通知》（财税〔2018〕57 号）、《财政部、国家税务总局关于企业改制过程中有关印花税政策的通知》（财税〔2003〕183 号）、《关于继续支持企业、事业单位改制重组有关契税政策的通知》（财税〔2018〕17 号）等。

（一）改制重组的税收界定

对于改制重组的涉税问题，在增值税、企业所得税、契税、印花税等税种，也各有政策规定，并给予了相当的税收优惠。但是，在这些税种中，对于改制重组的定义、政策的适用条件、改制重组的类型列举，又各不相同。对于企业来说，同样的一个改制或重组业务，是不是同时会满足增值税、企业所得税、土地增值税、契税、印花税的优惠条件，非常不确定。

现行税收文件中，相比而言企业所得税重组规则中的定义显得较为完善，且存在完整的构成要件。《财政部、国家税务总局关于企业重组业务企业所得税处理若干问题的通知》（财税〔2009〕59 号）中对企业重组定义为“是指企业在日常经营活动以外发生的法律结构或经济结构重大改变的交易，包括企业法律形式改变、债务重组、股权收购、资产收购、合并、分立等”。同时明确：

（1）企业法律形式改变，是指企业注册名称、住所以及企业组织形式等的简单改变，但符合本通知规定其他重组的类型除外。

（2）债务重组，是指在债务人发生财务困难的情况下，债权人按照其与债务人达成的书面协议或者法院裁定书，就其债务人的债务做出让步的事项。

（3）股权收购，是指一家企业（以下称为收购企业）购买另一家企业（以下称为被收购企业）的股权，以实现对被收购企业控制的交易。收购企业支付对价的形式包括股权支付、非股权支付或两者的组合。

（4）资产收购，是指一家企业（以下称为受让企业）购买另一家企业（以下称为转让企业）实质经营性资产的交易。受让企业支付对价的形式包括股权支付、非股权支付或两者的组合。

（5）合并，是指一家或多家企业（以下称为被合并企业）将其全部资产和负债转让给另一家现存或新设企业（以下称为合并企业），被合并企业股东换取合并企业的股权或非股权支付，实现两个或两个以上企业的依法合并。

（6）分立，是指一家企业（以下称为被分立企业）将部分或全部资产分离转让给现存或新设的企业（以下称为分立企业），被分立企业股东换取分立企业的股权或非股权支付，实现企业的依法分立。

《关于继续实施企业改制重组有关土地增值税政策的通知》（财税〔2018〕57 号）中，进一步界定了改制的内涵，即“按照《中华人民共和国公司法》的规定，非公司制企业整体改制为有限责任公司或者股份有限公司，有限责任公司（股份有限公司）整体改制为股份有限公司（有限责任公司）”。而对于“合并”“分立”的事项，在财税〔2018〕57 号和财税〔2018〕17 号文中，都特别强调了企业合并原投资主体要存续，而企业分立后的企业中需要与原企业投资主体相同。并进一步规定：不改变原企业投资主体。投资主体相同，是指企业改制重组前后出资人不发生变动，出资人的出资比例可以发生变动；投资主体存续，是指原企业出资人必须存在于改制重组后的企业，出资人的出资比例可以发生变动。

（二）改制重组的涉税处理

1. 增值税

《关于纳税人资产重组有关增值税问题的公告》（国家税务总局公告2011年第13号）规定，纳税人在资产重组过程中，通过合并、分立、出售、置换等方式，将全部或者部分实物资产以及与其相关联的债权、负债和劳动力一并转让给其他单位和个人，不属于增值税的征税范围，其中涉及的货物转让，不征收增值税。《财政部、国家税务总局关于全面推开营业税改征增值税试点的通知》（财税〔2016〕36号）进一步明确，在资产重组过程中，通过合并、分立、出售、置换等方式，将全部或者部分实物资产以及与其相关联的债权、负债和劳动力一并转让给其他单位和个人，其中涉及的不动产、土地使用权转让行为，属于不征收增值税项目。

2. 企业所得税

企业重组的企业所得税处理区分不同条件分别适用一般性税务处理规定和特殊性税务处理规定。

（1）一般性税务处理

①企业由法人转变为个人独资企业、合伙企业等非法人组织，或将登记注册地转移至中华人民共和国境外（包括港澳台地区），应视同企业进行清算、分配，股东重新投资成立新企业。企业的全部资产以及股东投资的计税基础均应以公允价值为基础确定。

企业发生其他法律形式简单改变的，可直接变更税务登记，除另有规定外，有关企业所得税纳税事项（包括亏损结转、税收优惠等权益和义务）由变更后企业承继，但因住所发生变化而不符合税收优惠条件的除外。

②企业债务重组中，以非货币资产清偿债务，应当分解为转让相关非货币性资产、按非货币性资产公允价值清偿债务两项业务，确认相关资产的所得或损失。发生债权转股权的，应当分解为债务清偿和股权投资两项业务，确认有关债务清偿所得或损失。债务人应当按照支付的债务清偿额低于债务计税基础的差额，确认债务重组所得；债权人应当按照收到的债

务清偿额低于债权计税基础的差额，确认债务重组损失。债务人的相关所得税纳税事项原则上保持不变。

③企业股权收购、资产收购重组交易，被收购方应确认股权、资产转让所得或损失。收购方取得股权或资产的计税基础应以公允价值为基础确定。被收购企业的相关所得税事项原则上保持不变。

④企业合并，合并企业应按公允价值确定接受被合并企业各项资产和负债的计税基础。被合并企业及其股东都应按清算进行所得税处理。被合并企业的亏损不得在合并企业结转弥补。

⑤企业分立，被分立企业对分立出去资产应按公允价值确认资产转让所得或损失。分立企业应按公允价值确认接受资产的计税基础。被分立企业继续存在时，其股东取得的对价应视同被分立企业分配进行处理。被分立企业不再继续存在时，被分立企业及其股东都应按清算进行所得税处理。企业分立相关企业的亏损不得相互结转弥补。

（2）特殊性税务处理

符合特殊性税务处理条件的企业重组，交易各方对其交易中的股权支付部分，可以按以下规定进行特殊性税务处理：

①企业债务重组确认的应纳税所得额占该企业当年应纳税所得额50%以上，可以在5个纳税年度的期间内，均匀计入各年度的应纳税所得额。企业发生债权转股权业务，对债务清偿和股权投资两项业务暂不确认有关债务清偿所得或损失，股权投资的计税基础以原债权的计税基础确定。企业的其他相关所得税事项保持不变。

②股权收购，收购企业购买的股权不低于被收购企业全部股权的50%，且收购企业在该股权收购发生时的股权支付金额不低于其交易支付总额的85%，被收购企业的股东取得收购企业股权的计税基础，以被收购股权的原有计税基础确定。收购企业取得被收购企业股权的计税基础，以被收购股权的原有计税基础确定。收购企业、被收购企业的原有各项资产和负债的计税基础和其他相关所得税事项保持不变。

③资产收购，受让企业收购的资产不低于转让企业全部资产的50%，且受让企业在该资产收购发生时的股权支付金额不低于其交易支付总额的85%，转让企业取得受让企业股权的计税基础，以被转让资产的原有计税

基础确定。受让企业取得转让企业资产的计税基础，以被转让资产的原有计税基础确定。

④企业合并，企业股东在该企业合并发生时取得的股权支付金额不低于其交易支付总额的85%，以及同一控制下且不需要支付对价的企业合并，合并企业接受被合并企业资产和负债的计税基础，以被合并企业的原有计税基础确定。被合并企业合并前的相关所得税事项由合并企业承继。被合并企业股东取得合并企业股权的计税基础，以其原持有的被合并企业股权的计税基础确定。

⑤企业分立，被分立企业所有股东按原持股比例取得分立企业的股权，分立企业和被分立企业均不改变原来的实质经营活动，且被分立企业股东在该企业分立发生时取得的股权支付金额不低于其交易支付总额的85%，分立企业接受被分立企业资产和负债的计税基础，以被分立企业的原有计税基础确定。被分立企业已分立出去资产相应的所得税事项由分立企业承继。被分立企业未超过法定弥补期限的亏损额可按分立资产占全部资产的比例进行分配，由分立企业继续弥补。被分立企业的股东取得分立企业的股权（以下简称“新股”），如需部分或全部放弃原持有的被分立企业的股权（以下简称“旧股”），“新股”的计税基础应以放弃“旧股”的计税基础确定。如不需放弃“旧股”，则其取得“新股”的计税基础可从以下两种方法中选择确定：直接将“新股”的计税基础确定为零；或者以被分立企业分立出去的净资产占被分立企业全部净资产的比例先调减原持有的“旧股”的计税基础，再将调减的计税基础平均分配到“新股”上。

⑥股权、资产划转。对100%直接控制的居民企业之间，以及受同一或相同多家居民企业100%直接控制的居民企业之间按账面净值划转股权或资产，凡具有合理商业目的、不以减少、免除或者推迟缴纳税款为主要目的，股权或资产划转后连续12个月内不改变被划转股权或资产原来实质性经营活动，且划出方企业和划入方企业均未在会计上确认损益的，划出方企业和划入方企业均不确认所得。划入方企业取得被划转股权或资产的计税基础，以被划转股权或资产的原账面净值确定。划入方企业取得的被划转资产，应按其原账面净值计算折旧扣除。

重组交易各方按上述特殊性税务处理规定对交易中股权支付暂不确认有关资产的转让所得或损失的，其非股权支付仍应在交易当期确认相应的资产转让所得或损失，并调整相应资产的计税基础。

（3）特殊性税务处理的五个条件

企业重组适用特殊性税务处理规定的，必须同时符合五项条件：

①具有合理的商业目的，且不以减少、免除或者推迟缴纳税款为主要目的。

②被收购、合并或分立部分的资产或股权比例符合本通知规定的比例。

③企业重组后的连续 12 个月内不改变重组资产原来的实质性经营活动。

④重组交易对价中涉及股权支付金额符合本通知规定比例。

⑤企业重组中取得股权支付的原主要股东，在重组后连续 12 个月内，不得转让所取得的股权。

企业发生涉及中国境内与境外之间（包括港澳台地区）的股权和资产收购交易，选择适用特殊性税务处理规定的，除应符合上述五个条件外，还应同时符合四项条件：

①非居民企业向其 100% 直接控股的另一非居民企业转让其拥有的居民企业股权，没有因此造成以后该项股权转让所得预提税负担变化，且转让方非居民企业向主管税务机关书面承诺在 3 年（含 3 年）内不转让其拥有受让方非居民企业的股权。

②非居民企业向与其具有 100% 直接控股关系的居民企业转让其拥有的另一居民企业股权。

③居民企业以其拥有的资产或股权向其 100% 直接控股的非居民企业进行投资；居民企业以其拥有的资产或股权向其 100% 直接控股关系的非居民企业进行投资，其资产或股权转让收益如选择特殊性税务处理，可以在 10 个纳税年度内均匀计入各年度应纳税所得额。

④财政部、国家税务总局核准的其他情形。

（4）重组前后事项衔接

在企业吸收合并中，合并后的存续企业性质及适用税收优惠的条件未发生改变的，可以继续享受合并前该企业剩余期限的税收优惠，其优惠金额按存续企业合并前一年的应纳税所得额（亏损计为零）计算。

在企业存续分立中，分立后的存续企业性质及适用税收优惠的条件未发生改变的，可以继续享受分立前该企业剩余期限的税收优惠，其优惠金额按该企业分立前一年的应纳税所得额（亏损计为零）乘以分立后存续企业资产占分立前该企业全部资产的比例计算。

企业在重组发生前后连续 12 个月内分步对其资产、股权进行交易，应根据实质重于形式原则将上述交易作为一项企业重组交易进行处理。

3. 土地增值税

企业改制重组涉及不动产转移的，需要做好土地增值税税务处理。对改制重组任意一方不为房地产开发企业的，在 2018 年 1 月 1 日至 2020 年 12 月 31 日期间，可享受以下税收优惠。

（1）企业不改变原企业的投资主体，并承继原企业权利、义务的整体改制，对改制前的企业将国有土地使用权、地上的建筑物及其附着物（以下称房地产）转移、变更到改制后的企业，暂不征土地增值税。

（2）按照法律规定或者合同约定，两个或两个以上企业合并为一个企业，且原企业投资主体存续的，对原企业将房地产转移、变更到合并后的企业，暂不征土地增值税。

（3）按照法律规定或者合同约定，企业分设为两个或两个以上与原企业投资主体相同的企业，对原企业将房地产转移、变更到分立后的企业，暂不征土地增值税。

（4）单位、个人在改制重组时以房地产作价入股进行投资，对其将房地产转移、变更到被投资的企业，暂不征土地增值税。

企业改制重组后再转让国有土地使用权并申报缴纳土地增值税时，应以改制前取得该宗国有土地使用权所支付的地价款和按国家统一规定缴纳的有关费用，作为该企业“取得土地使用权所支付的金额”扣除。企业在改制重组过程中经省级以上（含省级）国土管理部门批准，国家以国有土地使用权作价出资入股的，再转让该宗国有土地使用权并申报缴纳土地增值税时，应以该宗土地作价入股时省级以上（含省级）国土管理部门批准的评估价格，作为该企业“取得土地使用权所支付的金额”扣除。办理纳税申报时，企业应提供该宗土地作价入股时省级以上（含省级）国土管理部门的批准文件和批准的评估价格，不能提供批准文件和批准的评估价格的，不得扣除。

4. 契税

自2018年1月1日起至2020年12月31日，企业、事业单位改制重组可享受契税减免优惠。2018年前企业、事业单位改制重组过程中涉及的契税尚未处理的，也可以适用执行。

（1）企业整体改制中，原企业投资主体存续并在改制（变更）后的公司中所持股权（股份）比例超过75%，且改制（变更）后公司承继原企业权利、义务的，对改制（变更）后公司承受原企业土地、房屋权属，免征契税。

（2）事业单位按照国家有关规定改制为企业，原投资主体存续并在改制后企业中出资（股权、股份）比例超过50%的，对改制后企业承受原事业单位土地、房屋权属，免征契税。

（3）两个或两个以上的公司，依照法律规定、合同约定，合并为一个公司，且原投资主体存续的，对合并后公司承受原合并各方土地、房屋权属，免征契税。

（4）公司依照法律规定、合同约定分立为两个或两个以上与原公司投资主体相同的公司，对分立后公司承受原公司土地、房屋权属，免征契税。

（5）企业依照有关法律法规规定实施破产，债权人（包括破产企业职工）承受破产企业抵偿债务的土地、房屋权属，免征契税；对非债权人承受破产企业土地、房屋权属，凡按照《中华人民共和国劳动法》等国家有关法律法规政策妥善安置原企业全部职工规定，与原企业全部职工签订服务年限不少于三年的劳动用工合同的，对其承受所购企业土地、房屋权属，免征契税；与原企业超过30%的职工签订服务年限不少于三年的劳动用工合同的，减半征收契税。

（6）对承受县级以上人民政府或国有资产管理部门按规定进行行政性

调整、划转国有土地、房屋权属的单位，免征契税。同一投资主体内部所属企业之间土地、房屋权属的划转，包括母公司与其全资子公司之间，同一公司所属全资子公司之间，同一自然人与其设立的个人独资企业、一人有限公司之间土地、房屋权属的划转，免征契税。母公司以土地、房屋权属向其全资子公司增资，视同划转，免征契税。

（7）经国务院批准实施债权转股权的企业，对债权转股权后新设立的公司承受原企业的土地、房屋权属，免征契税。

（8）以出让方式或国家作价出资（入股）方式承受原改制重组企业、事业单位划拨用地的，不属上述规定的免税范围，对承受方应按规定征收契税。

（9）在股权（股份）转让中，单位、个人承受公司股权（股份），公司土地、房屋权属不发生转移，不征收契税。

5. 印花税

（1）关于资金账簿的印花税。实行公司制改造的企业在改制过程中成立的新企业（重新办理法人登记的），其新启用的资金账簿记载的资金或因企业建立资本纽带关系而增加的资金，凡原已贴花的部分可不再贴花，未贴花的部分和以后新增加的资金按规定贴花。

公司制改造包括国有企业依《公司法》整体改造成国有独资有限责任公司；企业通过增资扩股或者转让部分产权，实现他人对企业的参股，将企业改造成有限责任公司或股份有限公司；企业以其部分财产和相应债务与他人组建新公司；企业将债务留在原企业，而以其优质财产与他人组建的新公司。

（2）以合并或分立方式成立的新企业，其新启用的资金账簿记载的资金，凡原已贴花的部分可不再贴花，未贴花的部分和以后新增加的资金按规定贴花。

（3）企业债权转股权新增加的资金按规定贴花。

（4）企业改制中经评估增加的资金按规定贴花。

（5）企业其他会计科目记载的资金转为实收资本或资本公积的资金按规定贴花。

（6）企业改制前签订但尚未履行完的各类应税合同，改制后需要变更执行主体的，对仅改变执行主体、其余条款未做变动且改制前已贴花的，不再贴花。

（7）企业因改制签订的产权转移书据免予贴花。

（三）改制重组涉税事项一览表

税种	契税	土增税	所得税	增值税	印花税
主要文件	财税〔2018〕17号	财税〔2018〕57号	财税〔2009〕59号/财税〔2014〕109号	财税〔2016〕36号/税总公告2011年第13号	财税〔2003〕183号
适用的主要交易及事项	企业/事业单位改制	整体改制	企业改变法律形式		改制
	合并	合并	合并	合并（同时债权债务劳动力一并转让，下同）	合并
	分立	分立	分立	分立	分立
	企业破产				
	资产划转		股权、资产划转	资产置换	
	债权转股权		债务重组		债权转股权
	划拨用地出让或作价出资				
	公司股权（股份）转让	作价入股进行投资（改制重组时）	股权收购		
			资产收购	资产出售	

四、科创企业股权激励的税务处理

有限责任公司、股份有限公司在科创板上市过程中，股份制改造是公司上市的必经之路。其中会涉及股权转让、增资扩股、股权激励、转增资本等问题。公司在上市之前，需要对股份制改造中的涉税事项梳理清楚，这不仅仅是明晰股权的需要，也是合规纳税的需要。

股权激励是企业拿出部分股权用来激励企业高级管理人员或优秀员工

的一种方法。企业通过股权激励给公司骨干员工一定数量股权形式的经济利益，使他们能够以股东或者等同于股东的身份参与公司决策、分享利润、承担风险，从而勤勉尽责地为公司的长期发展服务的一种激励措施。

非上市公司股权激励，一般可采取的形式有：股票（权）期权、限制性股票、虚拟股票（权）、利润分享计划、长期福利计划、大股东赠予股权、股东回购计划、股权奖励等形式。相较于上市公司，非上市公司股权激励有几个明显的特点：

一是激励方式灵活自由。除股权形式外，还可以是非股权形式激励，如虚拟股票、利润分享计划、长期福利计划等。

二是激励对象人数受限。由于公司法对股东人数的限制，非上市公司股权激励的对象往往局限于公司高级管理人员和核心技术人员，普通员工难以享受到股权激励的好处。据《公司法》相关规定有限公司的股东不能超过 50 人，股份有限公司股东不能超过 200 人。

三是股票来源渠道单一。非上市公司股权激励的股票（权）来源一般采取公司股东转让，或是向激励对象增资。

四是行权价格定价自由。上市公司行权价格确定的一般做法是以期权协议签订时本公司股票的市场价格作为期权的行权价基础，由于非上市公司不存在这样的基础，一般的做法是以财务指标为主要确定因素并结合与同行业同水平公司的比较情况进行确定行权价。

五是符合条件递延纳税。自 2016 年 9 月 1 日起，非上市公司授予本公司员工的股票期权、股权期权、限制性股票和股权奖励，符合规定条件的，可实行递延纳税政策，即员工在取得股权激励时可暂不纳税，递延至转让该股权时纳税；股权转让时，按照股权转让收入减除股权取得成本以及合理税费后的差额，适用“财产转让所得”项目，按照 20%的税率计算缴纳个人所得税。

从税收合规性上看，非上市公司在上市过程中，需要对原股权激励的涉税问题予以重点关注。

（一）符合递延纳税的税务处理

能够享受递延纳税优惠的股权激励只能是股票（权）期权、限制性股票和股权奖励三种激励形式。规定的条件是必须同时满足 7 个方面条件：

（1）属于境内居民企业的股权激励计划。

（2）股权激励计划经公司董事会、股东（大）会审议通过。未设股东（大）会的国有单位，经上级主管部门审核批准。股权激励计划应列明激励目的、对象、标的、有效期、各类价格的确定方法、激励对象获取权益的条件、程序等。

（3）激励标的应为境内居民企业的本公司股权。股权奖励的标的可以是技术成果投资入股到其他境内居民企业所取得的股权。激励标的股票（权）包括通过增发、大股东直接让渡以及法律法规允许的其他合理方式授予激励对象的股票（权）。

（4）激励对象应为公司董事会或股东（大）会决定的技术骨干和高级管理人员，激励对象人数累计不得超过本公司最近 6 个月在职职工平均人数的 30%。

（5）股票（权）期权自授予日起应持有满 3 年，且自行权日起持有满 1 年；限制性股票自授予日起应持有满 3 年，且解禁后持有满 1 年；股权奖励自获得奖励之日起应持有满 3 年。上述时间条件须在股权激励计划中列明。

（6）股票（权）期权自授予日至行权日的时间不得超过 10 年。

（7）实施股权奖励的公司及其奖励股权标的公司所属行业均不属于《股权奖励税收优惠政策限制性行业目录》范围，如：A（农、林、牧、渔业）中 03 畜牧业（科学研究、籽种繁育性质项目除外），04 渔业（科学研究、籽种繁育性质项目除外）等 14 个门类、22 项大类的行业。公司所属行业按公司上一纳税年度主营业务收入占比最高的行业确定。

适用递延纳税的股权激励，被激励人取得股票（权）时不需要就其激励所得按“工资薪金所得”纳税，可递延到股权转让时按“财产转让所得”缴纳个人所得税，转让时的股权原值按照股权激励时实际支付的价款确定。

递延纳税期间，非上市公司情况发生变化，不再同时符合递延纳税条件的，应于情况发生变化之次月 15 日内，按不符合递延条件股权激励的规定计算缴纳个人所得税。

企业实施股权激励，以实施股权激励或取得技术成果的企业为个人所得税扣缴义务人。递延纳税期间，扣缴义务人应在每个纳税年度终了后向主管税务机关报告递延纳税有关情况。

激励对象取得符合递延纳税条件股权激励的股权后，在公司上市前转让股权的，按照《股权转让所得个人所得税管理办法（试行）》（国家税务总局公告 2014 年第 67 号印发）的规定纳税，其中扣缴义务人由实施股权激励的公司转换为股权受让方。公司在科创板上市后，处置递延纳税的股权时，按照现行限售股有关征税规定纳税。

个人转让股权时，视同享受递延纳税优惠政策的股权优先转让。递延纳税的股权成本按照加权平均法计算，不与其他方式取得的股权成本合并计算。

持有递延纳税的股权期间，因该股权产生的转增股本收入，以及以该递延纳税的股权再进行非货币性资产投资的，应在当期缴纳税款。

（二）不符合递延纳税的税务处理

企业的股权激励不符合递延纳税条件的，或是个人取得符合递延纳税条件股权后，情况发生变化不再符合递延纳税条件，应在获得股票（权）或是条件变化时，对股权激励中实际出资额低于公平市场价格的差额，按照“工资、薪金所得”项目，参照上市公司股权激励有关规定计算缴纳个人所得税。

2019 年 1 月 1 日新《个人所得税法》施行后，上市公司股权激励的计税方式有所调整，《关于个人所得税法修改后有关优惠政策衔接问题的通知》（财税〔2018〕164 号）规定，在 2021 年 12 月 31 日前，股权激励中实际出资额低于公平市场价格的差额，不并入当年综合所得，全额单独适用综合所得税率表，计算纳税。计算公式为：

应纳税额=股权激励收入×适用税率-速算扣除数

对于居民个人一个纳税年度内取得两次以上（含两次）股权激励的，应合并其每次的差额，按上述公式计算并纳税。

个人转让不符合递延纳税条件的股票，其个人所得税按照《股权转让所得个人所得税管理办法（试行）》（国家税务总局公告 2014 年第 67 号印发）的规定纳税，由买受人代扣代缴税款。

（三）限售股转让的税务处理

现行上市公司限售股转让，其个人所得税计缴按照《关于个人转让上市公司限售股所得征收个人所得税有关问题的通知》（财税〔2009〕167号）处理。

个人转让限售股，以每次限售股转让收入，减除股票原值和合理税费后的余额，为应纳税所得额。即：

应纳税所得额=限售股转让收入-（限售股原值+合理税费）

应纳税额=应纳税所得额×20%

限售股转让收入，是指转让限售股股票实际取得的收入。限售股原值，是指限售股买入时的买入价及按照规定缴纳的有关费用。合理税费，是指转让限售股过程中发生的印花税、佣金、过户费等与交易相关的税费。

如果纳税人未能提供完整、真实的限售股原值凭证的，不能准确计算限售股原值的，主管税务机关一律按限售股转让收入的15%核定限售股原值及合理税费。

限售股转让所得个人所得税，以限售股持有者为纳税义务人，以个人股东开户的证券机构为扣缴义务人。限售股个人所得税由证券机构所在地主管税务机关负责征收管理。

限售股转让所得个人所得税，采取证券机构预扣预缴、纳税人自行申报清算和证券机构直接扣缴相结合的方式征收。证券机构预扣预缴的税款，于次月7日内以纳税保证金形式向主管税务机关缴纳。主管税务机关在收取纳税保证金时，应向证券机构开具《中华人民共和国纳税保证金收据》，并纳入专户存储。

对于非上市公司符合递延纳税条件的股权激励，公司在科创板上市后转让股票的，按照现行限售股有关征税规定纳税。其中，转让收入为转让科创板上市前递延纳税的股权激励取得的股票收入。原值为取得股票时的买入价及按照规定缴纳的有关费用。合理税费为转让股票过程中发生的印花税、佣金、过户费等与交易相关的税费。

（四）其他非取得股票（权）形式激励的税务处理

公司实施虚拟股票、利润分享计划、长期福利计划等股权激励形式的，因其股票（权）没有实质转移，其激励所得应视为取得工资薪金所得，按照工资薪金所得纳税。公司在科创板上市后，其上述非取得股票（权）的激励，需要按照上市公司非实股激励的规定予以调整处理。

（五）股权激励计划有关企业所得税的税务处理

公司在科创板上市前，实施的股权激励计划，应按我国企业会计准则的有关规定，在股权激励计划授予激励对象时，按照该股票的公允价格及数量，计算确定作为公司相关年度的成本或费用，作为换取激励对象提供服务的对价。其企业所得税的处理，按以下规定执行：

（1）对股权激励计划实行后立即可以行权的，公司可以根据实际行权时该股票的公允价格与激励对象实际行权支付价格的差额和数量，计算确定作为当年上市公司工资薪金支出，依照税法规定进行税前扣除。公司上市前的股票（权）的公平市场价格，依次按照净资产法、类比法和其他合理方法确定。净资产法按照取得股票（权）的上年末净资产确定。

（2）对股权激励计划实行后，需待一定服务年限或者达到规定业绩条件方可行权的，公司在等待期内会计上计算确认的相关成本费用，不得在对应年度计算缴纳企业所得税时扣除。在股权激励计划可行权后，公司方可根据该股票实际行权时的公允价格与当年激励对象实际行权支付价格的差额及数量，计算确定作为当年上市公司工资薪金支出，依照税法规定进行税前扣除。

五、科创企业研发费用加计扣除的税务处理

科创板主要服务于符合国家战略、突破关键核心技术、市场认可度高的科技创新企业。重点支持新一代信息技术、高端装备、新材料、新能源、节能环保以及生物医药等高新技术产业和战略性新兴产业。在科创板上市的各类科技创新企业，研发投入是一种常态。针对科技创新企业，国家制定了一系列税收优惠政策，其中就包括企业研究开发费用加计扣除。企业在上市过程中，这一优惠政策的规范执行，不仅关系到广大投资人的

利益，更是体现了企业的遵从水平。

2018 年，财政部、国家税务总局出台了《关于提高研究开发费用税前加计扣除比例的通知》（财税〔2018〕99 号），进一步激励企业研发投入，支持科技创新，对企业开展研发活动中实际发生的研发费用，未形成无形资产计入当期损益的，在按规定据实扣除的基础上，在 2018 年 1 月 1 日至 2020 年 12 月 31 日期间，再按照实际发生额的 75%在税前加计扣除；形成无形资产的，在上述期间按照无形资产成本的 175%在税前摊销。

企业在执行过程中，除了需要按照《财政部、国家税务总局、科技部关于完善研究开发费用税前加计扣除政策的通知》（财税〔2015〕119 号，以下简称“财税〔2015〕119 号”）、《财政部、税务总局、科技部关于企业委托境外研究开发费用税前加计扣除有关政策问题的通知》（财税〔2018〕64 号，以下简称“财税〔2018〕64 号”）、《国家税务总局关于企业研究开发费用税前加计扣除政策有关问题的公告》（国家税务总局公告 2015 年第 97 号，以下简称“97 号公告”）等文件规定的政策口径和管理要求执行外，还需要关注一些重要具体细节。

（一）研发费用加计扣除归集范围

国家税务总局《关于研发费用税前加计扣除归集范围有关问题的公告》（国家税务总局公告 2017 年第 40 号），对有关研发费用税前加计扣除归集范围进行了修正和明确。包括：

（1）人员人工费用。包括直接从事研发活动人员的工资薪金、基本养老保险费、基本医疗保险费、失业保险费、工伤保险费、生育保险费和住房公积金，以及外聘研发人员的劳务费用。人员不仅包括直接从事研发活动的研究人员、技术人员和辅助人员，还包括接受劳务派遣的外聘研发人员。在工资薪金的支出中，不仅包括基本的工资薪金，还包括按规定可以在税前扣除的对研发人员股权激励的支出。在人员人工费用归集时，要及时、准确、充分地做好人员活动情况的必要记录。对研发人员同时从事非研发活动的，按照实际工时占比等合理方法分配并确认研发费用，不能区分或未分配的不得加计扣除。

（2）直接投入费用。包括研发活动直接消耗的材料、燃料和动力费用；用于中间试验和产品试制的模具、工艺装备开发及制造费，不构成固定资产的样品、样机及一般测试手段购置费，试制产品的检验费；用于研发活动的仪器、设备的运行维护、调整、检验、维修等费用，以及通过经营租赁方式租入的用于研发活动的仪器、设备租赁费。企业研发活动直接形成产品或作为组成部分形成的产品对外销售的，研发费用中对应的材料费用不得加计扣除。已计入研发费用的，可在销售当年以对应的材料费用发生额直接冲减当年的研发费用，不足冲减的，结转以后年度继续冲减。

（3）折旧费用。用于研发活动的仪器、设备的折旧费可以加计扣除。对于依法可加速折旧的仪器、设备，在享受研发费用税前加计扣除政策时，就税前扣除的折旧部分计算加计扣除。

（4）无形资产摊销费用。包括用于研发活动的软件、专利权、非专利技术（含许可证、专有技术、设计和计算方法等）的摊销费用。对符合税法规定且选择缩短摊销年限的，在享受研发费用税前加计扣除政策时，就税前扣除的摊销部分计算加计扣除。

（5）新产品设计费、新工艺规程制定费、新药研制的临床试验费、勘探开发技术的现场试验费。

（6）其他相关费用。包括与研发活动直接相关的技术图书资料费、资料翻译费、专家咨询费、高新科技研发保险费，研发成果的检索、分析、评议、论证、鉴定、评审、评估、验收费用，知识产权的申请费、注册费、代理费，差旅费、会议费，职工福利费、补充养老保险费、补充医疗保险费等费用。此类费用总额不得超过可加计扣除研发费用总额的10%。

上述费用中，对于用于研发活动的仪器、设备、无形资产，无论是租赁的还是购置的，同时用于非研发活动的，企业要做好使用记录，按实际工时占比等合理方法在研发费用和生产经营费用间分配，未分配的不得加计扣除。

（二）研发活动特别业务的加计扣除

（1）企业取得的政府补助，会计处理时采用直接冲减研发费用方法且税务处理时未将其确认为应税收入的，应按冲减后的余额计算加计扣除金额。

（2）企业取得研发过程中形成的下脚料、残次品、中间试制品等特殊收入，在计算确认收入当年的加计扣除研发费用时，应从已归集研发费用中扣减该特殊收入，不足扣减的，加计扣除研发费用按零计算。

（3）企业开展研发活动中实际发生的研发费用形成无形资产的，其资本化的时点与会计处理保持一致。

（4）失败的研发活动所发生的研发费用可享受税前加计扣除政策。

（三）外委研发费用的加计扣除

《关于完善研究开发费用税前加计扣除政策的通知》（财税〔2015〕119 号）规定，企业委托外部机构或个人进行研发活动所发生的费用，按照费用实际发生额的 80%计入委托方研发费用并计算加计扣除，受托方不得再进行加计扣除。委托外部研究开发费用实际发生额应按照独立交易原则确定。委托方与受托方存在关联关系的，受托方应向委托方提供研发项目费用支出明细情况。委托个人研发的，应凭个人出具的发票等合法有效凭证在税前加计扣除。

2018 年，财政部、税务总局、科技部印发《关于企业委托境外研究开发费用税前加计扣除有关政策问题的通知》（财税〔2018〕64 号），进一步激励企业加大研发投入，加强创新能力开放合作。自 2018 年 1 月 1 日起，对企业委托境外（不包括委托境外个人）进行研发活动发生的研究开发费用，按照费用实际发生额的 80%计入委托方的委托境外研发费用。委托境外研发费用不超过境内符合条件的研发费用三分之二的部分，可以按规定在企业所得税前加计扣除。

委托境外进行研发活动所发生的费用上述费用实际发生额应按照独立交易原则确定。委托方与受托方存在关联关系的，受托方应向委托方提供研发项目费用支出明细情况。企业应在年度申报享受优惠时，需要留存备查以下资料：

（1）企业委托研发项目计划书和企业有权部门立项的决议文件；

（2）委托研究开发专门机构或项目组的编制情况和研发人员名单；

（3）经科技行政主管部门登记的委托境外研发合同；

（4）“研发支出”辅助账及汇总表；

（5）委托境外研发银行支付凭证和受托方开具的收款凭据；

（6）当年委托研发项目的进展情况等资料。

（四）研发费用加计扣除的行业限制

《关于完善研究开发费用税前加计扣除政策的通知》（财税〔2015〕119号）规定了六个不适用税前加计扣除政策的行业，具体包括：烟草制造业；住宿和餐饮业；批发和零售业；房地产业；租赁和商务服务业；娱乐业，以及财政部和国家税务总局规定的其他行业。并明确企业所属行业按照《国民经济行业分类与代码（GB/4754—2017）》的规定执行。企业所属国民行业，并不是简单地按照企业税务登记时的所属行业确定。国家税务总局2015年第97号公告明确规定，财税〔2015〕119号中不适用税前加计扣除政策行业的企业，是指以财税〔2015〕119号文件所列行业业务为主营业务，其研发费用发生当年的主营业务收入，占企业当年依法取得的、不同来源、不同形式的全部收入总额减除不征税收入和投资收益的余额50%（不含）以上的企业。只要不属于上述条件范围内的企业，其研究开发费用均可以适用加计扣除的税收优惠政策。

六、科创企业加速折旧和亏损弥补的税务处理

科创板主要服务于符合国家战略、突破关键核心技术、市场认可度高的科技创新企业。重点支持新一代信息技术、高端装备、新材料、新能源、节能环保以及生物医药等高新技术产业和战略性新兴产业。在科创板上市的各类科技创新企业，研发投入是一种常态。在现行税法中，制定了一系列税收优惠政策，除了研发费用加计扣除之外，还包括企业固定资产加速折旧以及延长科技企业弥补亏损年限这两项税收优惠政策。企业在上市过程中，这两项税收优惠政策的规范执行，也同样关系着广大投资人的利益，体现了企业的遵从水平。

（一）固定资产加速折旧

允许企业对符合规定的固定资产进行加速折旧，是促进企业技术改造，支持创业创新的一项重要的企业所得税优惠政策。企业的研发活动，也会使用到大量的仪器、设备，这些仪器和设备中，有相当一部分既符合

企业所得税加速折旧优惠的条件，同时又符合财税〔2015〕119号文件规定，是允许加计扣除的研发费用。

自2014年以来，财政部、国家税务总局连续印发了《关于完善固定资产加速折旧企业所得税政策的通知》（财税〔2014〕75号）、《关于进一步完善固定资产加速折旧企业所得税政策的通知》（财税〔2015〕106号）和《关于设备、器具扣除有关企业所得税政策的通知》（财税〔2018〕54号）等文件，明确企业固定资产加速折旧优惠政策。国家税务总局也配套下发了《关于固定资产加速折旧税收政策有关问题的公告》（国家税务总局公告2014年第64号）、《关于进一步完善固定资产加速折旧企业所得税政策有关问题的公告》（国家税务总局公告2015年第68号）、《关于设备器具扣除有关企业所得税政策执行问题的公告》（国家税务总局公告2018年第46号）和《财政部、税务总局关于扩大固定资产加速折旧优惠政策适用范围的公告》（财政部、税务总局公告2019年第66号）。

这些政策文件明确规定了以下内容：

第一，企业在2014年1月1日后购进并专门用于研发活动的仪器、设备，单位价值不超过100万元的，可以一次性在计算应纳税所得额时扣除；单位价值超过100万元的，允许按不低于企业所得税法规定折旧年限的60%缩短折旧年限，或选择采取双倍余额递减法或年数总和法进行加速折旧。

第二，对生物药品制造业，专用设备制造业，铁路、船舶、航空航天和其他运输设备制造业，计算机、通信和其他电子设备制造业，仪器仪表制造业，信息传输、软件和信息技术服务业6个行业中的小型微利企业，2014年1月1日后新购进的研发和生产经营共用的仪器、设备，单位价值不超过100万元的，允许一次性计入当期成本费用在计算应纳税所得额时扣除，不再分年度计算折旧；单位价值超过100万元的，可缩短折旧年限或采取加速折旧的方法。自2015年1月1日起，小型微利企业新购进的研发和生产经营共用的仪器、设备固定资产加速折旧范围，扩大到轻工、纺织、机械、汽车4个领域重点行业105个中小类别行业。自2019年1月1日起，上述固定资产加速折旧优惠的行业范围，扩大至全部制造业领域，制造业按照国家统计局《国民经济行业分类与代码（GB/4754—2017）》

确定。2019 年以前制造业企业未享受固定资产加速折旧优惠的，可在 2019 年月（季）度预缴申报时享受优惠或在 2019 年度汇算清缴时享受优惠。

第三，企业在 2018 年 1 月 1 日至 2020 年 12 月 31 日期间新购进的设备、器具，单位价值不超过 500 万元的，允许一次性计入当期成本费用在计算应纳税所得额时扣除，不再分年度计算折旧。

另外，财政部、国家税务总局印发的相关文件还对研发仪器设备加速折旧的加计扣除也予以了规定。

《关于完善研究开发费用税前加计扣除政策的通知》（财税〔2015〕119 号）规定，允许加计扣除的研发费用的折旧费用，是“用于研发活动的仪器、设备的折旧费”。也就是说，可以在企业所得税前加计扣除的折旧费用，既可以是来源于专门用于研发活动的专用的仪器、设备，也可以来源于同时用于研发活动和非研发活动的仪器、设备。满足加速折旧条件的研发仪器、设备，不仅可以依法享受一次性列支或是加速折旧政策优惠，还可以同时享受研发设备的加计扣除。

具体包括：一是所有企业的专用于研发活动的仪器、设备，自 2014 年 1 月 1 日起都可以依法加速折旧。二是“生物药品制造业，专用设备制造业，铁路、船舶、航空航天和其他运输设备制造业，计算机、通信和其他电子设备制造业，仪器仪表制造业，信息传输、软件和信息技术服务业”6 大行业，以及轻工、纺织、机械、汽车 4 个领域重点行业 105 个中小类别行业中的小型微利企业研发活动的仪器、设备，不受“专门用于研发”的条件限制，其新购进的研发和生产经营共用的仪器、设备，分别自 2014 年 1 月 1 日和 2015 年 1 月 1 日起，可以依法加速折旧。三是所有企业在 2018 年 1 月 1 日至 2020 年 12 月 31 日期间新购进的设备、器具，单位价值不超过 500 万元的，一次性计入当期成本费用。

对于上述三类可以加速折旧的研发设备以外，企业新购进的用于研发活动的“生产与研发共用的设备”，单位价值超过 500 万元的，就不能加速折旧。但是在企业所得税申报中，就是归属于研发活动的折旧费用部分，仍然可以“按照本年度实际发生额的”规定比例，从本年度应纳税所得额中加计扣除。

（二）延长科技企业弥补亏损年限

科创板的上市并没有将亏损企业排除在外，在科创板上市的五套条件均以企业的市值为基础，要求对于当下盈利能力越好，市值门槛就越低；如果当下不盈利，企业发展前景获得市场认可，符合相应的预计市值要求，也满足上市发行条件，同样可以登陆科创板。其中仅对预计市值不低于10亿元的企业，才有最近两年净利润为正且累计利润不低于5000万元，或最近一年净利润为正且营业收入不低于人民币1亿元，在另外的四套条件中并没有企业盈利的要求。

企业亏损弥补的税务处理同样也是企业的重要的税收遵从事项。《企业所得税法》规定，企业纳税年度发生的亏损，准予向以后年度结转，用以后年度的所得弥补，但结转年限最长不得超过五年。2018年7月，财政部、国家税务总局进一步支持高新技术企业和科技型中小企业发展，印发《关于延长高新技术企业和科技型中小企业亏损结转年限的通知》（财税〔2018〕76号），自2018年1月1日起，当年具备高新技术企业或科技型中小企业资格的企业，其具备资格年度之前5个年度发生的尚未弥补完的亏损，准予结转以后年度弥补，最长结转年限由5年延长至10年。可以延长补亏期限的企业包括按照《科技部、财政部、国家税务总局关于修订印发〈高新技术企业认定管理办法〉的通知》（国科发火〔2016〕32号）规定认定的高新技术企业、以及按照《科技部、财政部、国家税务总局关于印发〈科技型中小企业评价办法〉的通知》（国科发政〔2017〕115号）规定取得科技型中小企业登记编号的科技型中小企业。

随后，国家税务总局印发《关于延长高新技术企业和科技型中小企业亏损结转弥补年限有关企业所得税处理问题的公告》（国家税务总局公告2018年第45号），进一步规定，当年具备高新技术企业或科技型中小企业资格的企业，其具备资格年度之前5个年度，无论是否具备资格，发生的尚未弥补完的亏损均准予结转以后年度弥补，最长结转年限为10年。

其中高新技术企业按照其取得的高新技术企业证书注明的有效期所属年度，确定其具备资格的年度。科技型中小企业按照其取得的科技型中小企业入库登记编号注明的年度，确定其具备资格的年度。

七、高新技术企业认定及税收优惠的处理

掌握核心技术、拥有自主知识产权、具有国际竞争力的高新技术企业是科创板上市的重要力量。掌握并执行好高新技术企业的资质认定和税收优惠政策，不仅关系到广大投资人的利益，关系到企业的核心竞争力的提升，更是体现了企业的遵从水平。

（一）税法基本规定

《企业所得税法》规定，国家需要重点扶持的高新技术企业，减按15%的税率征收企业所得税。《企业所得税法实施条例》进一步明确，国家需要重点扶持的高新技术企业，是指拥有核心自主知识产权，并同时符合下列条件的企业：

（1）产品（服务）属于《国家重点支持的高新技术领域》规定的范围；

（2）研究开发费用占销售收入的比例不低于规定比例；

（3）高新技术产品（服务）收入占企业总收入的比例不低于规定比例；

（4）科技人员占企业职工总数的比例不低于规定比例；

（5）高新技术企业认定管理办法规定的其他条件。

《国家重点支持的高新技术领域》和高新技术企业认定管理办法由国务院科技、财政、税务主管部门商国务院有关部门制订，报国务院批准后公布施行。

《财政部、国家税务总局关于贯彻落实国务院关于实施企业所得税过渡优惠政策有关问题的通知》（财税〔2008〕21号）规定，经济特区和上海浦东新区内，在2008年1月1日（含）之后完成登记注册的国家需要重点扶持的高新技术企业，在经济特区和上海浦东新区内取得的所得，自取得第一笔生产经营收入所属纳税年度起，第一年至第二年免征企业所得税，第三年至第五年按照25%的法定税率减半征收企业所得税。

（二）高企认定条件

2016年，科学技术部、财政部、国家税务总局联合修订下发了《高新

技术企业认定管理办法》（国科发火〔2016〕32号），规定：

认定高新技术企业须同时满足八个条件：

（1）企业申请认定时须注册成立一年以上。

“须注册成立一年以上”是指企业须注册成立365个日历天数以上；“当年”“最近一年”和“近一年”都是指企业申报前1个会计年度；“近三个会计年度”是指企业申报前的连续3个会计年度（不含申报年）；“申请认定前一年内”是指申请前的365天之内（含申报年）。

（2）企业通过自主研发、受让、受赠、并购等方式，获得对其主要产品（服务）在技术上发挥核心支持作用的知识产权的所有权。

知识产权须在中国境内授权或审批审定，并在中国法律的有效保护期内。知识产权权属人应为申请企业。不具备知识产权的企业不能认定为高新技术企业。在高新技术企业认定中，对企业知识产权情况采用分类评价方式，其中：发明专利（含国防专利）、植物新品种、国家级农作物品种、国家新药、国家一级中药保护品种、集成电路布图设计专有权等按Ⅰ类评价，可以在专利期限内多次用于认定；实用新型专利、外观设计专利、软件著作权等（不含商标）按Ⅱ类评价，在申请高新技术企业时，仅限使用一次。在申请高新技术企业及高新技术企业资格存续期内，知识产权有多个权属人时，只能由一个权属人在申请时使用。

（3）对企业主要产品（服务）发挥核心支持作用的技术属于《国家重点支持的高新技术领域》规定的范围。

高新技术产品（服务）是指对其发挥核心支持作用的技术属于《国家重点支持的高新技术领域》规定范围的产品（服务）。2018年以来，国家重点支持的高新技术领域包括：电子信息技术、生物与新医药技术、航空航天技术、新材料技术、高技术服务业、资源与环境技术、新能源及节能技术、高新技术改造传统产业八大领域。

主要产品（服务）是指高新技术产品（服务）中，拥有在技术上发挥核心支持作用的知识产权的所有权，且收入之和在企业同期高新技术产品（服务）收入中超过50%的产品（服务）。

（4）企业从事研发和相关技术创新活动的科技人员占企业当年职工总数的比例不低于10%。

企业科技人员占比是企业科技人员数与职工总数的比值。

科技人员是指直接从事研发和相关技术创新活动，以及专门从事上述活动的管理和提供直接技术服务的，累计实际工作时间在 183 天以上的人员，包括在职、兼职和临时聘用人员。企业职工总数包括企业在职、兼职和临时聘用人员。在职人员可以通过企业是否签订了劳动合同或缴纳社会保险费来鉴别；兼职、临时聘用人员全年须在企业累计工作 183 天以上。

企业当年职工总数、科技人员数均按照全年月平均数计算。

月平均数=（月初数+月末数）÷2

全年月平均数=全年各月平均数之和÷12

年度中间开业或者终止经营活动的，以其实际经营期作为一个纳税年度确定上述相关指标。

（5）企业近三个会计年度（实际经营期不满三年的按实际经营时间计算）的研究开发费用总额占同期销售收入总额的比例符合如下要求：

①最近一年销售收入小于 5000 万元（含）的企业，比例不低于 5%；

②最近一年销售收入在 5000 万元至 2 亿元（含）的企业，比例不低于 4%；

③最近一年销售收入在 2 亿元以上的企业，比例不低于 3%。

其中，企业在中国境内发生的研究开发费用总额占全部研究开发费用总额的比例不低于 60%。

高新技术产品（服务）收入包括技术转让收入、技术服务收入、接受委托研究开发收入。高新技术产品（服务）收入占比是指高新技术产品（服务）收入与同期总收入的比值。

总收入是指收入总额减去不征税收入。按照《企业所得税法》规定，即企业以货币形式和非货币形式取得的销售货物收入、提供劳务收入、转让财产收入、权益性投资收益、利息收入、租金收入、特许权使用费收入、接受捐赠收入以及其他收入，减去财政拨款、依法收取并纳入财政管理的行政事业性收费和政府性基金、国家规定的其他不征税收入。

（6）近一年高新技术产品（服务）收入占企业同期总收入的比例不低于 60%。

企业研究开发费用占比是企业近三个会计年度的研究开发费用总额占

同期销售收入总额的比值。

研究开发活动是指，为获得科学与技术（不包括社会科学、艺术或文学）新知识，创造性运用科学技术新知识，或实质性改进技术、产品（服务）、工艺而持续进行的具有明确目标的活动。不包括企业对产品（服务）的常规性升级或对某项科研成果直接应用等活动（如直接采用新的材料、装置、产品、服务、工艺或知识等）。

研究开发费用的归集范围包括：人员人工费用、直接投入费用、折旧费用与长期待摊费用、无形资产摊销费用、设计费用、装备调试费用与试验费用、委托外部研究开发费用和其他费用（一般不得超过研究开发总费用的 20%）。

企业的研究开发费用是以单个研发活动为基本单位分别进行测度并加总计算，按照“企业年度研究开发费用结构明细表”设置高新技术企业认定专用研究开发费用辅助核算账目，提供相关凭证及明细表，依规核算并归集研发费用。

（7）企业创新能力评价应达到相应要求。

企业创新能力主要从知识产权、科技成果转化能力、研究开发组织管理水平、企业成长性四项指标进行评价。

（8）企业申请认定前一年内未发生重大安全、重大质量事故或严重环境违法行为。

（三）税收优惠实现

《企业所得税优惠政策事项办理办法（2018 修订）》（国家税务总局公告 2018 年第 23 号）规定，企业在 2017 年以后年度企业所得税汇算清缴中，自高新技术企业认定当年起，通过自行判别、申报享受、相关资料留存备查办理方式，通过填报企业所得税纳税申报表，减按 15%的税率征收企业所得税，同时，依法规定归集和留存相关资料备查。

需要留存备查的资料包括：

（1）高新技术企业资格证书；

（2）高新技术企业认定资料；

（3）知识产权相关材料；

（4）年度主要产品（服务）发挥核心支持作用的技术属于《国家重点支持的高新技术领域》规定范围的说明，高新技术产品（服务）及对应收入资料；

（5）年度职工和科技人员情况证明材料；

（6）当年和前两个会计年度研发费用总额及占同期销售收入比例、研发费用管理资料以及研发费用辅助账，研发费用结构明细表。

对经济特区和上海浦东新区内登记注册的国家需要重点扶持的高新技术企业，还需要同时留存备查：新办企业取得第一笔生产经营收入凭证（原始凭证及账务处理凭证）和区内区外所得的核算资料。

企业留存备查资料应从企业享受优惠事项当年的企业所得税汇算清缴期结束次日起保留 10 年。

《国家税务总局关于实施高新技术企业所得税优惠政策有关问题的公告》（国家税务总局公告 2017 年第 24 号）规定，企业的高新技术企业资格期满当年，在通过重新认定前，其企业所得税暂按 15%的税率预缴，在年底前仍未取得高新技术企业资格的，应按规定补缴相应期间的税款。对取得高新技术企业资格且享受税收优惠的高新技术企业，税务部门如在日常管理过程中发现其在高新技术企业认定过程中或享受优惠期间不符合《认定办法》规定的认定条件的，应提请认定机构复核。复核后确认不符合认定条件的，由认定机构取消其高新技术企业资格，并通知税务机关追缴其证书有效期内自不符合认定条件年度起已享受的税收优惠。

《财政部、国家税务总局关于贯彻落实国务院关于实施企业所得税过渡优惠政策有关问题的通知》（财税〔2008〕21 号）规定，经济特区和上海浦东新区内新设高新技术企业同时在经济特区和上海浦东新区以外的地区从事生产经营的，应当单独计算其在经济特区和上海浦东新区内取得的所得，并合理分摊企业的期间费用；没有单独计算的，不得享受企业所得税优惠。经济特区和上海浦东新区内新设高新技术企业在按照本通知的规定享受过渡性税收优惠期间，由于复审或抽查不合格而不再具有高新技术企业资格的，从其不再具有高新技术企业资格年度起，停止享受过渡性税收优惠；以后再次被认定为高新技术企业的，不得继续享受或者重新享受过渡性税收优惠。

《高新技术企业认定管理工作指引（2016 年修订）》（国科发火〔2016〕195 号）规定，高新技术企业发生名称变更或与认定条件有关的重大变化（如分立、合并、重组以及经营业务发生变化等），应在发生之日起三个月内向认定机构报告，由认定机构负责审核企业是否仍符合高新技术企业条件。企业仅发生名称变更，不涉及重大变化，符合高新技术企业认定条件且公示无异议的，由认定机构重新核发认定证书，编号与有效期不变；有异议的或有重大变化的（无论名称变更与否），由认定机构核实处理，不符合认定条件的，自更名或条件变化年度起取消其高新技术企业资格。

八、科创企业关联交易的税务处理

在《科创板首次公开发行股票注册管理办法（试行）》发行条件中，发行人业务完整，具有直接面向市场独立持续经营的能力，是企业在科创板上市最基本要求。即要求企业资产完整，业务独立、人员独立、财务独立、机构独立，与控股股东、实际控制人及其控制的其他企业间不存在对发行人构成重大不利影响的同业竞争，不存在严重影响独立性或者显失公平的关联交易。

世界是联系的，任何一个企业都无法回避关联方之间的交易行为，即关联交易。关联交易和独立性是直接相冲突的，在企业的经营活动中经常出现的而又易于发生不公平结果的交易。关联交易的披露不仅仅会影响企业的科创板上市进程，其中还隐藏着较大的税务风险，需要予以高度重视。

（一）会计准则中关联方与关联交易披露

1. 关联方的会计定义

《企业会计准则第 36 号——关联方披露》中，对关联方定义如下：

一方控制、共同控制另一方或对另一方施加重大影响，以及两方或两方以上同受一方控制、共同控制或重大影响的，构成关联方。

控制，是指有权决定一个企业的财务和经营政策，并能据以从该企业的经营活动中获取利益。

共同控制，是指按照合同约定对某项经济活动所共有的控制，仅在与该项经济活动相关的重要财务和经营决策需要分享控制权的投资方一致同意时存在。

重大影响，是指对一个企业的财务和经营政策有参与决策的权力，但并不能够控制或者与其他方一起共同控制这些政策的制定。

对于一个企业来说，企业关联方包括以下单位和个人：

（1）该企业的母公司。

（2）该企业的子公司。

（3）与该企业受同一母公司控制的其他企业。

（4）对该企业实施共同控制的投资方。

（5）对该企业施加重大影响的投资方。

（6）该企业的合营企业。

（7）该企业的联营企业。

（8）该企业的主要投资者个人及与其关系密切的家庭成员。主要投资者个人，是指能够控制、共同控制一个企业或者对一个企业施加重大影响的个人投资者。

（9）该企业或其母公司的关键管理人员及与其关系密切的家庭成员。关键管理人员，是指有权力并负责计划、指挥和控制企业活动的人员。与主要投资者个人或关键管理人员关系密切的家庭成员，是指在处理与企业的交易时可能影响该个人或受该个人影响的家庭成员。

（10）该企业主要投资者个人、关键管理人员或与其关系密切的家庭成员控制、共同控制或施加重大影响的其他企业。

对于仅与企业存在下列关系的各方，不构成企业的关联方：

一是与该企业发生日常往来的资金提供者、公用事业部门、政府部门和机构。

二是与该企业发生大量交易而存在经济依存关系的单个客户、供应商、特许商、经销商或代理商。

三是与该企业共同控制合营企业的合营者。

2. 关联方交易披露

《企业会计准则第36号——关联方披露》规定，关联方交易是指关联方之间转移资源、劳务或义务的行为，而不论是否收取价款。通常包括“购买或销售商品、购买或销售商品以外的其他资产、提供或接受劳务、担保、提供资金（贷款或股权投资）、租赁、代理、研究与开发项目的转移、许可协议、代表企业或由企业代表另一方进行债务结算、关键管理人员薪酬”等多种类型。

企业无论是否发生关联方交易，均应当在附注中披露与母公司和子公司的名称、业务性质、注册地、注册资本、持股比例和表决权及其变化等有关信息。企业与关联方发生关联方交易的，还应当在附注中披露该关联方关系的性质、交易类型及交易要素（交易金额、未结算款项、提供或取得担保、应收坏账准备、定价政策等）。

关联方交易应当分别就关联方以及交易类型予以披露。类型相似的关联方交易，在不影响财务报表阅读者正确理解关联方交易对财务报表影响的情况下，可以合并披露。企业只有在提供确凿证据的情况下，才能披露关联方交易是公平交易。

（二）关联交易一般税务处理

1. 关联关系一般规定

《税收征管法》规定，企业或者外国企业在中国境内设立的从事生产、经营的机构、场所与其关联企业之间的业务往来，应当按照独立企业之间的业务往来收取或者支付价款、费用；不按照独立企业之间的业务往来收取或者支付价款、费用，而减少其应纳税的收入或者所得额的，税务机关有权进行合理调整。

《税收征管法实施细则》规定，税收征管法所称关联企业，是指有下列关系之一的公司、企业和其他经济组织：

（1）在资金、经营、购销等方面，存在直接或者间接的拥有或者控制关系；

（2）直接或者间接地同为第三者所拥有或者控制；

（3）在利益上具有相关联的其他关系。

纳税人有义务就其与关联企业之间的业务往来，向当地税务机关提供有关的价格、费用标准等资料。具体办法由国家税务总局制定。

2. 关联关系的税务认定

《国家税务总局关于完善关联申报和同期资料管理有关事项的公告》（国家税务总局公告2016年第42号）规定，企业与其他企业、组织或者个人具有下列关系之一的，构成本公告所称关联关系：

（1）一方直接或者间接持有另一方的股份总和达到25%以上；双方直接或者间接同为第三方所持有的股份达到25%以上。

如果一方通过中间方对另一方间接持有股份，只要其对中间方持股比例达到25%以上，则其对另一方的持股比例按照中间方对另一方的持股比例计算。

两个以上具有夫妻、直系血亲、兄弟姐妹以及其他抚养、赡养关系的自然人共同持股同一企业，在判定关联关系时持股比例合并计算。

（2）双方存在持股关系或者同为第三方持股，虽持股比例未达到25%规定，但双方之间借贷资金总额占任一方实收资本比例达到50%以上，或者一方全部借贷资金总额的10%以上由另一方担保（与独立金融机构之间的借贷或者担保除外）。

借贷资金总额占实收资本比例=年度加权平均借贷资金/年度加权平均实收资本。

（3）双方存在持股关系或者同为第三方持股，虽持股比例未达到25%规定，但一方的生产经营活动必须由另一方提供专利权、非专利技术、商标权、著作权等特许权才能正常进行。

（4）双方存在持股关系或者同为第三方持股，虽持股比例未达到25%规定，但一方的购买、销售、接受劳务、提供劳务等经营活动由另一方控制。

上述控制是指一方有权决定另一方的财务和经营政策，并能据以从另一方的经营活动中获取利益。

（5）一方半数以上董事或者半数以上高级管理人员（包括上市公司董事会秘书、经理、副经理、财务负责人和公司章程规定的其他人员）由另一方任命或者委派，或者同时担任另一方的董事或者高级管理人员；或者双方各自半数以上董事或者半数以上高级管理人员同为第三方任命或者委派。

（6）具有夫妻、直系血亲、兄弟姐妹以及其他抚养、赡养关系的两个自然人分别与双方具有前五项关系之一。

（7）双方在实质上具有其他共同利益。

除借贷关系的规定外，上述关联关系年度内发生变化的，关联关系按照实际存续期间认定。

3. 关联交易主要内容

《国家税务总局关于完善关联申报和同期资料管理有关事项的公告》（国家税务总局公告 2016 年第 42 号）规定，关联交易主要包括：

（1）有形资产使用权或者所有权的转让。有形资产包括商品、产品、房屋建筑物、交通工具、机器设备、工具器具等。

（2）金融资产的转让。金融资产包括应收账款、应收票据、其他应收款项、股权投资、债权投资和衍生金融工具形成的资产等。

（3）无形资产使用权或者所有权的转让。无形资产包括专利权、非专利技术、商业秘密、商标权、品牌、客户名单、销售渠道、特许经营权、政府许可、著作权等。

（4）资金融通。资金包括各类长短期借贷资金（含集团资金池）、担保费、各类应计息预付款和延期收付款等。

（5）劳务交易。劳务包括市场调查、营销策划、代理、设计、咨询、行政管理、技术服务、合约研发、维修、法律服务、财务管理、审计、招聘、培训、集中采购等。

（三）主要税种关联业务税务规定

1. 增值税

《增值税暂行条例》（2017 年版）规定，纳税人发生应税销售行为的价格明显偏低并无正当理由的，由主管税务机关核定其销售额。

在《增值税暂行条例实施细则》和《营业税改征增值税试点实施办法》（财税〔2016〕36 号印发）中，对这些行为进行了明确的规定。

单位或者个体工商户的下列行为，视同销售货物：

（1）将货物交付其他单位或者个人代销；

（2）销售代销货物；

（3）设有两个以上机构并实行统一核算的纳税人，将货物从一个机构移送其他机构用于销售，但相关机构设在同一县（市）的除外；

（4）将自产或者委托加工的货物用于非增值税应税项目；

（5）将自产、委托加工的货物用于集体福利或者个人消费；

（6）将自产、委托加工或者购进的货物作为投资，提供给其他单位或者个体工商户；

（7）将自产、委托加工或者购进的货物分配给股东或者投资者；

（8）将自产、委托加工或者购进的货物无偿赠送其他单位或者个人。

下列情形视同销售服务、无形资产或者不动产：

①单位或者个体工商户向其他单位或者个人无偿提供服务，但用于公益事业或者以社会公众为对象的除外。

②单位或者个人向其他单位或者个人无偿转让无形资产或者不动产，但用于公益事业或者以社会公众为对象的除外。

③财政部和国家税务总局规定的其他情形。

2. 消费税

《消费税暂行条例》规定，纳税人应税消费品的计税价格明显偏低并无正当理由的，由主管税务机关核定其计税价格。

3. 企业所得税

《企业所得税法》规定，企业与其关联方之间的业务往来，不符合独立交易原则而减少企业或者其关联方应纳税收入或者所得额的，税务机关有权按照合理方法调整。企业与其关联方共同开发、受让无形资产，或者共同提供、接受劳务发生的成本，在计算应纳税所得额时应当按照独立交易原则进行分摊。

《企业所得税法实施条例》规定，关联方是指与企业有下列关联关系之一的企业、其他组织或者个人：

（1）在资金、经营、购销等方面存在直接或者间接的控制关系；

（2）直接或者间接地同为第三者控制；

（3）在利益上具有相关联的其他关系。

同时规定，独立交易原则，是指没有关联关系的交易各方，按照公平成交价格和营业常规进行业务往来遵循的原则。

独立交易原则是纳税调整的核心原则，目前已被世界大多数国家接受和采纳。利用这一原则，将关联交易取得的收入或者利润水平与没有关联关系的交易结果进行比较，对造成少缴税款的，税务机关按照独立交易原则进行纳税调整。

（四）关联方交易的纳税调整

1. 增值税

《增值税暂行条例实施细则》规定，纳税人有价格明显偏低并无正当理由或者有视同销售货物行为而无销售额者，按下列顺序确定销售额：

（1）按纳税人最近时期同类货物的平均销售价格确定；

（2）按其他纳税人最近时期同类货物的平均销售价格确定；

（3）按组成计税价格确定。组成计税价格的公式为：

组成计税价格＝成本×（1+成本利润率）

属于应征消费税的货物，其组成计税价格中应加计消费税额。

公式中的成本是指：销售自产货物的为实际生产成本，销售外购货物的为实际采购成本。公式中的成本利润率由国家税务总局确定。

2. 消费税

《消费税暂行条例实施细则》规定，应税消费品的计税价格的核定权限规定如下：

（1）卷烟、白酒和小汽车的计税价格由国家税务总局核定，送财政部备案；

（2）其他应税消费品的计税价格由省、自治区和直辖市国家税务局核定；

（3）进口的应税消费品的计税价格由海关核定。

3. 企业所得税

《企业所得税法实施条例》规定，企业与其关联方之间的业务往来，不符合独立交易原则而减少企业或者其关联方应纳税收入或者所得额的，税务机关有权按照合理方法调整。合理方法包括：

（1）可比非受控价格法，是指按照没有关联关系的交易各方进行相同或者类似业务往来的价格进行定价的方法；

（2）再销售价格法，是指按照从关联方购进商品再销售给没有关联关系的交易方的价格，减除相同或者类似业务的销售毛利进行定价的方法；

（3）成本加成法，是指按照成本加合理的费用和利润进行定价的方法；

（4）交易净利润法，是指按照没有关联关系的交易各方进行相同或者类似业务往来取得的净利润水平确定利润的方法；

（5）利润分割法，是指将企业与其关联方的合并利润或者亏损在各方之间采用合理标准进行分配的方法；

（6）其他符合独立交易原则的方法。

（五）关联交易税务报告

1. 同期资料

企业应当依据《企业所得税法实施条例》规定，按纳税年度准备并按税务机关要求提供其关联交易的同期资料。同期资料包括主体文档、本地文档和特殊事项文档。

主体文档主要披露最终控股企业所属企业集团的全球业务整体情况，符合条件的企业应当在企业集团最终控股企业会计年度终了之日起 12 个月内准备完毕。内容包括：组织架构、企业集团业务、无形资产、融资活动、财务与税务状况。

本地文档主要披露企业关联交易的详细信息，符合条件的企业应当在关联交易发生年度次年 6 月 30 日之前准备完毕。内容包括：企业概况、关联关系、关联交易（关联交易概况、价值链分析、对外投资、关联股权转让、关联劳务以及与企业关联交易直接相关的预约定价安排和作出的其他税收裁定）、可比性分析、转让定价方法的选择和使用。

特殊事项文档包括成本分摊协议特殊事项文档和资本弱化特殊事项文档。企业签订或者执行成本分摊协议的，应当准备成本分摊协议特殊事项文档。企业关联债资比例超过标准比例需要说明符合独立交易原则的，应当准备资本弱化特殊事项文档。符合条件的企业应当在关联交易发生年度次年6月30日之前准备完毕。

2. 国别报告

居民企业应当在报送年度关联业务往来报告表时，填报国别报告的情形包括：

一是该居民企业为跨国企业集团的最终控股企业，且其上一会计年度合并财务报表中的各类收入金额合计超过55亿元。最终控股企业是指能够合并其所属跨国企业集团所有成员实体财务报表的，且不能被其他企业纳入合并财务报表的企业。

二是该居民企业被跨国企业集团指定为国别报告的报送企业。

三是企业虽不属于规定填报国别报告的范围，但其所属跨国企业集团按照其他国家有关规定应当准备国别报告，且符合下列条件之一的，税务机关可以在实施特别纳税调查时要求企业提供国别报告：

（1）跨国企业集团未向任何国家提供国别报告。

（2）虽然跨国企业集团已向其他国家提供国别报告，但我国与该国尚未建立国别报告信息交换机制。

（3）虽然跨国企业集团已向其他国家提供国别报告，且我国与该国已建立国别报告信息交换机制，但国别报告实际未成功交换至我国。

国别报告主要披露最终控股企业所属跨国企业集团所有成员实体的全球所得、税收和业务活动的国别分布情况。

九、科创企业增值税及相关税费的政策及实务

《关于在上海证券交易所设立科创板并试点注册制的实施意见》（证监会公告〔2019〕2号）明确定位科创板主要服务于符合国家战略、突破关键核心技术、市场认可度高的科技创新企业。重点支持新一代信息技术、高端装备、新材料、新能源、节能环保以及生物医药等高新技术产业和战略性新兴产业，推动互联网、大数据、云计算、人工智能和制造业深度融合，引领中高端消费，推动质量变革、效率变革、动力变革。

近年来，我国增值税制度体系一直在持续改革。2016年5月1日全面营

业税改征增值税以来，又相继在2018年5月1日和2019年4月1日，进行了两次下调增值税率，涉及多项相关税收政策的调整问题。

拟在创业板上市的科创企业，应当就其增值税涉税事项的纳税义务发生时间、税率适用和免征，以及增值税退抵税的处理进行细致梳理，确保涉税处理无误。

（一）关注不同时点的增值税率变化

1. 2016年全面营业税改征增值税

2016年3月，财政部、国家税务总局印发《关于全面推开营业税改征增值税试点的通知》（财税〔2016〕36号），经国务院批准，自2016年5月1日起，在全国范围内全面推开营业税改征增值税（以下称营改增）试点，建筑业、房地产业、金融业、生活服务业等全部营业税纳税人，纳入试点范围，由缴纳营业税改为缴纳增值税。制定《营业税改征增值税试点实施办法》《营业税改征增值税试点有关事项的规定》《营业税改征增值税试点过渡政策的规定》和《跨境应税行为适用增值税零税率和免税政策的规定》，纳税人提供交通运输、邮政、基础电信、建筑、不动产租赁服务，销售不动产，转让土地使用权，税率为11%；提供有形动产租赁服务，税率为17%；境内单位和个人发生的跨境应税行为，税率为零；纳税人发生其他应税行为，税率为6%。

2. 2017年简并增值税税率

2017年4月，财政部、国家税务总局印发《关于简并增值税税率有关政策的通知》（财税〔2017〕37号），自2017年7月1日起，简并增值税税率结构，取消13%的增值税税率。纳税人销售或者进口农产品（含粮食）、自来水、暖气、石油液化气、天然气、食用植物油、冷气、热水、煤气、居民用煤炭制品、食用盐、农机、饲料、农药、农膜、化肥、沼气、二甲醚、图书、报纸、杂志、音像制品、电子出版物，税率为11%。同时规定：纳税人购进农产品，取得一般纳税人开具的增值税专用发票或海关进口增值税专用缴款书的，以增值税专用发票或海关进口增值税专用缴款书上注明的增值税额为进项税额；从按照简易计税方法依照3%征收率计算缴纳增值税的小规模纳税人取得增值税专用发票的，以增值税专用发票上注明的金额和11%的扣除率计算进项税额；取得（开具）农产品销售发票或收购发票的，以农产品销售发票或收购发票上注明的农产品买价和11%的扣除率计算进项税额。营业税改征增值税试点期间，纳税人购进用于生产销售或委托受托加工17%税率货物的农产品维持原扣除力度不变。

3. 2018年下调增值税税率

2018年4月，财政部、国家税务总局印发《关于调整增值税税率的通知》（财税〔2018〕32号），自2018年5月1日起，纳税人发生增值税应税销售行为或者进口货物，原适用17%和11%税率的，税率分别调整为16%、10%；纳税人购进农产品，原适用11%扣除率的，扣除率调整为10%；纳税人购进用于生产销售或委托加工16%税率货物的农产品，按照12%的扣除率计算进项税额；原适用17%税率且出口退税率为17%的出口货物，出口退税率调整至16%。原适用11%税率且出口退税率为11%的出口货物、跨境应税行为，出口退税率调整至10%。

4. 2019年深化增值税改革

2019年3月，财政部、税务总局、海关总署印发《关于深化增值税改革有关政策的公告》（财政部、税务总局、海关总署公告2019年第39号），贯彻落实党中央、国务院决策部署，推进增值税实质性减税。自2019年4月1日起，增值税一般纳税人发生增值税应税销售行为或者进口货物，原适用16%税率的，税率调整为13%；原适用10%税率的，税率调整为9%。纳税人购进农产品，原适用10%扣除率的，扣除率调整为9%。纳税人购进用于生产或者委托加工13%税率货物的农产品，按照10%的扣除率计算进项税额。原适用16%税率且出口退税率为16%的出口货物劳务，出口退税率调整为13%；原适用10%税率且出口退税率为10%的出口货物、跨境应税行为，出口退税率调整为9%。适用13%税率的境外旅客购物离境退税物品，退税率为11%；适用9%税率的境外旅客购物离境退税物品，退税率为8%。

同时还明确了抵扣扩围、加计抵减和留抵退税制度：

自2019年4月1日起，纳税人取得不动产或者不动产在建工程的进项税额不再分 2 年抵扣。纳税人购进国内旅客运输服务，取得增值税电子普通发票或是注明旅客身份信息的运输票据的，其进项税额允许从销项税额中抵扣。

自 2019 年 4 月 1 日至 2021 年 12 月 31 日，允许提供邮政服务、电信服务、现代服务、生活服务的生产、生活性服务业纳税人按照当期可抵扣进项税额加计 10%，抵减应纳税额。纳税人确定适用加计抵减政策后，当年内不再调整，以后年度是否适用，根据上年度销售额计算确定。纳税人可计提但未计提的加计抵减额，可在确定适用加计抵减政策当期一并计提。

自 2019 年 4 月 1 日起，试行增值税期末留抵税额退税制度。同时符合五个条件的纳税人，可以向主管税务机关申请退还增量留抵税额：

（1）自 2019 年 4 月税款所属期起，连续六个月（按季纳税的，连续两个季度）增量留抵税额均大于零，且第六个月增量留抵税额不低于 50 万元；

（2）纳税信用等级为 A 级或者 B 级；

（3）申请退税前 36 个月未发生骗取留抵退税、出口退税或虚开增值税专用发票情形的；

（4）申请退税前 36 个月未因偷税被税务机关处罚两次及以上的；

（5）自 2019 年 4 月 1 日起未享受即征即退、先征后返（退）政策的。

允许退还的增量留抵税额=增量留抵税额×进项构成比例×60%

（二）纳税人提供技术转让、技术开发和与之相关的技术咨询、技术服务免征增值税

2016 年 5 月 1 日营改增后，对于原免征营业税的技术转让、技术开发和与之相关的技术咨询、技术服务，《营业税改征增值税试点过渡政策的规定》（财税〔2016〕36 号附件 3），免征增值税。纳税人申请免征增值税时，须持技术转让、开发的书面合同，到纳税人所在地省级科技主管部门进行认定，并持有关的书面合同和科技主管部门审核意见证明文件报主管税务机关备查。同时进一步明确：

技术转让、技术开发，是指《销售服务、无形资产、不动产注释》中

“转让技术”“研发服务”范围内的业务活动。技术咨询，是指就特定技术项目提供可行性论证、技术预测、专题技术调查、分析评价报告等业务活动。

与技术转让、技术开发相关的技术咨询、技术服务，是指转让方（或者受托方）根据技术转让或者开发合同的规定，为帮助受让方（或者委托方）掌握所转让（或者委托开发）的技术，而提供的技术咨询、技术服务业务，且这部分技术咨询、技术服务的价款与技术转让或者技术开发的价款应当在同一张发票上开具。

（三）软件产品增值税即征即退

财政部、国家税务总局制定《关于软件产品增值税政策的通知》（财税〔2011〕100号），自2011年1月1日起，对增值税一般纳税人销售其自行开发生产的软件产品，按17%税率征收增值税后，对其增值税实际税负超过3%的部分实行即征即退政策。增值税一般纳税人将进口软件产品进行本地化改造后对外销售，其销售的软件产品按17%税率征收增值税后，增值税实际税负超过3%的部分实行即征即退政策。

可以享受即征即退增值税的软件产品，需要满足两个条件：

一是取得省级软件产业主管部门认可的软件检测机构出具的检测证明材料；

二是取得软件产业主管部门颁发的《软件产品登记证书》或著作权行政管理部门颁发的《计算机软件著作权登记证书》。

其中，需要注意的是：

软件产品，是指信息处理程序及相关文档和数据。软件产品包括计算机软件产品、信息系统和嵌入式软件产品。嵌入式软件产品是指嵌入在计算机硬件、机器设备中并随其一并销售，构成计算机硬件、机器设备组成部分的软件产品。

本地化改造是指对进口软件产品进行重新设计、改进、转换等，单纯对进口软件产品进行汉字化处理不包括在内。

纳税人受托开发软件产品，著作权属于受托方的征收增值税，著作权属于委托方或属于双方共同拥有的不征收增值税；对经过国家版权局注册登记，纳税人在销售时一并转让著作权、所有权的，不征收增值税。

增值税一般纳税人在销售软件产品的同时销售其他货物或者应税劳务的，对于无法划分的进项税额，应按照实际成本或销售收入比例确定软件产品应分摊的进项税额；对专用于软件产品开发生产设备及工具的进项税额，不得进行分摊。纳税人应将选定的分摊方式报主管税务机关备案，并自备案之日起一年内不得变更。

专用于软件产品开发生产的设备及工具，包括但不限于用于软件设计的计算机设备、读写打印器具设备、工具软件、软件平台和测试设备。

对增值税一般纳税人随同计算机硬件、机器设备一并销售嵌入式软件产品，如果适用本通知规定按照组成计税价格计算确定计算机硬件、机器设备销售额的，应当分别核算嵌入式软件产品与计算机硬件、机器设备部分的成本。凡未分别核算或者核算不清的，不得享受即征即退增值税政策。

（四）科技企业孵化器、大学科技园和众创空间税收优惠

2016 年 8 月，财政部、国家税务总局印发《关于科技企业孵化器税收政策的通知》（财税〔2016〕89 号），自 2016 年 1 月 1 日至 2018 年 12 月 31 日，对符合条件的孵化器自用以及无偿或通过出租等方式提供给孵化企业使用的房产、土地，免征房产税和城镇土地使用税；自 2016 年 1 月 1 日至 2016 年 4 月 30 日，对其向孵化企业出租场地、房屋以及提供孵化服务的收入，免征营业税；在营业税改征增值税试点期间，对其向孵化企业出租场地、房屋以及提供孵化服务的收入，免征增值税。

2018 年 11 月，财政部、税务总局、科技部、教育部联合印发《关于科技企业孵化器、大学科技园和众创空间税收政策的通知》（财税〔2018〕120 号），进一步鼓励创业创新。规定：自 2019 年 1 月 1 日至 2021 年 12 月 31 日，对国家级、省级科技企业孵化器、大学科技园和国家备案众创空间自用以及无偿或通过出租等方式提供给在孵对象使用的房产、土地，免征房产税和城镇土地使用税；对其向在孵对象提供孵化服务取得的收入，免征增值税。

国家级、省级科技企业孵化器、大学科技园和国家备案众创空间应按规定申报享受免税政策，并将房产土地权属资料、房产原值资料、房产土地租赁合同、孵化协议等留存备查，税务部门依法加强后续管理。

2018年12月31日以前认定的国家级科技企业孵化器、大学科技园，自2019年1月1日起享受本通知规定的税收优惠政策。2019年1月1日以后认定的国家级、省级科技企业孵化器、大学科技园和国家备案众创空间，自认定之日次月起享受本通知规定的税收优惠政策。2019年1月1日以后被取消资格的，自取消资格之日次月起停止享受本通知规定的税收优惠政策。

孵化服务是指为在孵对象提供的经纪代理、经营租赁、研发和技术、信息技术、鉴证咨询服务。国家级、省级科技企业孵化器、大学科技园和国家备案众创空间应当单独核算孵化服务收入。

国家级科技企业孵化器、大学科技园和国家备案众创空间认定和管理办法由国务院科技、教育部门另行发布；省级科技企业孵化器、大学科技园认定和管理办法由省级科技、教育部门另行发布。

在孵对象是指符合前款认定和管理办法规定的孵化企业、创业团队和个人。

2018年12月，科技部印发《科技企业孵化器管理办法》（国科发区〔2018〕300号印发），规定：

（1）申请国家级科技企业孵化器应具备以下条件：

①孵化器具有独立法人资格，发展方向明确，具备完善的运营管理体系和孵化服务机制。机构实际注册并运营满3年，且至少连续2年报送真实完整的统计数据。

②孵化场地集中，可自主支配的孵化场地面积不低于10000平方米。其中，在孵企业使用面积（含公共服务面积）占75%以上。

③孵化器配备自有种子资金或合作的孵化资金规模不低于500万元人民币，获得投融资的在孵企业占比不低于10%，并有不少于3个的资金使用案例。

④孵化器拥有职业化的服务队伍，专业孵化服务人员（指具有创业、投融资、企业管理等经验或经过创业服务相关培训的孵化器专职工作人员）占机构总人数80%以上，每10家在孵企业至少配备1名专业孵化服

务人员和1名创业导师（指接受科技部门、行业协会或孵化器聘任，能对创业企业、创业者提供专业化、实践性辅导服务的企业家、投资专家、管理咨询专家）。

⑤孵化器在孵企业中已申请专利的企业占在孵企业总数比例不低于50%或拥有有效知识产权的企业占比不低于30%。

⑥孵化器在孵企业不少于50家且每千平方米平均在孵企业不少于3家。

⑦孵化器累计毕业企业应达到20家以上。

（2）在孵企业是指具备以下条件的被孵化企业：

①主要从事新技术、新产品的研发、生产和服务，应满足科技型中小企业相关要求。

②企业注册地和主要研发、办公场所须在本孵化器场地内，入驻时成立时间不超过24个月。

③孵化时限原则上不超过48个月。技术领域为生物医药、现代农业、集成电路的企业，孵化时限不超过60个月。

十、科创企业个人所得税代扣代缴义务及履行

2019年1月1日起施行的新《个人所得税法》，是我国个人所得税制度一次根本性、颠覆性改革，不仅在制度体系上对居民个人的综合所得实行按年综合征税，而且在法律制度上更进一步强调扣缴义务人的代扣代缴义务。

在企业上市科创板各个事项中，个人所得税事项无疑是其中涉及面最广、合规难度最大的税务事项。个人所得税的税务处理，不仅涉及企业每一名职工薪资奖金的综合所得，而且在上市过程中的股份制改造、股权激励、技术入股、限售股处置、并购改制重组、关联交易、资产处理等各项业务中，也会涉及大量复杂的个人所得税事项，关乎企业上市成败。其中不仅涉及大量自然人的纳税义务履行情况，更是涉及企业的代扣代缴义务的履行，要面对新旧两套《个人所得税法》《个人所得税法实施条例》及相关配套法规制度的适用。

企业在个人所得税涉税业务的处理过程中，需要重点关注四个事项。

（一）准确适用新旧《个人所得税法》

新旧《个人所得税法》均规定：个人所得税以所得人为纳税人，以支付所得的单位和个人为扣缴义务人。企业在科创板上市过程中，其个人所得税事项处理上，需要按照支付时间的不同，区别适用新旧《个人所得税法》。其中，需要特别关注工资薪金所得、劳务报酬所得、特许权使用费所得、稿酬所得的前后税法上巨大差异。对2019年1月1日以前支付的，按月或按次分项依据原《个人所得税法》执行，2019年1月1日以后支付的，实行按年综合征税，企业每月按规定予以预扣预缴，符合四个条件需要汇算清缴的纳税人，在次年3月1日至6月30日期间办理。

（二）重点认识代扣代缴义务的变化

新《个人所得税法实施条例》规定，全员全额扣缴申报，是指扣缴义务人在代扣税款的次月十五日内，向主管税务机关报送其支付所得的所有个人的有关信息、支付所得数额、扣除事项和数额、扣缴税款的具体数额和总额以及其他相关涉税信息资料。和原《个人所得税法实施条例》相比较，重点强调全员全额申报中，扣缴义务人需要对“所有”的事项予以代扣代缴。对于扣缴义务人支付给所得人的应税所得，依据《个人所得税扣缴申报管理办法（试行）》规定，需要代扣代缴（预扣预缴）的，无论支付金额多大、有无扣缴税额，对所有全部的支出，都需要依法扣缴税款并全员全额扣缴申报。

重点履行好以下义务：

一是依法足额扣缴税款。向纳税人支付应税款项时，应当依照个人所得税法规定预扣或者代扣代缴税款，按时缴库，并专项记载备查。

二是依法报告不接受扣缴情况。扣缴义务人依法履行代扣代缴义务，纳税人不得拒绝。纳税人拒绝的，扣缴义务人应当及时报告税务机关。

三是不得拒绝纳税人专项附加扣除。居民个人向扣缴义务人提供有关信息并依法要求办理专项附加扣除的，扣缴义务人应当按照规定在工资、薪金所得按月预扣预缴税款时予以扣除，不得拒绝。

四是依法及时提供扣缴税款信息。于年度终了后两个月内，向纳税人提供其个人工资薪金所得和已扣缴税款等信息。工资、薪金所得以外的其他所得，应在扣缴税款后及时向纳税人提供其个人所得和已扣缴税款等信息。

五是不得擅改纳税人提供的信息。应当按照纳税人提供的信息计算税款、办理扣缴申报，不得擅自更改纳税人提供的信息。

六是妥善保存相关资料。对纳税人提供的《个人所得税专项附加扣除信息表》，应当按照规定妥善保存备查。

七是依法为纳税人保密。依法对纳税人报送的专项附加扣除等相关涉税信息和资料保密。

八是承担违法责任。未按照规定向税务机关报送资料和信息、未按照纳税人提供信息虚报虚扣专项附加扣除、应扣未扣税款、不缴或少缴已扣税款、借用或冒用他人身份等行为的，依照《中华人民共和国税收征收管理法》等相关法律、行政法规处理。

（三）新法执行中的五个要点

1. 识别个人所得的形式

个人所得的形式，包括现金、实物、有价证券和其他形式的经济利益；所得为实物的，应当按照取得的凭证上所注明的价格计算应纳税所得额，无凭证的实物或者凭证上所注明的价格明显偏低的，参照市场价格核定应纳税所得额；所得为有价证券的，根据票面价格和市场价格核定应纳税所得额；所得为其他形式的经济利益的，参照市场价格核定应纳税所得额。

2. 识别纳税人身份和纳税义务

按照先判定纳税人是否“在境内有住所”、后判定“居住时间”是否一个纳税年度内超过 183 天的次序，识别纳税人是居民个人纳税人还是非居民个人纳税人。居民个人从中国境内和境外取得的所得，依法缴纳个人所得税。非居民个人从中国境内取得的所得，依法缴纳个人所得税。《关于在中国境内无住所的个人居住时间判定标准的公告》（财政部、税务总局公告 2019 年第 34 号）明确，自 2019 年 1 月 1 日起，无住所个人一个纳税年度内在中国境内累计居住天数，按照个人在中国境内累计停留的天数计算。在中国境内停留的当天满24小时的，计入中国境内居住天数，在中国境内停留的当天不足24小时的，不计入中国境内居住天数。

无住所个人在一个纳税年度内首次申报时，应当根据合同约定等情况预计一个纳税年度内境内居住天数以及在税收协定规定的期间内境内停留天数，按照预计情况计算缴纳税款。实际情况与预计情况不符的，分别依法处理。

3. 识别无住所个人境内工作时间和境内外所得

个人取得归属于境内工作期间的工资薪金所得为来源于境内的工资薪金所得。境内工作期间按照个人在境内工作天数计算，包括其在境内的实际工作日以及境内工作期间在境内、境外享受的公休假、个人休假、接受培训的天数。在境内、境外单位同时担任职务或者仅在境外单位任职的个人，在境内停留的当天不足24小时的，按照半天计算境内工作天数。无住所个人在境内、境外单位同时担任职务或者仅在境外单位任职，且当期同时在境内、境外工作的，按照工资薪金所属境内、境外工作天数占当期公历天数的比例计算确定来源于境内、境外工资薪金所得的收入额。境外工作天数按照当期公历天数减去当期境内工作天数计算。

无住所个人取得的数月奖金或者股权激励所得，以数月奖金或者股权激励乘以数月奖金或者股权激励所属工作期间境内工作天数与所属工作期间公历天数之比。归属于境外工作期间的部分，为来源于境外的工资薪金所得；无住所个人停止在境内履约或者执行职务离境后收到的数月奖金或者股权激励所得，对属于境内工作期间的部分，为来源于境内的工资薪金所得。

对于担任境内居民企业的董事、监事及高层管理职务的个人（以下统称高管人员），无论是否在境内履行职务，取得由境内居民企业支付或者负担的董事费、监事费、工资薪金或者其他类似报酬（以下统称高管人员报酬，包含数月奖金和股权激励），属于来源于境内的所得。

由境内企业、事业单位、其他组织支付或者负担的稿酬所得，为来源于境内的所得。

4. 规定无住所居民个人优惠政策的执行

在中国境内无住所的个人，在中国境内居住累计满 183 天的年度连续不满六年的，经向主管税务机关备案，其来源于中国境外且由境外单位或者个人支付的所得，免予缴纳个人所得税；在中国境内居住累计满 183 天的任一年度中有一次离境超过 30 天的，其在中国境内居住累计满 183 天的年度的连续年限重新起算。

在中国境内无住所的个人，在一个纳税年度内在中国境内居住累计不超过 90 天的，其来源于中国境内的所得，由境外雇主支付并且不由该雇主在中国境内的机构、场所负担的部分，免予缴纳个人所得税。

《关于在中国境内无住所的个人居住时间判定标准的公告》（财政部、税务总局公告 2019 年第 34 号）进一步规定，无住所个人一个纳税年度在中国境内累计居住满 183 天的，如果此前六年在中国境内每年累计居住天数都满 183 天而且没有任何一年单次离境超过 30 天，该纳税年度来源于中国境内、境外所得应当缴纳个人所得税；如果此前六年的任一年在中国境内累计居住天数不满 183 天或者单次离境超过 30 天，该纳税年度来源于中国境外且由境外单位或者个人支付的所得，免予缴纳个人所得税。

此前六年起始年度自 2019 年（含）以后年度开始计算，是指该纳税年度的前一年至前六年的连续六个年度。

5. 代扣代缴个人所得税的项目范围与计算

实行个人所得税全员全额扣缴申报的应税所得包括：工资、薪金所得；劳务报酬所得；稿酬所得；特许权使用费所得；利息、股息、红利所得；财产租赁所得；财产转让所得；偶然所得。扣缴义务人向居民个人支付工资、薪金所得时，应当按照累计预扣法计算预扣税款，并按月办理扣缴申报。

扣缴义务人向居民个人支付劳务报酬所得、稿酬所得、特许权使用费所得时，应当按次或者按月预扣预缴税款。劳务报酬所得、稿酬所得、特许权使用费所得，以每次收入额为预扣预缴应纳税所得额，计算应预扣预缴税额。劳务报酬所得适用 20%～40%三级超额累进预扣率预扣税款，稿酬所得、特许权使用费所得适用20%的比例预扣率。

扣缴义务向非居民个人支付工资、薪金所得，劳务报酬所得，稿酬所得和特许权使用费所得时，非居民个人的工资、薪金所得，以每月收入额减除费用五千元后的余额为应纳税所得额；劳务报酬所得、稿酬所得、特许权使用费所得，以每次收入额为应纳税所得额，适用按月折算后的综合所得税率表计算应纳税额。劳务报酬所得、稿酬所得、特许权使用费所得以收入减除20%的费用后的余额为收入额；其中，稿酬所得的收入额减按70%计算。

非居民个人在一个纳税年度内税款扣缴方法保持不变，达到居民个人条件时，应当告知扣缴义务人基础信息变化情况，年度终了后按照居民个人有关规定办理汇算清缴。

（四）上市过程中特别事项的个人所得税扣缴

企业在上市科创板的过程中，在股份制改造、并购、改制、重组、股权激励、技术入股、资产处置等业务中，涉及具体的个人所得税相关事项，请参阅本书相关章节。

十一、科创企业社会保险费处理和应对

企业申请科创板上市，不仅需要符合科创板定位、业务完整具有直接面向市场独立持续经营的能力外，而且其生产经营符合法律、行政法规的规定，符合国家产业政策，不存在欺诈发行、重大信息披露违法或者其他涉及国家安全、公共安全、生态安全、生产安全、公众健康安全等领域的重大违法行为。依法参加并足额缴纳社会保险，是企业科创板上市一项重要的社会责任。企业在社会保险责任履行上的失信、失范行为，将直接影响企业股票的上市发行审核。

（一）依法参保缴费是企业的重要责任

社会保险是指国家通过立法，按照权利与义务相对应原则，多渠道筹集资金，对参保者在遭遇年老、疾病、工伤、失业、生育等风险情况下提供物质帮助（包括现金补贴和服务），使其享有基本生活保障、免除或减少经济损失的制度安排。《劳动法》第七十二条规定：社会保险基金按照

保险类型确定资金来源，逐步实行社会统筹。用人单位和劳动者必须依法参加社会保险，缴纳社会保险费。

《上海证券交易所科创板股票上市规则》规定，上市公司应当根据员工构成情况，建立员工聘用解雇、薪酬福利、社会保险、工作时间等管理制度及违规处理措施，保障员工权益。这是企业一项重要的内部治理事项。《公开发行证券的公司信息披露与格式准则第 41 号——科创板公司招股说明书》规定，发行人在招股说明书中，应简要披露员工情况，包括员工人数及报告期内的变化情况，员工专业结构，报告期内社会保险和住房公积金缴纳情况。披露报告期内存在的违法违规行为及受到处罚的情况，并说明对发行人的影响。

2018 年底，国家发展改革委等 28 个部门联合印发《关于对社会保险领域严重失信企业及其有关人员实施联合惩戒的合作备忘录》（发改财金〔2018〕1704 号印发），联手对“用人单位未按相关规定参加社会保险且拒不整改的；用人单位未如实申报社会保险缴费基数且拒不整改的；应缴纳社会保险费却拒不缴纳的……”等 9 类社会保险严重失信、失范行为实施 32 项联合惩戒。其中就包括“在股票、可转换债券发行审核及在全国中小企业股份转让系统挂牌公开转让审核中，将失信信息作为参考”，由证监会实施。

（二）社会保险费一般规定

1. 各险种的参保人、缴费人和参保范围

《社会保险法》规定：

职工应当参加基本养老保险，由用人单位和职工共同缴纳基本养老保险费。无雇工的个体工商户、未在用人单位参加基本养老保险的非全日制从业人员以及其他灵活就业人员可以参加基本养老保险，由个人缴纳基本养老保险费。

职工应当参加职工基本医疗保险，由用人单位和职工按照国家规定共同缴纳基本医疗保险费。无雇工的个体工商户、未在用人单位参加职工基本医疗保险的非全日制从业人员以及其他灵活就业人员可以参加职工基本医疗保险，由个人按照国家规定缴纳基本医疗保险费。

职工应当参加失业保险，由用人单位和职工按照国家规定共同缴纳失业保险费。

职工应当参加工伤保险，由用人单位缴纳工伤保险费，职工不缴纳工伤保险费。

职工应当参加生育保险，由用人单位按照国家规定缴纳生育保险费，职工不缴纳生育保险费。

2. 缴费基数的确定

社会保险费各险种的计缴，大都是以职工工资总额为基础，以统筹地区上一年度非私营社会平均工资（以下简称社平工资）为基准，职工工资低于上年社平工资60%，按社平工资的60%为基数，职工工资高于上年社平工资300%，按社平工资的300%为基数。但是由于统筹地区的不同和各险种的基本制度的差异，我国社会保险基数标准、确定方法、缴费费率的地区性差异很大，甚至不同险种之间也存在差异。

2006年，原劳动和社会保障部印发《关于规范社会保险缴费基数有关问题的通知》（劳社险中心函〔2006〕60号），就统一缴费基数规定：

参保单位缴纳基本养老保险费的基数可以为职工工资总额，也可以为本单位职工个人缴费工资总额基数之和，但在全省区市范围内应统一为一种核定办法。

单位职工本人缴纳基本养老保险费的基数原则上以上一年度本人月平均工资为基础，在当地职工平均工资的60%~300%的范围内进行核定。

参保单位缴纳基本医疗保险、失业保险、工伤保险、生育保险费的基数为职工工资总额，基本医疗保险、失业保险职工个人缴费基数为本人工资，为便于征缴可以以上一年度个人月平均工资为缴费基数。

同时还明确了职工工资总额的执行口径：凡是国家统计局有关文件没有明确规定不作为工资收入统计的项目，均应作为社会保险缴费基数。依据国家统计局有关文件规定，工资总额是指各单位在一定时期内直接支付给本单位全部职工的劳动报酬总额，由计时工资、计件工资、奖金、加班加点工资、特殊情况下支付的工资、津贴和补贴等组成。劳动报酬总额包括：在岗职工工资总额；不在岗职工生活费；聘用、留用的离退休人员的劳动报酬；外籍及港澳台方人员劳动报酬以及聘用其他从业人员的劳动报酬。

2019年4月1日，国务院办公厅印发《降低社会保险费率综合方案》（国办发〔2019〕13号印发），贯彻落实党中央、国务院决策部署，降低社会保险（以下简称社保）费率，完善社保制度，稳步推进社保费征收体制改革。规定：

一是降低养老保险单位缴费比例。自2019年5月1日起，降低城镇职工基本养老保险（包括企业和机关事业单位基本养老保险，以下简称养老保险）单位缴费比例。各省、自治区、直辖市及新疆生产建设兵团（以下统称省）养老保险单位缴费比例高于16%的，可降至16%；目前低于16%的，要研究提出过渡办法。

二是继续阶段性降低失业保险、工伤保险费率。自2019年5月1日起，实施失业保险总费率1%的省，延长阶段性降低失业保险费率的期限至2020年4月30日。自2019年5月1日起，延长阶段性降低工伤保险费率的期限至2020年4月30日，工伤保险基金累计结余可支付月数在18~23个月的统筹地区可以现行费率为基础下调20%，累计结余可支付月数在24个月以上的统筹地区可以现行费率为基础下调50%。

三是调整社保缴费基数政策。调整就业人员平均工资计算口径。各省应以本省城镇非私营单位就业人员平均工资和城镇私营单位就业人员平均工资加权计算的全口径城镇单位就业人员平均工资，核定社保个人缴费基数上下限，合理降低部分参保人员和企业的社保缴费基数。调整就业人员平均工资计算口径后，各省要制定基本养老金计发办法的过渡措施，确保退休人员待遇水平平稳衔接。完善个体工商户和灵活就业人员缴费基数政策。个体工商户和灵活就业人员参加企业职工基本养老保险，可以在本省全口径城镇单位就业人员平均工资的60%~300%之间选择适当的缴费基数。

3. 社会保险费存在问题及整治

企业在科创板上市前，需要对社会保险的征缴情况进行全面的核查。在企业社会保险缴纳中，一般可能存在的问题主要集中在：企业员工没有全部参加社会保险；社会保险基数申报不足，没有足额缴纳社会保险；没有对全部的五项保险足额缴纳（最常见的是生育保险的参保率普遍较低）；未足额缴纳已申报的社会保险，存在欠缴情形等问题。

这些影响企业发行审核的问题，企业需要慎重对待并尽快处理。

一是根据《劳动法》《劳动合同法》《社会保险法》以及统筹地区的社会保险相关规定，做好政策梳理和制度对接，完善企业内部制度。

二是梳理社会保险缴纳事项，排查风险。重点对报告期社会保险费的漏保、欠缴、少报的情形，主动联系社保经办机构补报补缴。

三是完善公司薪酬制度和人资管理，做好当前社会保险基数申报事项，加强与人力资源和社会保障部门、税务部门的沟通联系，避免出现行政处罚。

十二、科创公司治理过程中税务事项合规处理

合规，是科创板上市公司绕不过的课题，是上市公司生死存亡的关键所在。

合规管理、风险防控和公司治理已成为上市公司核心竞争力及公司价值的重要基础。科创板拟上市企业不仅在上市过程中，会涉及诸多税务方面的问题，在上市发行后，其各项涉税事项的合规处理，也是企业重要的管控重点。

从税收角度看，主要包括：上市前的税务合规性核查、上市过程中的税务合规调整和安排，以及上市后持续的合规税务内控管理。

企业需要在加强税企沟通的基础上，做好以下五个方面的工作。

（一）完善体系建构

《科创板上市公司持续监管办法（试行）》规定，科创公司应当保持健全、有效、透明的治理体系和监督机制，保证股东大会、董事会、监事会规范运作，督促董事、监事和高级管理人员履行忠实、勤勉义务，保障全体股东合法权利，积极履行社会责任，保护利益相关者的基本权益。企业科创板上市后，公司要按照全面合规的要求，推进体系建构的合规有序。在体系构建中，要全方位遵循合规原则、确立合规边界，在内控体系

建设上做到财务、税务、法务、商务“四务合一”。

（二）梳理税收政策

国家税收政策对科创企业设有高新技术企业税收优惠、研发费加计扣除、固定资产投资加速折旧、延长亏损结转年限、留抵退税、投融资优惠等一系列税收优惠，同时还有一些普惠性的税收优惠，需要企业持续做好税收政策梳理，分析企业业务现状，充分用好用足税收优惠政策。在政策的梳理适用中，不仅要注意政策本身的落实，更要实行动态关注，随时掌握优惠条件的变动情况和优惠期限的设定，相应做好适用调整。

（三）关注行业识别

现行税收政策中，涉及大量行业限定条件，对于企业行业的归属，在不同的政策中，明确有不同的行业确定标准，享受不同的优惠政策。上市公司大都存在跨行业经营的情况，依据纳税人登记的经营范围，已无法准确定性纳税人的涉税行业，势必影响国家税收政策的执行。因此，企业行业的识别，对于企业有着重要的现实意义，特别需要加以关注。企业需要按年计算判定自身的涉税行业所属，及时调整并申请税务机关变更，确保能够更准确地享受税收优惠。

（四）避免行为违法

随着“放管服”改革的深入推进，税收管理的模式也发生了重大的变化，事前审核向事中事后监管、固定管户向分类分级管户、无差别风险管理、经验管理向大数据管理的“四个转变”。面对税收管理模式的变革，科创板上市公司的税收遵从也需要做出相应的调整，一方面要加强对税收政策体系的梳理，做好政策落地适用；另一方面要严控税收风险，尤其是要控制好因企业对政策的片面理解或税务内控不完善等原因，引发潜在的税务风险。

（五）履行扣缴义务

随着新《个人所得税法》的施行，我国个人所得税制度发生了根本性、颠覆性改变，不仅在制度体系上对居民个人的综合所得实行按年综合征税，而且在法律制度上更进一步强调扣缴义务人的代扣代缴义务。对于上市公司企业尤其是科创板上市企业，其中涉及综合所得、技术转让、资本操作的各相关业务中，可能会涉及大量的涉税业务，其中既可能有递延纳税，也会有延期纳税、分期纳税等各种情形，需要履行更多的报告、备案、扣缴和申报义务。企业不仅要关注自身经营事项的税收政策执行的合规，更要关注企业扣缴义务的履行。

第四章　公司治理

第一节　发起人、股东（追溯至实际控制人）

一、发起人、股东和实际控制人的一般规定

依据《公司法》的规定，发行人可以采用两种方式设立，一是发起方式设立，二是募集方式设立。发起设立是指由发起人认购公司发行的全部股份而设立股份公司；募集设立是指由发起人认购公司应发行股份的一部分，其余股份向社会公开募集或者向特定对象募集而设立股份公司。

发起人是指发行人以发起设立方式设立股份公司时的股东，或发行人以募集方式设立时发起股东，不包括有限公司成立时的发起股东。股东是指发行人由有限公司整体变更为股份有限公司之前的股东，以及以募集方式设立股份有限公司时发起股东以外的其他股东。总而言之，监管机构要求发行人的发起人和股东应当具备股东资格，不得具备不能担任公司股东的情形。

实际控制人是发行人的实际拥有者和最终的控制人，其可以影响发行人的公司治理、发行人经营方向、发展战略、发行人其他股东特别是中小股东的经济利益，所以发行人实际控制人的认定和审查就显得非常的重要。在具体实践当中，大多数律师的《法律意见书》和《工作报告》中都会就实际控制人的问题单独进行说明。

二、发起人和股东的具体要求

（一）发起人和股东是否合法存续，是否具备法律、行政法规和规范性文件规定的担任发起人和股东的资格

1. 发起人或股东是否合法存续

关于发行人的发起人和股东的合法存续性问题的考察，主要针对的是发行人的非自然人股东（发起人），是律师考察发行人股东的首要问题。按照科创板上市的审查要求，发行人的非自然人股东应当合法存续，如果发行人股东的存续性存在问题，最终可能会导致发行人存在的合法性受到影响。

所以，律师在核查过程中，通常会通过大数据检索、查验发行人证照和工商登记资料等方式，核查发行人股东是否存在下列情形，从而影响发起人和股东的合法存续性。如果发行人的发起人和股东存在下列情形之一，则发行人的发起人和股东应当在上市辅导机构的协助下进行处理。

（1）公司章程规定营业期限届满或公司章程规定的其他解散事由出现；

（2）股东会或股东大会决议解散，公司因合并、分立需要解散；

（3）被吊销营业执照、责令关闭或者被撤销；

（4）因为诉讼或其他原因导致解散；

（5）被列入被执行人黑名单、列入联合惩戒对象；

（6）是否存在被限制进入资本市场的处罚。

2. 发起人和股东是否具有法律、行政法规和规范性文件规定不能担任股东的情形

（1）下列主体不具备担任股东的资格

发起人和股东是否具备法律、行政法规和规范性文件规定的股东资格，具体而言，这个问题非常复杂。在此，笔者将不宜担任股东的情况总结如下。

<table>
<tr><th>不具备股东资格的主体</th><th>法律规定</th></tr>
<tr><td>公务员</td><td>《公务员法》</td></tr>
<tr><td>处级以上领导干部的配偶、子女，不得在领导干部管辖的业务范围内投资兴办可能与公共利益发生冲突的企业</td><td>中纪委《关于不准在领导干部管辖的业务范围内个人从事可能与公共利益发生冲突的经商办企业活动的解释》
中纪委《关于省、地两级党委、政府主要领导干部配偶、子女个人经商办企业的具体规定（试行）》</td></tr>
<tr><td>县级以上党和国家机关退（离）休干部，县级以上工会、妇联、共青团、文联以及各种协会、学会等群众组织的退休干部</td><td>中共中央办公厅、国务院办公厅《关于县以上党和国家机关退（离）休干部经商办企业问题的若干规定》</td></tr>
<tr><td>国有企业的领导不得在与其任职企业开展同类业务的企业、关联企业和关联业务的企业中从事除证券投资以外的其他投资</td><td>中共中央纪律检查委员会、中共中央组织部、监察部、国务院国有资产监督管理委员会《国有企业领导人员廉洁从业若干规定（试行）》</td></tr>
<tr><td>原则上，国家机关禁止投资设立公司并成为股东</td><td>《公司法》。但是，经国家授权的国家机构和部门可以作为股权投资的主体</td></tr>
<tr><td>一般情况下，高校、图书馆等具有社会公益性的事业单位，禁止兴办企业</td><td rowspan="3">具体按照中央和地方政府的规定执行。但是，实行企业化经营的事业单位法人可以投资兴办实业，主要表现在：
一是国家不核拨经费
二是实行自收自支、独立核算
三是自主经营、自负盈亏
四是执行企业的财务制度和税收制度</td></tr>
<tr><td>党政机关所属具有行政管理和执法监督职能的事业单位，不得兴办企业</td></tr>
<tr><td>党政机关所办，具有后勤性、保障性经济实体和培训中心，不得兴办企业</td></tr>
<tr><td>除非国家另有规定，商业银行、保险公司、证券公司等不能成为非金融机构和企业的股东</td><td>《中华人民共和国商业银行法》《中华人民共和国保险法》等</td></tr>
<tr><td>律师事务所、会计师事务所、审计事务所、资产评估事务所不得作为投资主体投资其他行业</td><td>《中华人民共和国律师法》《中华人民共和国会计法》等</td></tr>
<tr><td>个人或机构的代持股份或信托持股</td><td>《首次公开发行股票并上市管理办法》规定</td></tr>
</table>

简而言之，根据国家法律规定，除国家授权的投资部门以外，各级政府部门和党政机关不能经商办企业，不能担任发行人的股东；对于事业单位法人和社会团体法人，只要不违反法律规定并符合法律规定，就可以成为发行人的股东。

（2）八类特殊主体

特殊主体	法律规定
无行为能力人和限制行为能力人	按照《中华人民共和国民法通则》规定，无民事行为能力人和限制行为能力人都可以成为公司的股东，但是必须通过监护人代理行使相应的股东权利
社会团体法人（政治团体、群众团体、社会公益团体、文学艺术团体、学术研究团体、宗教团体）	按照《事业单位登记管理暂行条例》《社会团体登记管理条例》和《民办非企业单位登记管理暂行条例》的规定，社会团体法人原则上可以进行投资，成为公司的股东，但自身不得从事经营活动
基金会	按照《基金会管理条例》的规定，基金会可以对外进行投资，成为公司的股东，但是必须按照章程的规定，经特别表决程序决议通过后方可进行相关投资
工会、职工持股会	按照《工会法》《社会团体登记管理条例》《关于暂停对企业内部职工持股会进行社团法人登记的函》（民办函〔2000〕110号）、《关于职工持股会及工会能否作为上市公司股东的复函》（〔2000〕24号）规定，工会和职工持股会不能成为主板、中小板和创业板上市公司的股东。但是，在科创板则相对比较开放。如果满足下列条件，可以不予以清理。根据《上海证券交易所科创板股票发行上市审核问答（二）》的解读：“在考虑到发行条件对发行人控股权权属清晰的要求，发行人控股股东或实际控制人存在职工持股会或工会持股情形的，应当予以清理。对于间接股东存在职工持股会或工会持股情形的，如不涉及发行人实际控制人控制的各级主体，发行人不需要清理，但应予以充分披露。对于工会或职工持股会持有发行人子公司股份，经保荐机构、发行人律师核查后认为不构成发行人重大违法违规的，发行人不需要清理，但应予以充分披露”
股份合作制——特殊的企业形式	按照国家体改委《关于发展诚实股份合作制企业的指导意见》（1997年8月7日实施）的规定，股份合作制企业可以成为公司的股东
居委会、村委会和具备法人资格的农村集体经济组织	按照《村民委员会组织法》《城市居民委员会组织法》和《公司登记管理条例》规定，村民委员会和居民委员会可以成为公司股东
外国的自然人、企业或者其他组织	按照《中华人民共和国外商投资法》（2019年3月15日第十三届全国人民代表大会第二次会议通过，自2020年1月1日起开始施行）的规定，其可以成为公司的股东。但是，国家规定在特定领域对外商投资实施准入特别管理措施的除外
契约型基金、信托计划、资产管理计划	根据《上市规则》的规定，契约型基金、信托计划和资产管理计划（统称“三类股东”）可以成为科创板上市公司发起人。但是，三类股东不能成为主板、中小板和创业板上市公司的发起人

补充说明：

发行人申请在科创板首次公开发行股票并上市，如果发行人在全国股份转让系统挂牌期间“三类股东”持有发行人的股份，则发行人应当重点关注下列几个问题：其一，核查并确认发行人的控股股东、实际控制人、第一大股东不属于“三类股东”；其二，核查并确认发行人的“三类股东”依法设立并有效存续，已纳入国家金融监管部门有效监管，并已按照规定履行审批、备案或报告程序，其管理人也已依法注册登记；其三，发行人应根据《关于规范金融机构资产管理业务的指导意见》披露“三类股东”的过渡期安排，相关安排是否符合现行锁定期和减持规则的要求、是否对发行人的持续经营产生不利影响；其四，发行人应当按照要求对“三类股东”进行信息披露，重点关注以下主体是否直接或间接持有“三类股东”的权益：控股股东，实际控制人，董事、监事、高级管理人员及其近亲属和本次发行的中介机构及其签字人员。

（二）发起人和股东的人数、住所和出资比例是否符合法律、行政法规和规范性文件的规定

1. 发起人和股东人数

我国现行《公司法》规定，股份有限公司的股东人数为2~200人，这也是国际惯例。但是在我国改革开放之初，我们没有对股份有限公司的股东人数进行限制，在具体实践中，企业经营者大量发展股东、到处募集资金，导致非法集资、非法吸收公众存款和集资诈骗等违法犯罪的现象时有发生。为了防止这种现象的发生和继续扩大，2005年修订《公司法》的过程中，在证监会等力量的推动下，《公司法》就做出了新的规定，设立股份有限公司的股东应当在2人以上200人以下，所以股份有限公司的发起股东不能超过200人。

鉴于过往的历史教训，目前主板、中小板和创业板，在审查发行人的股东结构时，如果发现发行人的股东中存在契约型基金、信托计划、资产管理计划、工会、职工持股会和持股平台时，对于工会和职工持股会直接予以清理，对于契约型基金、信托计划和资产管理计划采用层层穿透的审查方式累计计算股东人数，且不允许该“三类股东”成为上市公司的控股股东和实际控制人。

随着国家资本市场改革的不断深入和注册制的推行，上交所科创板对于契约型基金、信托计划、资产管理计划这“三类股东”的态度比较开放。这“三类股东”可以成为科创板上市公司的控股股东和实际控制人，对于满足条件的工会和职工持股会也可以不予清理，且不需要进行层层穿透式审查累计计算股东人数。

2. 发起人和股东的住所

我国现行《公司法》规定，股份有限公司的发起人，其中须有半数以上的发起人在中国境内有住所。在中国境内有住所，就中国公民而言，是指该公民户籍所在地或者经常居住地在中国境内；就外国公民而言，在中国境内有住所是指其经常居住地在中国境内；就法人和其他组织而言，在中国境内有住所是指主要办事机构所在地在中国境内。

之所以要求发行人股东有半数以上在中国境内有住所，是因为股份有限公司的设立过程较长，有一定数量的发起人在中国境内有住所有利于开展各项设立活动。而且，这样也有利于国家对发起人进行管理，以防止发起人利用设立股份有限公司来损害社会公众利益。

3. 发起人和股东的出资比例

我国现行《公司法》规定，股份有限公司采取发起设立方式设立的，注册资本为在公司登记机关登记的全体发起人认购的股本总额。在发起人认购的股份缴足前，不得向他人募集股份。股份有限公司采取募集方式设立的，注册资本为在公司登记机关登记的实收股本总额。法律、行政法规以及国务院决定对股份有限公司注册资本实缴、注册资本最低限额另有规定的，从其规定。其中，以募集设立方式设立股份有限公司的，发起人认购的股份不得少于公司股份总数的35%；但是，法律、行政法规另有规定的，从其规定。

（三）发起人和股东投入发行人的资产或权利是否存在法律障碍、产权关系是否清晰

1. 发起人和股东出资的一般问题

根据《公司法》的规定，发行人股东可以用货币出资，也可以用实

物、知识产权、土地使用权等可以用货币估价并可以依法转让的非货币财产作价出资。发行人股东对其投入的资产应当产权关系清晰，不能存在纠纷或潜在的纠纷，并且不能存在法律障碍。如果发行人股东的出资产权不清晰、存在法律障碍等瑕疵，则会影响发行人的上市，甚至可能会导致发行人上市失败。

2. 发起人和股东出资的特殊问题

实践当中，发行人股东投入的资产或权利十分复杂，结合科创板对标的科技创新企业的特点，有以下几个出资问题值得注意。

出资形式	法律规定
（1）经营性资产（生产设施设备）	依据《公司法》的规定，发起人和股东的经营性资产可以作为出资。经营性（实物）资产是指以追求经济效益为原则，在生产和流通过程中能够为社会提供商品或劳务服务的资产。从会计角度来看，经营性资产主要指发行人因营利之目的而持有且实际也具有盈利能力的资产。 发起人和股东用于出资的经营性资产真实存在、有相关权利凭证、拥有完整的产权，且产权关系明晰
（2）知识产权（注册商标、专利权、计算机软件著作权、集成电路布图设计专有权等）	依据下列法律、行政法规和规范性文件的规定，发起人和股东的知识产权可以作为出资。 具体有：《公司法》《关于以高新技术成果出资入股若干问题的规定实施办法》（国科发政字〔1997〕171 号）、《关于促进科技成果转化的若干规定》（国办发〔1999〕29 号）、《关于印发鼓励软件产业和集成电路产业发展若干政策的通知》（国发〔2000〕18 号）等。 发起人和股东用于出资的知识产权，需要注册、申请和登记的已经依法履行了相应的手续，并且取得相应的证书和证明文件；知识产权权属清晰，对发行人知识产权的独立性和未来的运营不会产生不利影响
（3）国有土地使用权及其房产所有权	根据下列法律、行政法规、部门规章和规范性文件的规定，发起人和股东的国有土地使用权和房产所有权可以作为出资。 具体有：《公司法》《物权法》《土地管理法》《城市房地产管理法》《公司法司法解释三》《城镇国有土地使用权出让和转让暂行条例》《股份有限公司土地使用权管理暂行条例》《国有企业改革中划拨土地使用权管理暂行规定》《招标拍卖挂牌出让国有建设用地使用权规定》《关于改革土地估价结果确认和土地资产出资审批办法的通知》等 如果发起人和股东以划拨土地使用权出资，或以设定权利负担的土地使用权和房产出资，则应当在合理期限内办理土地变更手续或者解除权利负担。 发起人和股东用于出资的国有土地使用权和房产所有权的取得必须符合法律规定，是用于出资的国有土地使用权和房产所有权的合法权利人，已经按照规定办理变更手续，并且没有权利负担

续表

出资形式	法律规定
（4）集体土地使用权、土地承包经营权	根据下列法律、行政法规和规范性文件的规定，发起人和股东可以用集体土地使用权、土地承包经营权作为出资，但是，应当谨慎对待。 具体有：《土地管理法》《农村土地承包法》《农村土地承包经营权流转管理办法》。 关于发起人和股东以集体土地使用权、土地承包经营权作为出资的问题，在国家法律、行政法规和政策层面已经很明确，但是具体到证监会和上海证券交易所，目前还没有配套实施的制度、管理办法和操作指引，预期性不足，存在制度不确定的风险
（5）持有其他公司的股权（股份）	根据《公司法》《公司法司法解释三》的规定，发起人和股东可以用持有其他公司的股权（股份）作为出资，但必须符合下列条件： 发起人和股东用作出资的股权应当权属清楚、权能完整、且依法可以转让。全体股东以股权作价出资金额和其他非货币财产作价出资金额之和不得高于被投资公司注册资本的70%。且不能具有：（1）股权公司的注册资本尚未缴足；（2）已被设立质权；（3）已被依法冻结；（4）股权公司章程约定不得转让；（5）法律、行政法规或者国务院决定规定，股权公司股东转让股权应当报经批准而未经批准；（6）法律、行政法规或者国务院决定规定不得转让的其他情形。 发起人和股东以其他公司的股权作价出资，是否已经征得该公司其他股东同意，并已履行相应的法律程序
（6）对第三人的债权、对发行人的债权	根据下列法律、行政法规和规范性文件的规定，发起人和股东对第三人的债权作为出资，目前不可以；但是，发起人和股东以其对发行人的债权出资（债转股），目前在法律上是可以的，但是具体到科创板还存在困难，因为目前还没有出台具体的制度。 具体有：《公司法》《公司登记管理条例》《公司债权转股权登记管理办法》《最高人民法院关于审理与企业改制相关的民事纠纷案件若干问题的规定》。 对于发起人和股东用于出资的债权，应当重点核查该债权形成的真实性、债权的基础交易文件、债权方履行合同义务的凭证、债权转股权的评估程序
（7）国家机构、国有科研院所、集体企业原高职人员	发起人和股东系国家机构、国有科研院所、集体企业的原高职人员，如果其出资超过其正常收入范围，应当告知其充分、详细地说明出资来源，不能仅以工资积累、经商所得、历年分配、朋友借款等理由解释，就不予以进一步查实；如果其出资属于知识产权，应当认真审查其出资的知识产权是否属于职务发明，是否具有其他共同的发明人等
（8）借款	发起人和股东可以用借款出资，但是发行人应当查明借款的偿还等具体情况，比如： 发起人和股东是否已经偿还完毕或偿还的具体金额；如果尚未偿还，发行人应当重点关注借款是否到期、借款是否危及公司股权、是否存在股权代持、是否来源于公司的账外资金、是否挪用发行人其他资金、债务人是否已经或可能以股权做担保、是否挪用发行人普通员工的入股资金、是否存在导致股权被采取诉讼保全的可能、债权人是否会申请强制执行

续表

出资形式	法律规定
（9）无权处分财产	出资人以不享有处分权的财产出资，当事人之间对于出资行为效力产生争议的，符合下列条件的，出资有效：（一）发行人受让该不动产或者动产时是善意的；（二）以合理的价格转让；（三）转让的不动产或者动产依照法律规定应当登记的已经登记，不需要登记的已经交付给受让人。不符合上述条件的，原权利人可以追回出资。 发起人和股东以贪污、受贿、侵占、挪用等违法犯罪所得的货币出资后取得股权的，对违法犯罪行为予以追究、处罚时，应当采取拍卖或者变卖的方式处置其股权

（四）发起人和股东投入的资产或权利的权属证书是否已经转移给发行人，是否已经履行了必要的法律程序

1. 发起人和股东投入的资产或权利的验资评估程序

发行人股东投入的资产或权利应当履行法定的验资、评估程序。《公司法》第二十七条规定，对作为出资的非货币财产应当评估作价，核实财产，不得高估或者低估作价。法律、行政法规对评估作价有规定的，从其规定。《公司法》第八十九条规定，发行股份的股款缴足后，必须经依法设立的验资机构验资并出具证明。发起人应当自股款缴足之日起三十日内主持召开公司创立大会。创立大会由发起人、认股人组成。对于没有依法办理验资的，可以补办重新验资手续和出具出资全部到位报告的方式进行弥补。

最高人民法院《关于适用〈中华人民共和国公司法〉若干问题的规定（三）》第九条规定，出资人以非货币财产出资，没有依法评估作价，公司、其他股东或者公司债权人请求认定出资人未履行出资义务的，人民法院应当委托具有合法资格的评估机构对该财产评估作价。评估确定的价额显著低于公司章程所定价额的，人民法院应当认定出资人未依法全面履行出资义务。

2. 发起人和股东投入的资产或权利是否已经变更手续，相关权属证书是否已经交付给发行人

依据《公司法》的规定，发起人和股东应当将用于出资的资产和权利交付给发行人，并根据资产和权利的物理特征和法律要求办理变更登记等手续。按照《物权法》《土地管理法》《城市房地产管理法》《商标法》

《专利法》《著作权法》《计算机软件著作权登记办法》《中国互联网域名管理办法》《中国互联网域名注册暂行管理办法》《机动车登记规定》等法律、行政法规和规范性文件的规定，资产和权利的取得有些需要交付，有些需要登记，有些需要交付和登记，有些需要登记并获取证书，所以发起人和股东应当办理交付和办理变更登记等手续。

依据《公司法》的规定，股东应当按期足额缴纳公司章程中规定的各自所认缴的出资额。股东以货币出资的，应当将货币出资足额存入有限责任公司在银行开设的账户；以非货币财产出资的，应当依法办理其财产权的转移手续。股东不按照前款规定缴纳出资的，除应当向公司足额缴纳外，还应当向已按期足额缴纳出资的股东承担违约责任。

三、关于控股股东和实际控制人的具体要求

（一）控股股东

1. 控股股东的认定

根据《公司法》《上市规则》和《上市公司章程指引》的规定，控股股东是指其持有的股份占股份有限公司股本总额50%以上的股东；或者虽然持有的股份比例不足50%，但依其持有的股份所享有的表决权已足以对股东会、股东大会的决议产生重大影响的股东。

2. 控股股东的义务（含实际控制人）

根据法律、行政法规、部门规章和规范性文件的规定，发行人的控股股东、实际控制人应当履行下列义务：

（1）发行人控股股东、实际控制人应当诚实守信，依法行使权利，严格履行承诺，维持公司独立性，维护公司和全体股东的共同利益。控股股东和实际控制人应当积极配合科创公司履行信息披露义务，不得要求或者协助科创公司隐瞒应当披露的信息。

（2）发行人的控股股东、实际控制人在最近3年内不存在贪污、贿赂、侵占财产、挪用财产或者破坏社会主义市场经济秩序的刑事犯罪，不存在欺诈发行、重大信息披露违法或者其他涉及国家安全、公共安全、生

态安全、生产安全、公众健康安全等领域的重大违法行为。

(3) 控股股东、实际控制人对上市公司及其他股东负有诚信义务。控股股东对其所控股的上市公司应当依法行使股东权利，履行股东义务。控股股东、实际控制人不得利用其控制权损害上市公司及其他股东的合法权益，不得利用对上市公司的控制地位谋取非法利益。

(4) 控股股东提名上市公司董事、监事候选人的，应当遵循法律法规和公司章程规定的条件和程序。控股股东不得对股东大会人事选举结果和董事会人事聘任决议设置批准程序。

(5) 上市公司的重大决策应当由股东大会和董事会依法做出。控股股东、实际控制人及其关联方不得违反法律法规和公司章程干预上市公司的正常决策程序，损害上市公司及其他股东的合法权益。

(6) 控股股东、实际控制人及上市公司有关各方做出的承诺应当明确、具体、可执行，不得承诺根据当时情况判断明显不可能实现的事项。承诺方应当在承诺中做出履行承诺声明、明确违反承诺的责任，并切实履行承诺。

(7) 上市公司控制权发生变更的，有关各方应当采取有效措施保持上市公司在过渡期间内稳定经营。出现重大问题的，上市公司应当向中国证监会及其派出机构、证券交易所报告。

(二) 实际控制人

1. 实际控制人的认定

根据《公司法》《上市规则》和《上市公司章程指引》的规定，实际控制人指虽不是公司的股东，但通过投资关系、协议或者其他安排，能够实际支配公司行为的人；简而言之，谁能实际控制公司谁就是公司的实际控制人，它既可以是公司的股东，也可以是股东以外的其他主体。

实际控制人是拥有发行人控制权的主体。在确定控制权归属时，应当本着实事求是的原则，尊重发行人的实际情况，以发行人自身的认定为主，由发行人股东予以确认。在实践当中，应按照实质大于形式的原则对公司控制权的归属进行认定，既要审查相应的股权投资关系，也要结合个案中对发行人股东大会（股东出席会议情况、表决过程、审议结果、董事提名和任命等）、董事会（重大决策的提议和表决过程等）和监事会的影响、对董事和高级管理人员的提名及任免所起的作用等进行判断。

在具体实践当中，实际控制人的认定比较复杂。发行人股权较为分散但存在单一股东控制比例达到30%情形的，如无其他相反证据，原则上应将该股东认定为控股股东或实际控制人。存在下列情形之一的，保荐机构应进一步说明是否通过实际控制人认定而规避发行条件或监管并发表专项意见：

（1）公司认定存在实际控制人，但其他股东持股比例较高与实际控制人持股比例接近的，且该股东控制的企业与发行人之间存在竞争或潜在竞争的；

（2）第一大股东持股接近30%，其他股东比例不高且较为分散，公司认定无实际控制人的。

2. 共同实际控制人

表现形式	具体内容
夫妻共同控制	夫妻双方是公司股东，公司股权分散，夫妻一方不能单独控制公司，则夫妻可以认定为共同控制人。
父母子女共同控制	父母子女是公司股东，公司股权分散，父母子女等都不能单独控制公司，则父母子女可以认定为共同控制人。
家族成员共同控制	家族成员都是公司股东，家族人员中某人已经处于绝对控股除外，各自股权比例不大，且公司股权分散，家族成员之间是血亲或姻亲关系，则家族成员可以认定为共同控制人。
管理层的共同控制	具有同学、要好朋友、前同事和公司联合创始人等特定关系的管理层，在公司发展过程中的经营和经营理念一致，且过往行使表决权时都保持一致，在通过计算管理层持股比例时未发生过变更，则可以认定为共同控制人。
协议一致的共同控制	这是指多个股东通过签署《股东一致行动协议》的形式形成对公司的共同控制，还应当通过公司章程、协议或者其他安排予以明确。 为证明《股东一致行动协议》的成立和未来的可持续性，一般还需要论证签约股东已经实际形成事实上的一致行动关系和对发行人的共同控制关系，包括但不限于：签约股东之间的特殊关系、历来共同协商做出某种行为、历来共同协商一致行使股东大会表决权，另外还要论证股东签约后公司控制权的稳定情况。

法定或约定形成的一致行动关系并不必然导致共同拥有公司控制权，不应为扩大实际控制人主体范围或满足发行条件而做出违背事实的认定。

通过一致行动协议主张共同控制的，无合理理由的（如第一大股东为纯财务投资人），一般不能排除第一大股东为共同控制人。实际控制人的配偶、直系亲属，如其持有公司股份达到5%以上或者虽未超过5%但是担任公司董事、高级管理人员并在公司经营决策中发挥重要作用，除非有相反证据，原则上应认定为共同实际控制人。

共同实际控制人签署一致行动协议的，应当在协议中明确发生意见分歧或纠纷时的解决机制。对于作为实际控制人亲属的股东所持的股份，应当比照实际控制人自发行人上市之日起锁定36个月。保荐机构及发行人律师应重点关注最近三年内公司控制权是否发生变化，存在为满足发行条件而调整实际控制人认定范围嫌疑的，应从严把握，审慎进行核查及信息披露。

3. 无实际控制人

大部分拟上市公司和上市公司都有自己的实际控制人，监管部门从维持公司经营稳定的角度也希望上市公司有实际控制人。但是也有许多拟上市公司或上市公司因为公司股权高度分散，而他人不可能通过控股股东或第一大股东来实际控制公司，所以并没有实际控制人。

根据《上市规则》的规定，发行人实际控制人所持股份自发行人股票上市之日起36个月内不得转让。对于发行人没有或难以认定实际控制人的，为确保发行人股权结构稳定、正常生产经营不因发行人控制权发生变化而受到影响，要求发行人的股东按持股比例从高到低依次承诺其所持股份自上市之日起锁定36个月，直至锁定股份的总数不低于发行前A股股份总数的51%。

被锁定51%股份的股东，符合下列情形之一的，不需要锁定36个月：一是属于员工持股计划，二是属于持股5%以下的股东，三是不属于发行人第一大股东且符合《私募基金监管问答——关于首发企业中创业投资基金股东的认定标准》的创业投资基金。

对于存在刻意规避股份限售期要求的，将按照实质重于形式的原则，要求相关股东参照控股股东、实际控制人的限售期进行股份锁定。

4. 实际控制人变动的特殊情形

实际控制人为单名自然人或有亲属关系多名自然人，实际控制人去世导致股权变动，股权受让人为继承人的，通常不视为公司控制权发生变更。其他多名自然人为实际控制人，实际控制人之一去世的，应结合股权结构、去世自然人在股东大会或董事会决策中的作用、对发行人持续经营的影响等因素综合判断。

5. 实际控制人认定中涉及股权代持情形的处理

实际控制人认定中涉及股权代持情况的，发行人、相关股东应说明存在代持的原因，并提供支持性证据。对于存在代持关系但不影响发行条件的，发行人应在招股说明书中如实披露。

如经查实，股权代持客观存在，股东之间知晓代持关系的存在，且对代持关系没有异议、代持的股东之间没有纠纷和争议，则应将代持股份还原至实际持有人，发行人不应以股东间存在代持关系为由，认定公司控制权未发生变动。

（三）控股股东、实际控制人及其控制的其他企业间不存在对发行人构成重大不利影响的同业竞争

《注册管理办法》第十二条第一款第（一）项规定，发行人应当资产完整，其业务及人员、财务、机构独立，与控股股东、实际控制人及其控制的其他企业间不存在对发行人构成重大不利影响的同业竞争。

发行人申请在科创板上市，关于认定同业竞争是否构成重大不利影响时，应结合竞争方与发行人的经营地域、产品或服务的定位，同业竞争是否会导致发行人与竞争方之间的非公平竞争、是否会导致发行人与竞争方之间存在利益输送、是否会导致发行人与竞争方之间相互或者单方让渡商业机会情形，对未来发展的潜在影响等方面。竞争方的同类收入或毛利占发行人该类业务收入或毛利的比例达30%以上的，如无充分相反证据，原则上应认定为构成重大不利影响。

（四）如何披露位于国际避税区且持股层次复杂的科创板上市企业的控股股东和实际控制人

《注册管理办法》第十二条第一款第（二）项规定，控股股东和受控股股东、实际控制人支配的股东所持发行人的股份权属清晰。

对于控股股东、实际控制人位于国际避税区且持股层次复杂的申请在科创板上市企业，应当对发行人设置此类架构的原因、合法性及合理性，持股的真实性，是否存在委托持股、信托持股，是否有各种影响控股权的约定，股东的出资来源等问题进行核查，说明发行人控股股东和受控股股东、实际控制人支配的股东所持发行人的股份权属是否清晰，以及发行人如何确保其公司治理和内控的有效性。

第二节　公司章程的制定和修改

一、公司章程制定和修改的一般规定

根据《公司法》第 11 条的规定，设立公司必须依法制定公司章程。公司章程对公司、股东、董事、监事、高级管理人员具有约束力。公司章程是公司全体股东依法制定，其规范公司的组织和行为，是公司的宪章，是公司设立的主要条件和重要文件。公司章程一经股东（大）会批准，并经公司登记机关核准即对外产生法律效力，公司章程是公司对外进行经营交往的基本法律依据。

根据《公司法》《证券法》《监管办法》和《章程指引》的相关规定，科创板上市公司章程的制定和修改应该程序合法、内容完备，并且符合法律、行政法规、部门规章、规范性文件和上海证券交易所的规定。如果，发行人违反法定程序制定或修改公司章程及其内容违反法律、行政法规、部门规章、规范性文件和上海证券交易所的有关强制性规定，则发行人的公司章程有可能被撤销或被认定为无效。

具体到发行人公司章程的具体内容，根据《章程指引》的规定，公司章程应当包含以下内容：第一章，总则；第二章，经营宗旨和范围；第三章，股份（股份发行、股份增减和回购、股份转让）；第四章，股东和股东大会（股东、股东大会的一般规定、股东大会的召集、股东大会的提案与通知、股东大会的召开、股东大会的表决和决议）；第五章，董事会

（董事、董事会）；第六章，经理及其他高级管理人员；第七章，监事会（监事、监事会）；第八章，财务会计制度、利润分配和审计（财务会计制度、内部审计、会计师事务所的聘任）；第九章，通知和公告；第十章，合并、分立、增资、减资、解散和清算；第十一章，修改章程；第十二章，附则。《章程指引》规定的是上市公司章程的基本内容，在不违反法律、行政法规、部门规章、规范性文件和上海证券交易所规定的前提下，上市公司可以根据具体情况，在其章程中增加《章程指引》规定以外的、适合本公司实际需要的内容，也可以对《章程指引》规定的内容进行文字和顺序的调整。如果上市公司根据自身的实际情况增加或修改《章程指引》规定的内容，则应当在董事会公告《公司章程修改议案》时进行特别提示。

另外，根据《监管办法》第七条和《上市规则》第四章第五节的规定，发行人存在特别表决权股份的科创公司，应当在公司章程中规定特别表决权股份的持有人资格、特别表决权股份拥有的表决权数量与普通股份拥有的表决权数量的比例安排、持有人所持特别表决权股份能够参与表决的股东大会事项范围、特别表决权股份锁定安排及转让限制、特别表决权股份与普通股份的转换情形等事项。公司章程有关上述事项的规定，应当符合交易所的有关规定。科创公司应当在定期报告中持续披露特别表决权安排的情况；特别表决权安排发生重大变化的，应当及时披露。交易所应对存在特别表决权股份科创公司的上市条件、表决权差异的设置、存续、调整、信息披露和投资者保护事项制定有关规定。

根据《公司法》《证券法》《监管办法》《上市规则》和《章程指引》等有关规定，公司上市需要对股份有限公司设立时的章程制定、设立后章程的修改情况进行核查。由于在申报前需要按照有关规定制定上市后适用的公司章程，因此，也需要对上市后适用公司章程的合法情形进行核查。

二、公司章程制定和修改的具体要求

根据《公司法》第 11 条的规定，设立公司必须依法制定公司章程。这就要求发行人在制定和修改公司章程时必须做到：首先，公司章程的内容必须完备且合法有效；其次，制定公司章程必须经过权力机关批准和公示；再次，公司章程的修改必须履行法定的程序；最后，特殊发行人的章程制定和修改应当符合特别法或特别条款规定的相应条件。

（一）公司章程的内容是否符合法律、行政法规、部门规章、规范性文件和上海证券交易所的规定

发行人的章程是发行人科创板上市的法定文件，是发行人的宪章，是发行人对外开展业务的法律依据；发行人科创板上市公司涉及千千万万投资者的利益，所以发行人章程必须做到内容完备、合法有效。发行人章程的内容不得违反《公司法》《证券法》《监管办法》《上市规则》《章程指引》《上市公司股东大会规则》《上市公司治理准则》和上海证券交易所要求的其他规定。

（二）公司章程的制定及近三年的修改，是否已经履行了法律、行政法规、部门规章、规范性文件和上海证券交易所规定的法定程序

1. 发行人公司章程的制定

（1）发起人承担发行人公司章程的制定，并承担发行人整体折股变更为股份有限公司的事务。

（2）股份有限公司应当有 2 人以上 200 人以下的发起人，并且必须有半数以上的发起人在中国境内有住所。

（3）股份有限公司采取发起设立方式设立的，注册资本为在公司登记机关登记的全体发起人认购的股本总额。在发起人认购的股份缴足前，不得向他人募集股份。股份有限公司采取募集方式设立的，注册资本为在公司登记机关登记的实收股本总额。法律、行政法规以及国务院决定对股份有限公司注册资本实缴、注册资本最低限额另有规定的，从其规定。以募集设立方式设立股份有限公司的，发起人认购的股份不得少于公司股份总数的 35%；但是，法律、行政法规另有规定的，从其规定。

（4）根据发行人设立方式的不同，其章程通过的程序也不同。其中：发行人以发起方式设立的，发起人在制定的章程上签字或盖章，就表示该章程获得了全体投资者的同意，章程制定过程结束；发起人缴足公司章程规定的出资后，由董事会向公司登记机关报送公司章程以及其他文件，申请设立登记，并予以公示，登记和公示不影响发行人章程的效力。发行人以募集方式设立的，发行股份的股款缴足后，必须经依法设立的验资机构验资并出具证明。发起人应当自股款缴足之日起30日内主持召开公司创立大会（创立大会由发起人、认股人组成）。发起人应当在创立大会召开15日前将会议日期通知各认股人或者予以公告。创立大会应有代表股份总数过半数的发起人、认股人出席，方可举行。发行人公司章程须经出席会议的认股人所持表决权过半数通过。

2. 公司章程的修改

（1）科创板上市重点审查发行人三年一期的公司章程修改情况。

（2）发行人公司章程的修改，履行下列程序：

①公司章程须由股东大会表决通过；

②股东大会须由合格的机构和人员召集和主持；

③股东大会需要提前通知；

④股东大会合法召开，出席股东所持每一股份有一表决权。如果存在表决权差异安排，则按照公司章程的规定行使表决权；

⑤公司章程的修改，必须经出席会议的股东所持表决权的三分之二以上通过；

⑥形成股东大会决议，由参会人员在股东大会决议和会议记录上面签字。

（3）股东大会文件形成以后，由发行人董事会将公司章程和相关配套文件报送公司登记机关备案。

（三）对于已经在香港或境外上市的发行人，公司章程是否按照中国法律、行政法规、部门规章、规范性文件和上海证券交易所的规定制定和修改。如果没有按照上述规定制定和修改，请说明理由，并说明是否符合香港或境外上市公司章程的有关规定

2018年3月，国务院发布了存托凭证的框架性规定，对优质企业的盈利要求及股权问题放松了限制；2018年5月，证监会出台了《存托凭证发行与交易管理办法（征求意见稿）》；2018年6月又连发9份文件，进一步明确了在中国发行和交易存托凭证（CDR）的相关规则。

因为发行人在科创板上市，公司章程涉及各利益相关的权利和义务，因此有关法律、行政法规、部门规章、规范性文件和上海证券交易所的文件对发行人公司章程做出了很多要求。保荐人、律所和会所等中介机构在辅导发行人科创板上市的过程中会严格按照相关规定制定和修订公司章程，对于确实无法按照有关规定执行的发行人，应说明具体的理由，并须获得审核部门的同意。如果发行人已经在香港或境外上市，则发行人必须同时符合境内和境外两个国家或地区的法律规定，即使有一方面不符合规定，也有可能给公司以及广大投资者带来严重的不利影响。因此，对于已经在香港或境外上市的发行人非常有必要就其章程是否符合境外上市公司章程的有关规定进行核查和说明。

1994 年 8 月 27 日，国务院证券委、国家体改委下发了《关于执行〈到境外上市公司章程必备条款〉的通知》（以下简称《章程必备条款》），该通知是为了规范在境外上市和募集资金的国内公司的组织和行为。根据该通知，到境外上市的公司应当在其公司章程中载明《章程必备条款》所要求的内容，并不得擅自修改或者删除《章程必备条款》的内容。到境外上市的公司可以根据具体情况，在其公司章程中规定《章程必备条款》要求载明以外的、适合本公司实际需要的其他内容，也可以在不改变《章程必备条款》规定含义的前提下，对《章程必备条款》做文字和条文顺序的变动。

1995 年 4 月 3 日，中国证监会海外上市部、国家体改委生产体制司下发了《关于到香港上市公司对公司章程作补充修改的意见的函》，对国内公司到香港上市修改和补充公司章程做出要求。1999 年 3 月 26 日，国家经贸委、中国证监会出台了《关于进一步促进境外上市公司规范运作和深化改革的意见》，对公司境外上市的公司治理等工作提出了要求。公司上市应按照前述及其他有关规定对公司章程的内容进行核查。

案例说明：九号机器人①

九号机器人优先公司（英文名：Ninebot Limited）作为第一家美国上

① 《九号机器人有限公司公开发行存托凭证并在科创板上市招股说明书》

市公司，即将通过 CDR 的方式登陆 A 股科创板。九号机器人是根据开曼群岛法律设立的受豁免有限公司。根据公司开曼群岛律师的法律意见，现行《公司章程》中的内容符合开曼群岛法律的规定，合法有效。与我国《公司法》比较，其不同之处与合法性分述如下：

1. 股权结构

《开曼公司法》允许特殊投票权的股权结构；而我国《公司法》第 103 条规定，股份公司股东，所持每一股份有一表决权，即不允许特殊投票权的股权结构。

发行人提道：特殊投票权结构的引入是为了保证发行人的实际控制人对公司整体的控制权，从而确保发行人不会因实际控制权变化对生产经营产生重大不利影响，从而保护发行人全体股东的利益。发行人 B 类普通股股东作为公司的管理团队能够集中公司表决权，从而能够使公司治理效率提升，进而使公司能够在市场竞争中提高管理效能并进一步提高竞争力。

另外，在设定特殊投票权的同时，《公司章程》也对 B 类普通股及其特殊投票权进行了多方面的限制，确保上市后 B 类普通股在公司全部股份的投票权中比例不会进一步增加，不会进一步摊薄 A 类普通股的投票权比例。比如：一是发行人必须保证 A 类普通股股份的表决权数量占公司全部已发行股份表决权数量的比例不低于 10%，保障 A 类股东有权提议召开股东大会。二是公司股东对公司章程做出修改，改变 B 类普通股股份享有的表决权数量，聘请或者解聘独立董事和会计师事务所，合并、分立、解散或变更组织形式等事项，B 类普通股和 A 类普通股股份的表决权数量相同。

因此，发行人的特殊投票权的股权结构在加强实际控制人控制权和保护 A 类普通股股东利益方面进行了平衡，增强了公司股权结构的稳定性，不会实质性损害存托凭证持有人的合法权益，不违反中国境内有关存托凭证发行的法律法规，对本次发行及上市不存在重大不利影响。

2. 组织机构

《开曼公司法》设置股东大会和董事会，但不设置监事会。除个别事项外，不存在法定需要由股东大会审议的事项，与公司经营相关的事项，包括利润分配、资产处置等，均属于董事会权限；而我国《公司法》第37条、第46条，通过列举的方式规定了股东大会和董事会的具体职权。

虽然两者具有显著差异，发行人为了减少上述差异带来的影响，已经参照《公司法》《上市规则》《章程指引》等法律法规，对发行人《公司章程》进行了修订，并按照前述法律法规制定相应的《股东大会议事规则》《董事会议事规则》《独立董事工作制度》《对外担保管理制度》《对外投资管理制度》《关联交易管理制度》等公司治理规范。发行人虽然没有设置监事会，但发行人已经设置独立董事制度，《公司章程》规定，独立董事应当重点关注公司关联交易、对外担保、募集资金使用、并购重组、重大投融资活动、高管薪酬和利润分配等与中小股东利益密切相关的事项。另外，发行人的独立董事可以提议召开董事会、股东大会，以及聘请会计师事务所、律师事务所等证券服务机构对相关事项进行审计、核查或者发表意见。因此，独立董事的监督对公司规范运作具有积极意义。

因此，虽然发行人组织机构的设置与国内存在差异，但是发行人通过完善制度，其不会实质性损害存托凭证持有人的合法权益，不违反中国境内有关存托凭证发行的法律法规，对本次发行及上市不存在重大不利影响。

3. 利润分配

《开曼公司法》对利润分配没有限制性规定。我国《公司法》第166条规定，公司分配当年税后利润时，应当提取利润的10%列入公司法定公积金。公司法定公积金累计额为公司注册资本的50%以上的，可以不再提取。公司的法定公积金不足以弥补以前年度亏损的，在依照前款规定提取法定公积金之前，应当先用当年利润弥补亏损。公司从税后利润中提取法定公积金后，经股东大会或者股东大会决议，还可以从税后利润中提取任意公积金。公司弥补亏损和提取公积金后所余税后利润，有限责任公司依照《公司法》第34条的规定分配；股份有限公司按照股东持有的股份比例分配，但股份有限公司章程规定不按持股比例分配的除外。另外，为保护中小投资人利益，发行人已经制定《利润分配管理制度》对发行人的利润分配机制进行规定。

综上所述，发行人的利润分配制度不会实质性损害存托凭证持有人的合法权益，不违反中国境内有关存托凭证发行的法律法规，对本次发行及上市不存在重大不利影响。

4. 公司合并、分立、增资、减资

发行人《公司章程》规定，发行人合并、分立、增资、减资应当经过不低于出席会议的股东所持表决权的三分之二以上通过，与我国《公司法》保持一致。但是，《开曼公司法》进一步规定，公司减资时需要开曼法院确认；公司合并时需要在开曼公司注册处登记；开曼公司被收购时，如果90%以上股东接受要约，剩余10%的股东将有义务出售其股份，除非有欺诈或者恶意行为发生。虽然，我国《公司法》未有针对上述事项的类似规定，但该等事项属于行政管理类的规定，不实质损害存托凭证持有人参与发行人重大事项决策的权利。

因此，该等差异不会实质性损害存托凭证持有人的合法权益，不违反中国境内有关存托凭证发行的法律法规，对本次发行及上市不存在重大不利影响。

5. 解散和清算

《开曼公司法》允许公司通过特别决议进行清算，公司的清算资产将用于清偿公司的债务，剩余资产将分配给股东。《开曼公司法》与中国《公司法》对公司剩余财产的分配原则不存在实质差异。

6. 检查权

《开曼公司法》没有赋予股东法定的审阅公司账簿的权利。但《开曼公司法》赋予了股东申请法院任命调查员（inspectors）去调查公司的权利。根据《开曼公司法》持有五分之一以上股份的股东即可以向法院申请任命调查员调查公司，而且调查的范围包括公司的账册等资料。发行人《公司章程（草案）》规定，公司董事有权决定在何等范围内，以及于何时何地及根据任何条件或规则的情况下，向并非董事的股东公开公司的账目及账簿以供他们查阅。

《公司法》第33条规定，股东有权查阅、复制公司章程、股东会会议记录、董事会会议决议、监事会会议决议和财务会计报告。股东可以要求查阅公司会计账簿。股东要求查阅公司会计账簿的，应当向公司提出书面请求，说明目的。公司有合理根据认为股东查阅会计账簿有不正当目的，可能损害公司合法利益的，可以拒绝提供查阅，并应当自股东提出书面请求之日起十五日内书面答复股东并说明理由。公司拒绝提供查阅的，股东可以请求人民法院要求公司提供查阅。

因此，该等差异不会实质性损害存托凭证持有人的合法权益，不违反中国境内有关存托凭证发行的法律法规，对本次发行及上市不存在重大不利影响。

（四）发行人公司章程对表决权差异安排的约定，是否符合《公司法》《注册管理办法》《监管办法》《上市规则》、其他规范性文件和交易所的规定，是否履行了法定程序

1. 发行人公司章程的权限

（1）应当在公司章程中规定拥有特别表决权股份的持有人资格；

（2）特别表决权股份与普通股份拥有的表决权数量的比例安排；

（3）持有人所持特别表决权股份能够参与表决的股东大会事项范围；

（4）特别表决权股份锁定安排及转让限制；

（5）特别表决权股份与普通股份的转换情形等事项；

（6）上海证券交易所制定的其他规定。上海证券交易所应当对存在特别表决权安排的公司的表决权差异设置、存续、调整、信息披露和投资者保护事项制定有关规定。

2. 表决权差异安排的法定程序

发行人首次公开发行并上市前设置表决权差异安排的，应当经出席股东大会的股东所持三分之二以上的表决权通过。

3. 发行人的信息披露义务

发行人具有表决权差异安排的，应当充分、详细披露相关情况特别是风险、公司治理等信息，以及依法落实保护投资者合法权益规定的各项措施。

第三节 股东大会、董事会、监事会议事规则和规范运作

一、股东大会、董事会、监事会议事规则和规范运作的一般规定

发行人应当具有健全的组织机构，具有健全的股东大会、董事会、监事会的议事规则，该等议事规则应当符合相关法律、行政法规和规范性文件的规定，具有健全、有效、透明的治理体系和监督机制，保证股东大会、董事会、监事会规范运作，督促董事、监事和高级管理人员履行忠实、勤勉义务，保障全体股东合法权利，积极履行社会责任，保护利益相关者的基本权益。

发行人股东大会、董事会、监事会议事规则是否完善、合法，直接关系到发行人公司治理过程中是否具有完善、合法和可操作的行为准则。如果发行人的股东大会、董事会、监事会议事规则存在问题，必然会影响到发行人的公司治理。而股东大会、董事会、监事会能否认真按照《公司法》、公司章程及议事规则进行规范运作，则同样关系到公司治理效果。组织不健全、制度不规范和管理混乱的科创板上市公司必然会容易损害投资者的利益，妨害监管部门对上市公司的管理。作为上市公司，应该做到股东大会、董事会、监事会议事规则合法、完善，股东大会、董事会、监事会也应该按照既有的规则规范运作。

对于发行人的股东大会、董事会和监事会议事规则及规范运作，我国《公司法》《章程指引》《上市公司股东大会规则》《上市公司治理准则》等法律法规均有明确的规定。另外，上海证券交易所也制定有《上海证券交易所股票上市规则》《上海证券交易所上市公司规范运作指引》《上海证券交易所上市公司董事会议事示范规则》《上海证券交易所上市公司监事会议事示范规则》等对公司上市及上市后的股东大会、董事会、监事会议事规则及规范运作有相应的规定。

发行人作为拟在上海证券交易所科创板上市的公司，在公司治理过程

中应该按照有关法律规定，参照上海证券交易所的规则，制定和完善本公司的股东大会、董事会、监事会议事规则，并严格按照相应的规则实施公司管理活动。

二、股东大会、董事会、监事会议事规则及规范运作的具体要求

（一）是否具有健全的组织机构

1. 股东大会

（1）股东大会的组成和地位

根据《公司法》的规定，发行人股东大会由全体股东组成。股东大会是公司的权力机构。

（2）股东大会的职责

依据《公司法》的规定，股东大会行使下列职权：决定公司的经营方针和投资计划；选举和更换非由职工代表担任的董事、监事，决定有关董事、监事的报酬事项；审议批准董事会的报告；审议批准监事会或者监事的报告；审议批准公司的年度财务预算方案、决算方案；审议批准公司的利润分配方案和弥补亏损方案；对公司增加或者减少注册资本作出决议；对发行公司债券作出决议；对公司合并、分立、解散、清算或者变更公司形式作出决议；修改公司章程；公司章程规定的其他职权。

另外，根据《章程指引》的规定，发行人股东大会除行使《公司法》规定的上述职权外，还依法行使下列职权：对公司聘用、解聘会计师事务所作出决议；审议批准《章程指引》第 41 条规定的担保事项；审议公司在一年内购买、出售重大资产超过公司最近一期经审计总资产 30%的事项；审议批准变更募集资金用途事项；审议权激励计划；审议法律、行政法规、部门规章或本章程规定应当由股东大会决定的其他事项。发行人不得将上述股东大会的职权通过授权或其他形式由董事会或其他机构和个人代为行使。

2. 董事会

（1）董事会的组成

根据《公司法》的规定，股份有限公司设董事会，其成员为 5~19 人。

董事会设董事长一人，可以设副董事长。董事长和副董事长由董事会以全体董事的过半数选举产生。董事会成员中可以有公司职工代表，董事会中的职工代表由公司职工通过职工代表大会、职工大会或者其他形式民主选举产生。董事任期由公司章程规定，但每届任期不得超过3年。董事任期届满，可以连选连任，董事会对股东大会负责。

（2）董事会的职权

依据《公司法》的规定，董事会行使下列职权：召集股东会会议，并向股东会报告工作；执行股东会的决议；决定公司的经营计划和投资方案；制订公司的年度财务预算方案、决算方案；制订公司的利润分配方案和弥补亏损方案；制订公司增加或者减少注册资本以及发行公司债券的方案；制订公司合并、分立、解散或者变更公司形式的方案；决定公司内部管理机构的设置；决定聘任或者解聘公司经理及其报酬事项，并根据经理的提名决定聘任或者解聘公司副经理、财务负责人及其报酬事项；制定公司的基本管理制度；公司章程规定的其他职权。

另外，根据《章程指引》的规定，发行人除行使《公司法》规定的职权外，董事会还有以下职权：制订本章程的修改方案；管理公司信息披露事项；向股东大会提请聘请或更换为公司审计的会计师事务所；听取公司经理的工作汇报并检查经理的工作；法律、行政法规、部门规章或本章程授予的其他职权。超过股东大会授权范围的事项，应当提交股东大会审议。

（3）董事会专门委员会

根据《上市公司治理准则》第38条规定，发行人董事会应当设立审计委员会，并可以根据需要设立战略、提名、薪酬与考核等相关专门委员会。专门委员会对董事会负责，依照公司章程和董事会授权履行职责，专门委员会的提案应当提交董事会审议决定。专门委员会成员全部由董事组成，其中审计委员会、提名委员会、薪酬与考核委员会中独立董事应当占多数并担任召集人，审计委员会的召集人应当为会计专业人士。发行人的各专门委员会可以聘请中介机构提供专业意见。专门委员会履行职责的有关费用由上市公司承担。

其中：

其一，审计委员会的主要职责包括：

监督及评估外部审计工作，提议聘请或者更换外部审计机构；监督及评估内部审计工作，负责内部审计与外部审计的协调；审核公司的财务信息及其披露；监督及评估公司的内部控制；负责法律法规、公司章程和董事会授权的其他事项。

其二，战略委员会的主要职责包括：

对公司长期发展战略和重大投资决策进行研究并提出建议；公司章程授权的其他职责。

其三，提名委员会的主要职责包括：

研究董事、高级管理人员的选择标准和程序并提出建议；遴选合格的董事人选和高级管理人员人选；对董事人选和高级管理人员人选进行审核并提出建议。

其四，薪酬与考核委员会的主要职责包括：

研究董事与高级管理人员考核的标准，进行考核并提出建议；研究和审查董事、高级管理人员的薪酬政策与方案。

3. 监事会

（1）监事会的组成

根据《公司法》的规定，发行人应当设立监事会，其成员不得少于3人，监事会设主席一人，可以设副主席若干。监事会主席和副主席由全体监事过半数选举产生。董事、高级管理人员不得兼任监事。监事任期由公司章程规定，但每届任期不得超过3年。监事任期届满，可以连选连任。

监事会应当包括股东代表和适当比例的职工代表，其中职工代表的比例不得低于1/3，具体比例由公司章程规定。监事会中的职工代表由公司职工代表大会、职工大会或者其他形式民主选举产生。

（2）监事会的职权

依据《公司法》《章程指引》的规定，监事会行使下列职权：检查公司财务；对董事、高级管理人员执行公司职务的行为进行监督，对违反法律、行政法规、公司章程或者股东会决议的董事、高级管理人员提出罢免的建议；当董事、高级管理人员的行为损害公司的利益时，要求董事、高级管理人员予以纠正；提议召开临时股东会会议，在董事会不履行《公司法》规定的召集和主持股东会会议职责时召集和主持股东会会议；向股东会会议提出提案；依照《公司法》的规定，对董事、高级管理人员提起诉讼；应当对董事会编制的公司定期报告进行审核并提出书面审核意见；发现公司经营情况异常，可以进行调查；必要时，可以聘请会计师事务所、律师事务所等专业机构协助其工作，费用由公司承担。公司章程规定的其他职权。

根据《公司法》《章程指引》的规定，该指引关于不得担任董事的情形，同时适用于监事。

（二）是否具有健全的股东大会、董事会、监事会议事规则，该等议事规则是否符合法律、行政法规、部门规章、规范性文件和上海证券交易所的规定

1. 发行人应当建立健全的股东大会、董事会、监事会议事规则

（1）证监会

1998 年 2 月 23 日，证监会发布了《上市公司股东大会规范意见》，对股东大会的规范运作作出了规定。2006 年 3 月 16 日，中国证监会又颁布实施了新的《上市公司股东大会规则》，对股东大会的规范运作作出了更明确的规定。发行人应当按照该规则，根据自身情况，制定相应的股东大会议事规则。2018 年 9 月 30 日，中国证监会又发布了《上市公司治理准则（修订版）》，对上市公司的公司治理行为进行了规范。

（2）上海证券交易所

2006 年 5 月 12 日，颁布了《上海证券交易所上市公司董事会议事示范规则》和《上海证券交易所上市公司监事会议事示范规则》，对董事会议事规则和监事会议事规则作了示范性的规定。

2. 发行人建立的股东大会、董事会、监事会议事规则应当符合法律、行政法规、部门规章、规范性文件和上海证券交易所的规定

发行人已经建立的股东大会、董事会、监事会议事规则的有效性是相应规则得以执行的基础。如果违反下列法律、行政法规、部门规章、规范性文件和上海证券交易所的规定，将有可能导致相关议事规则的无效。该

等法律规定包括但不限于：《公司法》《证券法》《监管办法》《上市规则》《上市公司股东大会规则》《上市公司治理准则》《章程指引》《上海证券交易所股票上市规则》《上海证券交易所上市公司董事会议事示范规则》《上海证券交易所上市公司监事会议事示范规则》等。

（三）历次股东大会、董事会、监事会的召开、决议内容及签署是否合法、合规、真实、有效

发行人股东大会、董事会、监事会的召开、决议内容及签署是否合法、合规法、真实、有效，一方面反映了发行人的公司治理情况，另一方面也直接关系到公司一些重要决定、决策的效力。股东大会、董事会、监事会的召开、决议内容及签署应该做到程序和内容合法。违反有关规定而召开股东大会、董事会、监事会及决议将可能导致相应决议的无效或被撤销，而相应重要决议被认定为无效或被撤销，对公司和投资人的影响是非常重大的。因此，发行人历次股东大会、董事会、监事会的召开、决议内容及签署必须合法、合规、真实、有效。

（四）股东大会或董事会的历次授权或重大决策等行为是否合法、合规、真实、有效

股东大会是公司的最高权力机构，董事会是股东大会的决策执行机构。尽管股东大会有部分事项的决定或组织实施权，但基于其自身机构性质，需要将部分工作授权董事会办理，必要时董事会也可授权个人办理董事会的部分工作。但是，股东大会、董事会的授权程序和内容必须符合法律规定。值得注意的是，股东大会、董事会不得将必须由集体行使的职权和职责授权给其他机构和个人行使。

2007 年 9 月 8 日，证监会公布《上市公司监督管理条例》，条例规定，《公司法》规定的董事会职权应当由董事会集体行使，不得授权他人行使，并不得以公司章程、股东大会决议等方式加以变更或者剥夺。公司章程规定的董事会其他职权应当由董事会集体行使；必要时，董事会可以授权董事会成员在会议闭会期间行使该部分职权，但是授权内容必须明确、具体。

发行人股东大会、董事会的决议事项，涉及发行人的方方面面，如果不予以规范，势必会被某些别有用心之人利用，对发行人的股票价格和投资人的利益产生重大影响，所以股东大会或董事会的历次授权或重大决策等行为应当合法、合规、真实、有效。

第四节　发行人董事、监事、高级管理人员和核心技术人员及其变化

一、董事、监事、高级管理人员和核心技术人员的一般规定

高级管理人员，是指公司的经理、副经理、财务负责人、上市公司的董事会秘书和公司章程规定的其他人员。董事、高级管理人员不得兼任监事。核心技术人员通常包括公司技术负责人、研发负责人、研发部门主要成员、主要知识产权和非专利技术的发明人或设计人、主要技术标准的起草者等。

发行人的董事、监事和高级管理人员是所有业务的组织者和实施者，对公司的经营和管理非常熟悉，对公司的治理具有十分重要的作用。鉴于董事、监事和高级管理人对公司治理的重要影响，为保护股东、债权人和投资人的利益，维护经济秩序，国家有关法律对发行人董事、监事和高级管理人员的任职资格、变化情况等都有详细规定，对于不符合规定的人员依法不得担任公司的董事、监事和高级管理人员。发行人的核心技术人员掌握公司核心技术的研发和更新，对公司的生产经营发挥实际作用。

对于科创板上市公司，董事、监事和高级管理人员为公司和全体股东的受托人，对上市公司和全体股东负有忠实义务和勤勉义务，其任职如不符合法律规定，则可能直接影响公司的稳定乃至正常经营，最终影响公司投资者的利益。因此，董事、监事和高级管理人员的任职更应符合有关法律规范的要求，避免因任职无效而导致的对公司的重大不良影响。

对于科创板上市的公司而言，其属于高新技术企业，开展的是高新技术类业务，研究的是面向世界科技前沿的技术，科技创新能力突出，拥有关键核心技术，主要依靠核心技术开展生产经营，是其主要特征。所以，

科创板上市公司的核心技术人员及其变化对科创板上市公司的持续经营具有重要的影响。

二、董事、监事和高级管理人员的具体要求

（一）董事、监事和高级管理人员的任职是否符合法律、行政法规、规范性文件、上海证券交易所以及公司章程的规定

1. 公司法的规定

有下列情形之一，不得担任公司的董事、监事和高级管理人员：无民事行为能力或者限制民事行为能力；因贪污、贿赂、侵占财产、挪用财产或者破坏社会主义市场经济秩序，被判处刑罚，执行期满未逾五年，或者因犯罪被剥夺政治权利，执行期满未逾五年；担任破产清算的公司、企业的董事或者厂长经理，对该公司、企业的破产负有个人责任的，自该公司、企业破产清算完结之日起未逾三年；担任因违法被吊销营业执照、责令关闭的公司、企业的法定代表人，并负有个人责任的，自该公司、企业被吊销营业执照之日起未逾三年；个人所负数额较大的债务到期未清偿。

2. 首次公开发行股票并上市管理办法的规定

发行人的董事、监事和高级管理人员不得有下列情形：被中国证监会采取证券市场禁入措施尚在禁入期的；最近 36 个月内受到中国证监会行政处罚，或者最近 12 个月内受到证券交易所公开谴责；因涉嫌犯罪被司法机关立案侦查或者涉嫌违法违规被中国证监会立案调查，尚未有明确结论意见。

3. 上市公司治理准则的规定

发行人的经理人员、财务负责人、营销负责人和董事会秘书在控股股东单位不得担任除董事以外的其他职务。控股股东的高级管理人员兼任发行人董事的，应保证有足够的时间和精力承担发行人的工作。

4. 章程指引的规定

在公司控股股东、实际控制人单位担任除董事以外其他职务的人员，不得担任公司的高级管理人员。

（二）董事、监事和高级管理人员近三年发生的变化是否符合法律、行政法规、规范性文件和公司章程的规定，该等变化是否履行了必要的法律程序；最近两年，董事、高级管理人员和核心技术人员是否发生重大不利变化

1. 董事、监事和高级管理人员近三年发生的变化是否符合法律、行政法规、规范性文件和公司章程的规定，该等变化是否履行了必要的法律程序

根据《最高人民法院关于适用〈中华人民共和国公司法〉若干问题的规定（四）》第五条的规定，如果发行人股东会或者股东大会、董事会决议存在下列情形之一，当事人主张决议不成立的，人民法院应当予以支持：公司未召开会议，且不符合公司法第 37 条第 2 款之情形；会议未对决议事项进行表决的；出席会议的人数或者股东所持表决权不符合公司法或者公司章程规定的；会议的表决结果未达到公司法或者公司章程规定的通过比例的；导致决议不成立的其他情形。

如本章前文所述，董事、监事和高级管理人员对任何一家公司经营管理的影响都是至关重要的，董事、监事和高级管理人员的变化关系到公司经营管理的连续性、稳定性和凝聚力。所以，发行人的公司，其董事、监事和高级管理人员在一定时间内应该保持相对的稳定；董事、监事和高级管理人员的变化必须履行必要的法定程序。

所以，如果发行人的股东大会、董事会的决议不成立，股东大会、董事会选举和聘用董事、监事和高级管理人员的相关决议也无效，这必将对发行人的公司治理和上市进程产生不利影响。

2. 最近两年，董事、高级管理人员和核心技术人员是否发生重大不利变化

《首次公开发行股票并上市管理办法》第 12 条规定，发行人最近三年内董事、高级管理人员没有发生重大变化。《注册管理办法》第 12 条第（二）点规定，发行人最近 2 年内董事、高级管理人员及核心技术人员均没有发生重大不利变化。

关于董事、高级管理人员和核心技术人员发生重大变化的认定，要本着实质重于形式的原则，综合考虑以下四个因素，一是上述人员变动的原

因；二是上述人员最近2年内的变动人数及比例，在计算人数比例时，以上述人员合计总数作为基数；三是上述变动人员的岗位和具体作用；四是上述人员变动对生产经营是否产生重大不利影响。

发行人董事、高级管理人员和核心技术人员的变动有三种情况：一是人数不变的人员调整；二是人数增加；三是人数减少。如果是人数增加，而增加的理由是为了加强公司规范治理和满足企业首发上市的要求，比如根据上市公司规范要求设立董事会以及增加财务总监和董事会秘书的情形是没有任何问题的。人数减少的情况是比较少见的。而人员调整的情况比较复杂，需要解释变动的原因并最终论证为公司控制权、管理和核心人员稳定。

一般情况下，以下几种情形的变化不应当被认定为董事、高级管理人员和核心技术人员发生重大变化：一是发行人因股份制改造和其他原因，需要将执行董事变为董事会，从而导致董事人数的增加；二是因为公司加大技术研发，增加核心技术人员的储备；三是国有企业在任职期内由于组织安排导致的变化不属于董事、高级管理人员发生重大变化；四是变动后新增的上述人员来自原股东委派或发行人内部培养产生的，原则上不构成重大不利变化；五是发行人管理层因退休、调任等原因发生岗位变化的，原则上不构成重大不利变化，但发行人应当披露相关人员变动对公司生产经营的影响。

反之，如果最近2年内发行人董事、高级管理人员和核心技术人员的变动人数比例较大或上述人员中的核心人员发生变化，进而对发行人的生产经营产生重大不利影响的，应视为发生重大不利变化。

综上所述，公司董事、监事、高级管理人员和核心技术人员的组成不是一成不变的，其组成人员也会随着公司、个人的发展情况和时间推移不断地进行调整。但是，发行人前述人员的调整和变化，应当符合有关法律、行政法规、部门规章、规范性文件和公司章程等规定，且必须履行必要的法律程序，否则将有可能导致相应的变动无效。因而需要对这些情况进行核查并披露。

（三）独立董事的任职资格是否符合法律、行政法规和规范性文件的规定，其职权范围是否符合法律、行政法规和规范性文件的规定

1. 独立董事及其任职资格

（1）独立董事，是指不在上市公司担任除董事外的其他职务，并与其

所受聘的上市公司及其主要股东不存在可能妨碍其进行独立客观判断的关系的董事，每个独立董事最多只能在5家上市公司兼任独立董事，并确保有足够的时间和精力有效地履行独立董事的职责。

独立董事应当具备下列条件：一是根据法律、行政法规及其他有关规定，具备担任上市公司董事的资格；二是具有《关于在上市公司建立独立董事制度的指导意见》所要求的独立性；三是具备上市公司运作的基本知识，熟悉相关法律、行政法规、部门规章及规范性文件；四是具有5年以上法律、经济或其他履行独立董事职责所必需的工作经验；公司章程规定的其他条件。

下列人员不得担任独立董事：一是在发行人或者其属企业任职的人员及其直系亲属、主要社会关系（直系亲属是指配偶、父母、子女等；主要社会关系是指兄弟姐妹、岳父母、儿媳女婿、兄弟姐妹的配偶、配偶的兄弟姐妹等）；二是直接或间接持有发行人已发行股份1%以上或者是发行人前十名股东中的自然人股东及其直系亲属；在直接或间接持有上市公司已发行股份5%以上的股东单位或者在上市公司前五名股东单位任职的人员及其直系亲属；最近一年内曾经具有前三项所列举情形的人员；为发行人或者其附属企业提供财务、法律、咨询等服务的人员；公司章程规定的其他人员；中国证监会认定的其他人员。

2. 独立董事的特别职权

根据《关于在上市公司建立独立董事制度的指导意见》的规定，上市公司应当充分发挥独立董事的作用，为了充分发挥独立董事的作用，独立董事除应当具有公司法和其他相关法律、法规赋予董事的职权外，上市公司还应当赋予独立董事以下特别职权：重大关联交易应由独立董事认可后，提交董事会讨论；独立董事作出判断前，可以聘请中介机构出具独立财务顾问报告，作为其判断的依据；向董事会提议聘用或解聘会计师事务所；向董事会提请召开临时股东大会；提议召开董事会；独立聘请外部审计机构和咨询机构；可以在股东大会召开前公开向股东征集投票权。

3. 重大事项发表独立意见权

根据《关于在上市公司建立独立董事制度的指导意见》的规定，独立董事除履行上述职责外，还应当对以下事项向董事会或股东大会发表独立意见：提名、任免董事；聘任或解聘高级管理人员；公司董事、高级管理人员的薪酬；上市公司的股东、实际控制人及其关联企业对上市公司现有或新发生的总额高于300万元或高于上市公司最近经审计净资产值的5%的借款或其他资金往来，以及公司是否采取有效措施回收欠款；独立董事认为可能损害中小股东权益的事项；公司章程规定的其他事项。

4. 获得必要工作条件权

根据《关于在上市公司建立独立董事制度的指导意见》的规定，为了保证独立董事有效行使职权，上市公司应当为独立董事提供必要的条件：一是上市公司应当保证独立董事享有与其他董事同等的知情权；二是上市公司应提供独立董事履行职责所必需的工作条件；三是独立董事行使职权时，上市公司有关人员应当积极配合，不得拒绝、阻碍或隐瞒，不得干预其独立行使职权；四是独立董事聘请中介机构的费用及其他行使职权时所需的费用由上市公司承担；五是上市公司应当给予独立董事适当的津贴；六是上市公司可以建立必要的独立董事责任保险制度，以降低独立董事正常履行职责可能引致的风险。

另外，根据中国证监会《关于加强社会公众股东权益保护的若干规定》的规定，上市公司应当建立独立董事工作制度。结合其他规定，发行人应该在公司章程和《独立董事工作制度》中对独立董事的职权进行具体的规定，并且有关规定不得违反法律、行政法规、部门规章、《关于在上市公司建立独立董事工作制度的指导意见》和规范性文件的规定。

第五节　社会责任

一、发行人社会责任的一般规定

发行人的社会责任包括环境保护、产品质量、安全生产、员工权益、公共利益、社会道德和科学伦理等方面，由经济责任、持续发展责任、法律责任和道德责任等构成。社会责任是社会法和经济法中规定的个体对社会整体承担的责任，是由角色义务责任和法律责任构成的二元结构体系。责任分为两种：第一种是指发行人分内应做的事，如职责和责任等，其实质是一种角色义务责任或者说是预期责任；第二种是指发行人因没有做好分内之事、没有履行角色义务而应承担的不利后果或强制性义务，如违约责任、侵权责任等。

根据《上市规则》第4.4.1条的规定，发行人应当积极承担社会责任，维护社会公共利益，履行环境保护、保障产品安全、遵守科学伦理规范、维护员工其他利益相关者合法权益等社会责任。上市公司应当积极承担社会责任，维护社会公共利益，并披露保护环境、保障产品安全、维护员工与其他利益相关者合法权益等履行社会责任的情况。上市公司应当在年度报告中披露履行社会责任的情况，并视情况编制和披露社会责任报告、可持续发展报告、环境责任报告等文件。出现违背社会责任重大事项时应当充分评估潜在影响并及时披露，说明原因和解决方案。

二、发行人社会责任的具体要求

（一）环境保护

企业环境保护问题涉及国家、社会和人民群众的利益。而拟上市公司因其生产经营规模较大，如其生产经营涉及环境保护问题，则影响广泛。有关主管部门对拟上市的企业做出了很多要求，如要求未通过环保核查的企业不得上市。

所以，拟科创板上市的企业必须在近三年内的生产经营活动和拟投资项目符合国家有关环境保护的要求，未发生因违反有关环境保护的法律、行政法规而受到处罚的情形。

1. 上市规则

根据《上市规则》第4.4.2条的规定，科创板上市公司应当将生态环保要求融入发展战略和公司治理过程，并根据自身生产经营特点和实际情况，履行下列环境保护责任：遵守环境保护法律法规与行业标准；制订执行公司环境保护计划；高效使用能源、水资源、原材料等自然资源；合规处置污染物；建设运行有效的污染防治设施；足额缴纳环境保护相关税费；保障供应链环境安全；其他应当履行的环境保护责任事项。

2. 上市公司环保核查行业分类管理目录

2008 年 6 月 24 日，环境保护部办公厅下发《关于印发〈上市公司环保核查行业分类管理目录〉的通知》（环办函〔2008〕373 号）。根据通知，管理目录中未包含的类型暂不列入核查范围。管理目录如下：

行业类别	类型
1. 火电	火力发电（含热电、矸石综合利用发电、垃圾发电）
2. 钢铁	炼铁（含熔融和还原）
	球团及烧结
	炼钢
	铁合金冶炼
	钢压延加工
	焦化
3. 水泥	水泥制造（含熟料制造）
4. 电解铝	包括全部规模、全过程生产
5. 煤炭	煤炭开采及洗选
	煤炭地下气化
	煤化工（煤制油、煤制气、煤制甲醇或二甲醚等）
6. 冶金	有色金属冶炼（常用有色金属、贵金属、稀土金属、其他稀有金属冶炼）
	有色金属合金制造
	废金属冶炼
	有色金属压延加工
	金属表面处理及热处理加工［电镀；使用有机涂层，热镀锌（有钝化）工艺］
7. 建材	玻璃及玻璃制品制造
	玻璃纤维及玻璃纤维增强塑料制品制造
	陶瓷制品制造
	石棉制品制造；耐火陶瓷制品及其他耐火材料制造
	石墨及碳素制品制造
8. 采矿	石油开采
	天然气开采
	非金属矿采选（化学矿采选；石灰石、石膏开采；建筑装饰用石开采；耐火土石开采；黏土及其他土砂石开采；采盐；石棉、云母矿采选；石墨、滑石采选；宝石、玉石开采）
	黑色金属矿采选
	有色金属矿采选（常用有色金属、贵金属、稀土金属、其他稀有金属采选）

续表

行业类别		类型
9. 化工		基础化学原料制造（无机酸制造、无机碱制造、无机盐制造、有机化学原料制造、其他基础化学原料制造）
		肥料制造（氮肥制造、磷肥制造、钾肥制造、复混肥料制造、有机肥料及微生物肥料制造、其他肥料制造）
		涂料、染料、颜料、油墨及其他类似产品制造
		合成材料制造［初级形态的塑料及合成树脂制造、合成橡胶制造、合成纤维单（聚合）体的制造、其他合成材料制造］
		专用化学品制造（化学试剂和助剂制造、专项化学用品制造、林产化学产品制造、炸药及火工产品制造、信息化学品制造、环境污染处理专用药剂材料制造、动物胶制造、其他专用化学产品制造）
		化学农药制造、生物化学农药及微生物农药制造（含中间体）
		日用化学产品制造（肥皂及合成洗涤剂制造、化妆品制造、口腔清洁用品制造、香料香精制造、其他日用化学产品制造）
		橡胶加工
		轮胎制造、再生橡胶制造
10. 石化		原油加工
		天然气加工
		石油制品生产（包括乙烯及其下游产品生产）
		油母页岩中提炼原油
		生物制油
11. 制药		化学药品制造（含中间体）
		化学药品制剂制造
		生物、生化制品的制造
		中成药制造
12. 轻工	酿造	酒类及饮料制造（酒精制造、白酒制造、啤酒制造、黄酒制造、葡萄酒制造、其他酒制造
		碳酸饮料制造、瓶（罐）装饮用水制造、果菜汁及果菜汁饮料制造、含乳饮料和植物蛋白饮料制造、固体饮料制造、茶饮料及其他软饮料制造、精制茶加工
	造纸	纸浆制造（含浆纸林建设）
		造纸（含废纸造纸）
	发酵	调味品制造（味精、柠檬酸、氨基酸制造等）
		有发酵工艺的粮食、饲料加工
		制糖
		植物油加工

续表

行业类别	类型
13. 纺织	化学纤维制造
	棉、化纤纺织及印染精加工
	毛纺织和染整精加工
	丝绢纺织及精加工
	化纤浆粕制造
	棉浆粕制造
14. 制革	皮革鞣制加工
	毛皮鞣制及制品加工

（二）产品质量、技术标准和安全生产

产品质量和技术标准涉及企业产品的质量和技术状况，关系到企业是否符合上市的标准，关系到企业是否具有持续盈利的能力。国家对企业产品质量实行质量管理制度，企业所生产产品有国家或地方强制标准的，其产品质量不应当低于相应强制标准的要求，没有强制标准的，应当尽量符合国家推荐标准，没有国家标准的，应根据实际情况制定企业标准并认真执行。

所以，发行人的产品质量应达到相应标准要求，不存在严重质量问题，近三年不存在因违反有关产品质量和技术监督方面的法律法规而受到处罚。

1. 上市规则

《上市规则》第 4. 4. 3 条规定，上市公司应当根据自身生产经营模式，履行下列生产及产品安全保障责任：遵守产品安全法律法规与行业标准；建立安全可靠的生产环境和生产流程；建立产品质量安全保障机制与产品安全事故应急方案；其他应当履行的生产与产品安全责任。

2. 产品质量法

《产品质量法》第 13 条规定，可能危及人体健康和人身、财产安全的工业产品，必须符合保障人体健康和人身、财产安全的国家标准、行业标准；未制定国家标准、行业标准的，必须符合保障人体健康和人身、财产

安全的要求。禁止生产、销售不符合保障人体健康和人身、财产安全的标准和要求的工业产品。具体管理办法由国务院规定。

3. 农产品质量安全法

《农产品安全法》第13条规定，国家建立健全农产品质量安全标准体系。农产品质量安全标准是强制性的技术规范。农产品质量安全标准的制定和发布，依照有关法律、行政法规的规定执行。第14条规定，农产品质量安全标准由农业行政主管部门商有关部门组织实施。第20条规定，国务院农业行政主管部门和省、自治区、直辖市人民政府农业行政主管部门应当制定保障农产品质量安全的生产技术要求和操作规程。县级以上人民政府农业行政主管部门应当加强对农产品生产的指导。

4. 标准化法、标准化法实施条例

《标准化法》《标准化法实施条例》等有关规定，根据地域范围的不同，标准可分为国家标准、行业标准、地方标准和企业标准；根据标准性质不同，标准可分为技术标准、管理标准和工作标准；根据法律约束不同，标准可分为强制性标准、推荐性标准、标准化指导性技术文件、确定的指导性标准；根据所属行业的不同，标准可分为工业标准、农业标准、服务业标准等。

国家标准是指由国家标准化主管机构批准发布，对全国经济、技术发展有重大意义，且在全国范围内统一的标准。国家标准是在全国范围内统一的技术要求，由国务院标准化行政主管部门编制计划，协调项目分工，组织制定（含修订），统一审批、编号、发布。法律对国家标准的制定另有规定的，依照法律的规定执行。

行业标准又称为部颁标准，由国务院有关行政主管部门制定并报国务院标准行政主管部门备案，在公布国家标准之后，该项行业标准即应废止。当某些产品没有国家标准而又需要在全国某个行业范围内统一的技术要求，则可以制定行业标准。

地方标准又称为区域标准，对没有国家标准和行业标准而又需要在省、自治区、直据市范围内统一的工业产品的安全、卫生要求，可以制定地方标准。地方标准由省、自治区、直辖市标准化行政主管部门制定，并报国务院标准化行政主管部门和国务院有关行政主管部门备案，在公布国家标准或者行业标准之后，该地方标准即应废止。

企业标准主要是针对企业生产的产品没有国家标准和行业标准的，制定企业标准作为组织生产的依据而产生的。企业的产品标准须报当地政府标准化行政主管部门和有关行政主管部门备案。已有国家标准或者行业标准的，国家鼓励企业制定严于国家标准或者行业标准的企业标准。企业标准只能在企业内部适用。

对于拟科创板上市企业，有强制标准的，应认真执行强制标准；没有强制标准的，可以执行国家推荐标准；没有国家推荐标准的，应制定和执行企业标准。

5. 安全生产法

《安全生产法》第 4 条规定，生产经营单位必须遵守本法和其他有关安全生产的法律、法规，加强安全生产管理，建立、健全安全生产责任制和安全生产规章制度，改善安全生产条件，推进安全生产标准化建设，提高安全生产水平，确保安全生产。第 5 条规定，生产经营单位的从业人员有依法获得安全生产保障的权利，并应当依法履行安全生产方面的义务。第 7 条规定，工会依法对安全生产工作进行监督。生产经营单位的工会依法组织职工参加本单位安全生产工作的民主管理和民主监督，维护职工在安全生产方面的合法权益。生产经营单位制定或者修改有关安全生产的规章制度，应当听取工会的意见。

（三）保障员工权益

发行人应当坚持以人为本的理念，通过对各项制度的完善，把实现和维护全体员工的利益提升至战略高度；通过各项具体工作的开展，把对职工权益的保护落到实处；通过举办多种形式的内部活动，提升员工综合素质的同时促进员工的身心健康，提升企业的凝聚力，实现员工与企业共同成长。

1. 上市规则

《上市规则》第 4. 4. 4 条规定上市公司应当根据员工构成情况，履行下列员工权益保障责任：建立员工聘用解雇、薪酬福利、社会保险、工作时间等管理制度及违规处理措施；建立防范职业性危害的工作环境与配套安全措施；开展必要的员工知识和职业技能培训；其他应当履行的员工权益保护责任。

2. 劳动法、劳动合同法、社会保险法

《劳动法》《劳动合同》和《社会保险法》等劳动法律法规之规定，发行人应当按照法律、法规、规章和规范性文件的规定和标准制定各项规章制度，确保员工的合法权益，具体做到：一是为员工办理医疗、养老、失业、工伤、生育等社会保险和住房公积金；二是秉承以人为本的经营理念，开展必要的知识和技能培训；三是建设公司内部交流通道，增强员工归属感以及对企业的信任；四是举办员工关怀活动，提高员工的满意度；五是建立妇女工作委员会。

（四）科学伦理

1. 科学和伦理

科学伦理是指科技创新活动中人与社会、人与自然和人与人关系的思想与行为准则，它规定了科技工作者及其共同体应恪守的价值观念、社会责任和行为规范。科技是推动社会发展的第一生产力，也是建设物质文明和精神文明的重要社会行为，承担着社会责任和道德责任。

2. 法律对科学和伦理的要求

《上市规则》第 4. 4. 5 条规定，上市公司应当严格遵守科学伦理规范，尊重科学精神，恪守应有的价值观念、社会责任和行为规范，发挥科学技术的正面效应。上市公司应当避免研究、开发和使用危害自然环境、生命健康、公共安全、伦理道德的科学技术，不得从事侵犯个人基本权利或者损害社会公共利益的研发和经营活动。上市公司在生命科学、人工智能、信息技术、生态环境、新材料等科技创新领域开发或者使用创新技术的，应当遵循审慎和稳健原则，充分评估其潜在影响及可靠性。

第六节　表决权差异安排

一、表决权差异安排的概念和意义

1. 表决权差异安排的概念

根据《审核规则》第 83 条的规定，表决权差异安排是指发行人按照《公司法》第 131 条的规定，在一般规定的普通股份之外，发行拥有特别表决权的股份。每一特别表决权的股份拥有的表决权数量大于每一普通股份拥有的表决权数量，其他股东权利与普通股份相同。

表决权差异安排又称“特殊投票权机制”“不同投票权机制”“双层股权结构机制”和“AB 股股权结构机制”，常用的通俗说法为“同股不同权”。采用表决权差异安排机制的公司，其股份分为特别表决权的股份和普通股份，通常分别命名为 A 股和 B 股。其中，A 股为一股多票的特别表决权股份，其表决权数量是 B 股的 10 倍，但是不能随意转让，如果需要转让，必须先放弃投票特权，并转化为普通股份，它通常为创始团队所持有；B 股则为普通股份，每一股只拥有一个表决权，其可以在二级市场自由流通。

2. 表决权差异安排的意义

纵观世界主要国家的资本市场普遍接受发行人的特殊股权结构（即同股不同权），下面这几个同股不同权的公司我们一定非常熟悉。

面对国外资本市场对国内资本市场的冲击，为了进一步落实科技创新驱动发展战略，增强资本市场对提高我国核心技术创新能力的服务水平，促进高新技术产业和战略新兴产业发展，支持上海国际金融中心和科技创新中心的建设，完善资本市场基础制度，推动高质量发展。党中央、国务院决定在上海证券交易所设立科创板，允许特殊股权结构（同股不同权）的公司在科创板上市，使我国资本市场更加符合国际潮流，更加有利于面向世界科技前沿、符合国家战略、突破关键技术和市场认可度高的科技创

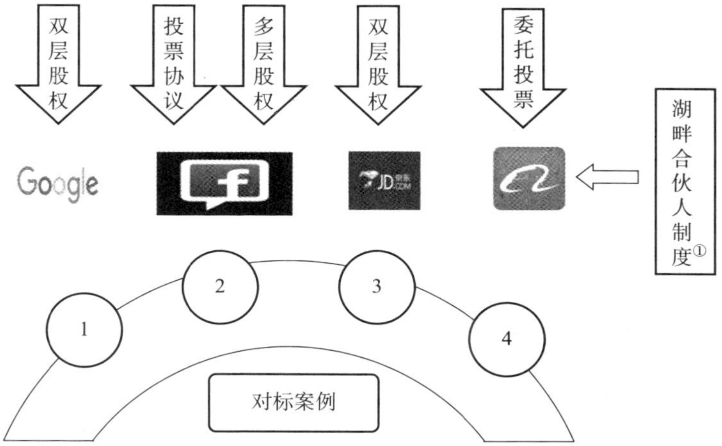

新企业在A股上市。

对于上市公司而言，表决权差异安排有利于发行人的长期稳定发展，有利于发行人股东和管理团队之间建立长期合作关系；对于创始团队而言，表决权差异安排，可以有效防止“野蛮人”的入侵，可以使创始团队没有后顾之忧，可以全身心地投入到公司的反战当中。

二、港交所表决权差异安排介绍

2014年9月19日，港交所因不接受同股不同权的架构而错失“阿里巴巴”，相继又失去了“京东”这只大型独角兽。此后，又有大量类似股权结构的中国新兴互联网公司纷纷赴美上市，使得港交所面临极大的改革压力。

2017年6月17日，港交所发布《有关建议设立创新板的框架咨询文件》，建议针对“尚未有盈利的公司、采用非传统管治架构的公司及拟在香港作为第二上市的中国内地公司”设立一个独立于主板及创业板的创新板以拓宽香港资本市场，吸引更多类型的发行人来港上市。同年12月，港交所又宣布放弃设立创新板，将允许不同投票权架构的高增长及创新产业公司直接在主板上市。

① 白光林．并购为王：法律的策略和智慧［M］．北京：法律出版社，2016.

2018年2月23日，为进一步推进新兴及创新产业公司的上市安排，港交所发布了《新兴及创新产业公司上市制度》的市场咨询。2018年4月24日，港交所公布了《新兴及创新产业公司上市制度咨询总结》，建议在《主板规则》中新增不同投票权章节及对部分相关内容进行修订。咨询总结显示，对于同股不同权公司的发行人，港交所目前仅限市值在400亿港元，或市值在100亿港元以上400亿港元以下且最近一年经审计收入10亿港元以上，或具有高增长率的新申请人。不同投票权只可以给予上市公司在上市时或者上市后的董事，暂不设不同投票权受益人持股的最高上限，并规定发行人上市后不得提高不同投票权比例，不同投票权股份的投票权不得超过普通投票权的10倍，且在修订章程等重大事项上必须按照“一股一票”的方式表决，并在信息披露和强化公司治理等方面提出了具体要求。

此次改革历时4年，被称为香港股市24年来最为重大的IPO改革，是港交所与时俱进的一项重要举措，也是香港资本市场的一座重要里程碑。本次改革预期将会提升香港作为全球主要资本市场的吸引力，巩固香港作为国际主要金融中心的地位。

港交所修改IPO上市规则后，“小米集团”就提交上市申报材料，成为港交所第一家同股不同权的股权架构的上市公司；之后，“美团点评”也采用同股不同权的股权架构在港联交所上市。据不完全统计，2018年全年港交所新上市的企业总共218家，其中内地的共111家，占当年港交所新上市数量的50.9%。在这111家内地企业，在主板挂牌的94家，分别是以红筹、H股、介绍形式、GEH转主板等方式上市的，其相应的数量分别为70家、16家、3家和5家；在GEM挂牌的17家，都是通过红筹的方式上市的。

三、表决权差异安排的制度设计

（一）设置表决权差异安排的前提

1. 时间条件

（1）发行人的表决权差异安排制度在上市前必须已经设置，若上市前没有设置表决权差异安排，上市后不得进行此类安排。

（2）发行人提交发行和上市申报材料时，表决权差异安排制度已经有效运行一个完整的会计年度及以上。

2. 程序合法

发行人设置表决权差异安排制度必须依法提交股东大会审议，并经出席股东大会股东所持 2/3 以上的表决权的股东表决通过。

3. 市值要求

如果发行人具有表决权差异安排机制，发行人除应当满足科创板上市的一般条件之外，其市值和财务指标应当至少符合下列标准中的一项：

（1）预计市值不低于人民币 100 亿元；

（2）预计市值不低于人民币 50 亿元，且最近一年营业收入不低于人民币 5 亿元。

4. 权利限制

除《公司章程》规定的表决权差异外，发行人普通股份与特别表决权股份具有的其他股东权利应当完全相同。

（二）特别表决权股份的限制

1. 主体限制

持有特别表决权股份的股东应当对上市公司发展或者业务增长等做出重大贡献，并且在公司上市前及上市后持续担任公司董事的人员或者该等人员实际控制的持股主体。持有特别表决权股份的股东在上市公司中拥有权益的股份合计应当达到公司全部已发行有表决权股份 10%以上。

2. 数量确定和上限

发行人特别表决权股份的表决权数量需要在《公司章程》中进行明确规定，每份特别表决权股份的表决权数量应当相同，且不得超过每份普通股份的表决权数量的 10 倍。

3. 比例保持原则

发行人上市以后，不得在境内外发行特别表决权股份，不得提高特别表决权比例，但是上市公司同比例配股、转增股本的情形除外。发行人在上市以后，如果因股份回购等原因可能导致特别表决权比例提高的，应当同时采取将相应数量特别表决权股份转换为普通股份等措施，以保障特别表决权比例不高于原有水平。

4. 交易限制

发行人上市以后，特别表决权股份不得在二级市场进行交易，但可以按照交易所有关规定进行转让。但是，目前上交所还没有就特别表决权股份的转让制定相应的制度。

5. 权利不得滥用

持有特别表决权股份的股东应当按照所适用的法律法规以及公司章程行使权利，不得滥用特别表决权，不得利用特别表决权损害投资者的合法权益。出现前款情形，损害投资者合法权益的，上海证券交易所可以要求公司或者持有特别表决权股份的股东予以改正。

（三）普通表决权股份的保障

1. 数量保障

发行人上市以后，应当保证普通表决权股份比例不低于10%；单独或者合计持有公司10%以上已发行有表决权股份的股东有权提议召开临时股东大会。单独或者合计持有公司3%以上已发行有表决权股份的股东有权提出股东大会议案。

2. 重大事项表决保障

发行人上市以后，公司股东对下列事项行使表决权时，每一特别表决权股份享有的表决权数量应当与每一普通股份的表决权数量相同：对公司章程作出修改；改变特别表决权股份享有的表决权数量；聘请或者解聘独立董事；聘请或者解聘为上市公司定期报告出具审计意见的会计师事务所；公司合并、分立、解散或者变更公司形式。

另外，上市公司章程应当规定，股东大会对改变特别表决权股份享有的表决权数量做出决议时，应当经出席会议的股东所持表决权的2/3以上通过。

（四）特别表决权股份的转换

1. 转换事由

发行人上市后，如果特别表决权股份的股东出现下列情形之一，则特别表决权股份应当转换为普通股份：持有特别表决权股份的股东不再符合《上市规则》中主体资格和最低持股要求，或者丧失相应履职能力、离任、死亡；实际持有特别表决权股份的股东失去对相关持股主体的实际控制；持有特别表决权股份的股东向他人转让所持有的特别表决权股份，或者将特别表决权股份的表决权委托他人行使；公司的控制权发生变更。

2. 转换比例

具有特别表决权股份的股东在上述转换条件满足之时，其应当将特别表决权股份按照 1∶1 的比例转换为普通股份。

3. 转换时点和披露

转换事由出现时，特别表决权股份自相关情形发生时即转换为普通股份，相关股东应当立即通知上市公司，上市公司应当及时披露具体情形、发生时间、转换为普通股份的特别表决权股份数量、剩余特别表决权股份数量等情况。

（五）信息披露

1. 发行和上市披露

发行人首次公开发行并上市前已经设置表决权差异安排应当充分、详细披露相关情况，特别是风险、公司治理等信息，以及依法落实保护投资者合法权益规定的各项措施。

2. 上市后持续披露

发行人上市后还具有表决权差异安排的，应当在年度报告中披露该等安排在报告期内的实施和变化情况，以及该等安排下保护投资者合法权益有关措施的实施情况。前述规定事项出现重大变化或者调整的，公司和相关信息披露义务人应当及时予以披露。

发行人上市以后，应当在股东大会通知中列明持有特别表决权股份的股东、所持特别表决权股份数量及对应的表决权数量、股东大会议案是否涉及《上市规则》第 4. 5. 10 条规定事项等情况。

（六）内部监督

1. 监督机构

监督机构为发行人的监事会。

2. 监事会的监督职责

发行人上市后具有表决权差异安排的，监事会应当在定期报告中，就下列事项出具专项意见：持有特别表决权股份的股东是否持续符合《上市规则》相关要求；特别表决权股份是否出现《上市规则》规定的情形并及时转换为普通股份；上市公司特别表决权比例是否持续符合本规则的规定；持有特别表决权股份的股东是否存在滥用特别表决权或者其他损害投资者合法权益的情形；公司及持有特别表决权股份股东遵守《上市规则》第四章其他规定的情况。

（七）及时办理登记

上市公司应当按照本所及中国结算的有关规定，办理特别投票权股份登记和转换成普通投票权股份登记事宜。

四、典型案例

（一）港交所的典型案例①

根据《小米集团招股说明书》和公开披露的资料显示：小米集团创始人雷军持有公司 31. 41%的股权，其他股东委托雷军行使表决的股权有 2. 2%，雷军合计持有小米集团 33. 61%的表决权；小米集团联合创始人林斌持有公司 13. 33%的股权；两人累计持有小米集团 46. 94%的表决权。两人的所有表决权低于 51%，失去了控制权，不能对小米集团的决策进行有效控制。为了获得小米集团的控制权，雷军在小米集团内部搭建了双重股权架构（AB 股模式），具体如下图。

① 小米集团在香港联交所上市招股说明书。

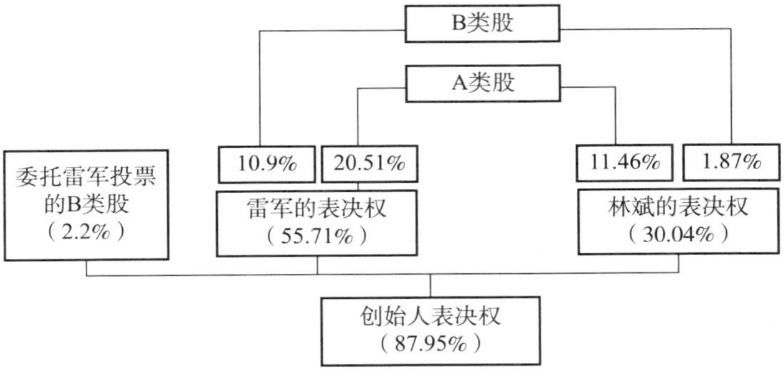

在小米集团的 AB 股模式之下，A 类股每股拥有 10 票投票权，B 类股每股拥有 1 票投票权；另外，将创始人雷军 31. 41%的股份中的 20. 51%作为 A 类股，另外 10. 9%作为 B 类股，雷军的投票权达到了 55. 71%，再加上委托投票的 B 类股 2. 2%，雷军合计拥有公司 56. 3%的投票权。将联合创始人林斌 13. 33%股份中 11. 46%作为 A 类股，另外 1. 87%作为 B 类股，林斌合计拥有公司 30. 04%的投票权。小米集团创始人雷军和林斌合计拥有公司 87. 95%的投票权，计算方式如下表。

小米集团投票权计算方式

股东姓名	B 类股	B 类股倍数	A 类股	A 类股倍数	投票权总数	备注	投票权比例
雷军	10. 9	1	20. 51	10	216	216＝20. 51×10+10. 9	55. 71%
林斌	1. 87	1	11. 46	10	116. 47	116. 47＝11. 46×10+1. 87	30. 04%
委托	2. 2	1	—	—	2. 2	—	2. 2%
其他	53. 06	1	—	—	53. 06	—	—
合计	68. 03	—	31. 97	—	387. 73	—	87. 95%

（二）科创板经典案例——九号机器人

2019 年 4 月 17 日，九号机器人向上海证券交易所提交了科创板申报材料，是所有申报公司当中第一家包含表决权差异安排的公司。根据发行人披露的《招股说明书》和《法律意见书》的内容，发行人的股权结构和表决权差异安排的具体内容如下。

1. 九号机器人的股权结构图[①]

① 《九号机器人有限公司公开发行存托凭证并在科创板上市招股说明书》

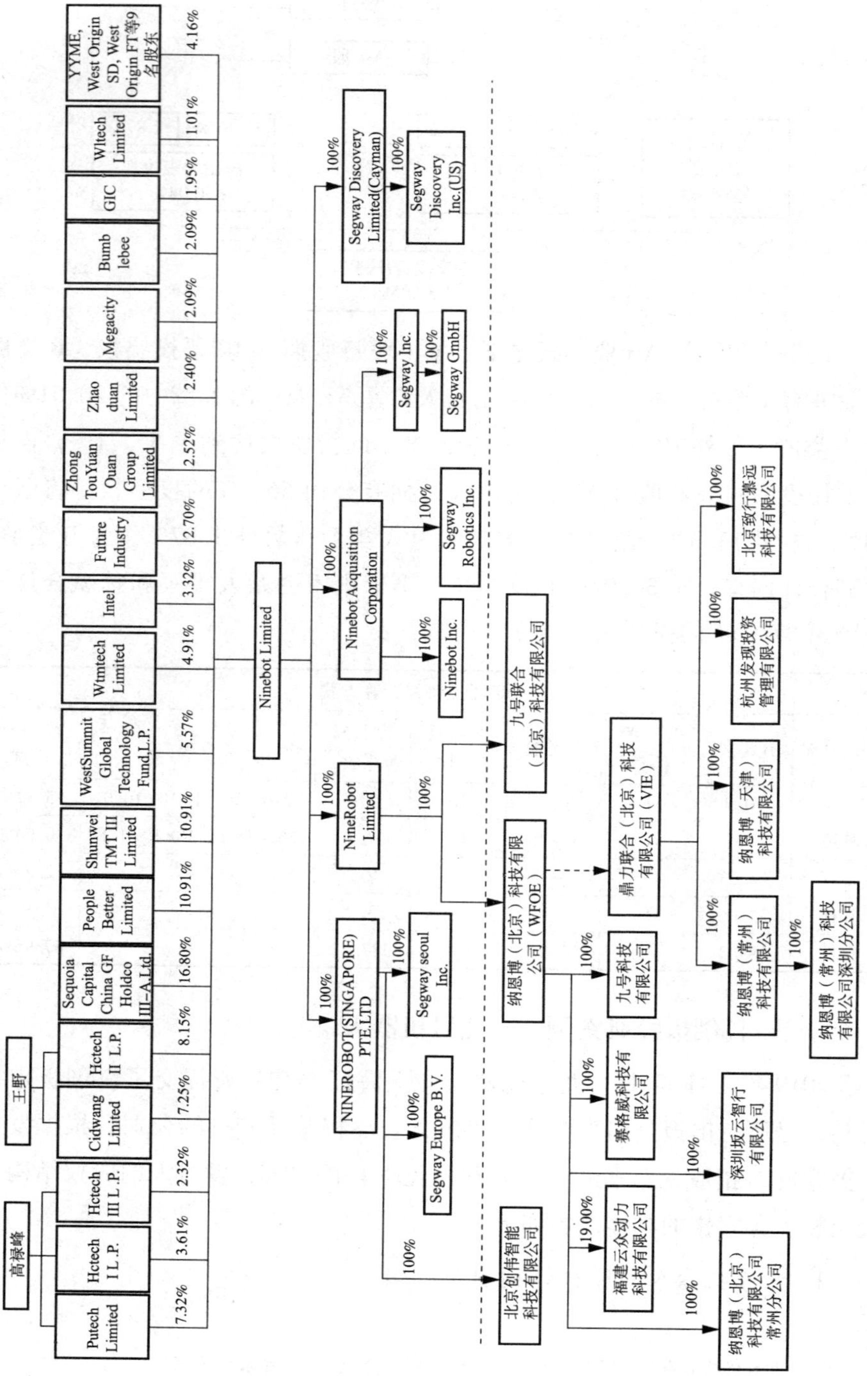

高禄峰
王野
Putech Limited
7.32%
Hctech I L.P.
3.61%
Hctech III L.P.
2.32%
Cidwang Limited
7.25%
Hctech II L.P.
8.15%
Sequoia Capital China GF Holdco III-A Ltd.
16.80%
People Better Limited
10.91%
Shunwei TMT III Limited
10.91%
WestSummit Global Technology Fund,L.P.
5.57%
Wtmtech Limited
4.91%
Intel
3.32%
Future Industry
2.70%
Zhong TouYuan Ouan Group Limited
2.52%
Zhao duan Limited
2.40%
Megacity
2.09%
Bumb lebee
2.09%
GIC
1.95%
Wltech Limited
1.01%
YYME, West Origin SD, West Origin FT等9名股东
4.16%
Ninebot Limited
100%
Segway Discovery Limited(Cayman)
100%
Segway Discovery Inc.(US)
100%
Ninebot Acquisition Corporation
100%
Segway Inc.
100%
Segway GmbH
100%
Segway Robotics Inc.
100%
Ninebot Inc.
100%
NineRobot Limited
100%
九号联合（北京）科技有限公司
100%
NINEROBOT(SINGAPORE) PTE.LTD
100%
Segway seoul Inc.
100%
Segway Europe B. V.
100%
北京创伟智能科技有限公司
纳恩博（北京）科技有限公司（WFOE）
鼎力联合（北京）科技有限公司（VIE）
100%
北京致行慕远科技有限公司
100%
杭州发现投资管理有限公司
100%
纳恩博（天津）科技有限公司
100%
纳恩博（常州）科技有限公司
100%
纳恩博（常州）科技有限公司深圳分公司
100%
九号科技有限公司
100%
赛格威科技有限公司
100%
深圳极云智行有限公司
19.00%
福建云众动力科技有限公司
100%
纳恩博（北京）科技有限公司常州分公司

2. 九号机器人的表决权差异安排[①]

（1）表决权差异安排下的股权种类、每股所具有的投票权数量及上限。

发行人《公司章程》约定，股份分为A类普通股股份（普通股份）和B类普通股股份（特别表决权股份），公司每份B类普通股股份具有5份表决权，每份B类普通股股份的表决权数量相同，除表决权差异外，A类普通股股份与B类普通股股份具有的其他股东权利完全相同。

（2）不适用表决权差异安排下的表决机制的特殊事项。

发行人《公司章程》约定，出现下列情形之一，B类普通股股份应当按照1∶1的比例转换为A类普通股股份：一是持有B类普通股股份的股东不再符合规定的资格和最低持股要求，或者丧失相应履职能力、离任、死亡；二是实际持有B类普通股股份的股东失去对相关持股主体的实际控制；三是持有B类普通股股份的股东向他人转让所持有的B类普通股股份，或者将B类普通股股份的表决权委托他人行使；四是公司的控制权发生变更。

发生上述第四点情形的，公司已发行的全部B类普通股股份均应当转换为A类普通股股份。发生上述情形的，B类普通股股份自相关情形发生时即转换为A类普通股股份，相关股东应当立即通知公司，公司应当及时披露具体情形、发生时间、转换为A类普通股股份的B类普通股股份数量、剩余B类普通股股份数量等情况并立即将股份变化情况登记在公司的股东名册上。

（3）表决权差异安排对存托凭证持有人在提名和选举公司董事、参与公司决策等方面的限制和影响。

发行人《公司章程》约定，股东对下列事项行使表决权时，B类普通股股份享有的表决权数量与A类普通股股份的表决权数量相同：一是对公司章程作出修改；二是改变B类普通股股份享有的表决权数量；三是聘请或者解聘独立董事；四是聘请或者解聘为公司定期报告出具审计意见的会计师事务所；五是公司合并、分立、解散或者变更公司形式。

---

① 《九号机器人有限公司公开发行存托凭证并在科创板上市招股说明书》

公司股东大会对上述第二点审议，应当经过不低于出席会议的股东所持表决权的三分之二以上通过，但根据法律和《公司章程》的规定将相应数量B类普通股股份转换为A类普通股股份的除外。

（4）拥有特殊投票权的股东因存在利益冲突而损害公司或其他股东合法权益的风险。

除上述“（3）表决权差异安排对存托凭证持有人在提名和选举公司董事、参与公司决策等方面的限制和影响”的情况外，根据公司的说明以及《公司章程》安排，对于提呈公司股东大会的决议案，A类普通股持有人每股可投1票，而B类股份持有人则每股可投5票。目前，高禄峰、王野分别控制公司13.25%、15.40%比例的股份，为公司全部已发行的B类普通股，双方合计控制公司表决权的比例达到66.75%，高禄峰和王野对公司的经营管理以及所有需要股东大会批准的事项拥有重大影响。在上述情况下，高禄峰和王野将对公司的事务施加重大影响，并能够影响股东大会表决结果，中小股东的决策能力将受到严重限制。在特殊情况下，高禄峰和王野的利益可能和公司其他股东的利益不一致，可能因此损害中小股东的利益。

（5）表决权差异安排结构下保护存托凭证持有人合法权益的保障性措施，例如在公司章程中限制转让具有特殊投票权的股份，出现控制权变更、创始人退休等情形时，特殊投票权股份自动转换为普通投票权股份的情形等。

（6）境外基础证券发行人关于在境内公开发行存托凭证后不通过任何方式提高特别投票权股份比重及其所代表投票权比重的安排，境内公开发行存托凭证前公司章程已有约定的除外。

根据发行人审议通过的《公司章程》约定：发行人上市后，除同比例配股、转增股本情形外，不发行B类普通股股份，不提高特别表决权比例。公司因股份回购等原因，可能导致特别表决权比例提高的，将同时采取将相应数量B类普通股股份转换为A类普通股股份等措施，保证特别表决权比例不高于原有水平。

前文所称特别表决权比例，是指全部B类普通股股份的表决权数量占公司全部已发行股份表决权数量的比例。

五、给创始人的建议

随着中国资本市场的发展，金融资本对产业的渗透越来越强，在此背景下企业创始人和资本方控制权之争不断上演。比如：新浪在上市的第二年，其创始人王志东被赶出董事会；沃尔玛全资控股1号店，其创始人于刚离开；俏江南创始人与投资人对赌失败，张兰被扫地出门等。

科创板上市的企业全部是科技创新型企业，在成长过程中需要金融资本的持续助力，这样创始人就会慢慢地失去公司的控制权。那么，作为科创板上市公司的创始人如何设置同股不同权的股权架构并且符合科创板的法律规定，这样就显得尤为重要，笔者建议如下：

（1）创始人应当在公司设立或公司发展稳定之时，根据实际情况聘请熟悉资本市场法律、法规和规范性文件的律师进行股权规划和股权结构设计。

（2）根据公司的行业特点、战略定位、融资规划、现有股东结构和发展现状制定符合公司实际情况的《公司章程》。如果有表决权差异安排，应当按照《监管办法》和《上市规则》的规定，对特别表决权的持有人资格、比例安排、参与表决的股东大会表决事项范围、股份锁定及转让、身份转换等事项进行约定。

（3）为了保证自己的控制权，发行人的创始人应当至少在2年以前或更长的时间之前设置表决权差异安排制度；如果在上市前，发行人的预计市值不能达到100亿或预计市值50亿，但是营业收入5亿的要求，则发行人应当在提交上市申报材料前解除表决权差异安排制度。

六、给投资机构的建议

根据《科创板上市规则》的规定，其主要从两个方面对投资人的利益进行保护，其一，上市公司监事会负责从内部监督持有特别表决权股份的股东之行为，保护投资人乃至中小投资人的权益；其二，上海证券交易所通过加强信息披露等手段从外部监督方式，防范特别表决权股东滥用特别表决权情形的发生。

上市公司监事会的监事由股东大会选举产生，其主要扮演监督管理层的角色，如果主要依靠监事会主导监督特别表决权股东、保护投资者的工作略显单薄；上海交易所外部监督的具体措施目前还没有具体的细则，比如，如何认定滥用特别表决权情形、公司或者特别表决权股东的具体改正措施、公司或者特别表决权股东拒不改正的惩罚措施等配套规则均未予以明确。

按照正本清源的处理思路，对于机构投资者而言，应当在决定投资之时就做出必要的安排，笔者建议如下：

（1）审查表决权差异安排的合法性，对于具有表决权差异安排的公司，投资入股时应当重点审查《公司章程》中与表决权差异安排的相关条款的合法性。

（2）在决定投资时要求修改《公司章程》，在法律、行政法规和规范性文件规定的范围内，增加表决权差异安排解除条款，增加限制特别表决权股份权利的条款，设置权利行使的门槛和前置条件。

（3）为防止创始股东和管理人利用特殊表决权股份牟利，增设表决权除外条款或者增加一票否决权的范围，比如管理层的薪酬、关联交易、对外担保等。

第五章 股权激励

第一节 股权激励及其制度设计

一、股权激励的定义和意义

（一）股权激励的定义

1. 从法理的角度讲

股权是股东权利，是一种财产性权利，其可延伸为股份、股票和期权等，其价值与市场紧密相关，属于公司治理、金融管理的范围；激励是人力资源管理的常用工具之一，也是财务、税务重点关注的科目。所以，从技术层面上讲，股权激励即是一套技术解决方案；从实质上讲，股权激励是公司基于战略、公司治理和人力资本优化的深度规划。股权激励上达公司治理和企业战略，下达组织变革和企业文化，最终是一个通路。股权激励这个工具伴随产权、公司治理、金融衍生工具理论的不断发展而逐步演变，以适应不同企业和企业不同发展阶段的实际需求。股权激励是解决企业目前组织现金流不足、储备不够等问题，也是组织吸引核心人才、留住骨干职工的有效手段。

2. 从法律制度的角度讲

具体到科创板上市的规则角度，依据《上市规则》《监管办法》的规定，股权激励是指上市公司以本公司的股票为标的，采用限制性股票、股票期权或者认可的其他方式，对董事、高级管理人员及其他员工进行长期性激励。科创板的股权激励制度设计，充分借鉴境外成熟市场做法，大幅优化了现有股权激励制度，主要体现在：一是增加了可以成为激励对象的人员范围，承担企业主要管理和研发职责的5%以上股东及其亲属，可以成为激励对象。二是放宽限制性股票的价格限制，科创公司可以自主决定授予价格。三是便利股权激励的实施操作，授予的股份可以在满足获益条件后进行股份登记。四是结合调研情况，规定科创公司有效期内的股权激励计划标的股票总数占总股本的比例，由现行规定中的10%提升至20%。此外，根据境内市场的发展阶段，强调了股权激励必须与公司业绩相挂钩，避免出现业绩下滑、公司管理层仍能通过股权激励获益的不正常情况。

与主板、中小板和创业板对比，科创板的股权激励制度更为灵活，包括股权激励计划所涉及的股票比例上限和对象有所扩大、价格条款更为灵活、实施方式更为便利。实施该等股权激励制度安排可能导致公司实际上市交易的股票数量超过首次公开发行时的数量。

（二）股权激励的意义

1. 吸引和留住人才

在当今社会，竞争日趋激烈，人才已经成为企业重要的资产，企业之间的竞争已经成为人才的竞争，如何吸引人才、留住人才和高效利用人才已经成为企业发展所必须着重考虑的问题。①

具体到科创板，由于在科创板上市的公司全部是高新技术创新企业，其更需要留住人才、吸引人才和高效利用人才，可以说人才就是科创板企业的生命，谁拥有有效的人才激励机制，谁就占领了发展先机。

2. 优化股权结构、提高公司管理效率

随着企业的发展壮大，公司股权结构也需要得到优化和规范。股权激励将公司业绩的增长与个人的收益水平紧密结合，使得拥有公司经营权的公司高管及核心员工通过持有股份增加参与公司经营管理的主动性、积极性，促进公司经营管理效率的有效提升。

举个例子：我们知道，华为和中兴通信都是总部设在深圳的信息技术企业，在几年前两家公司还是旗鼓相当，甚至作为上市公司的中兴通信还

① 刘树伟．新三板资本运作全书：挂牌、定增、并购重组和股权激励实务操作［M］．北京：法律出版社，2017：331.

略占上风。但是，近几年华为的发展速度显然更快，其不仅率先进入世界500强企业，而且其技术进步也是一日千里，抛开中兴通信很远。在茶余饭后，更多的企业高管、创业者和企业家朋友喜欢谈论华为的股权激励等人才激励机制。华为的成功既是民族企业技术进步的典范，也是民营企业机制灵活、激励有效的样板。

二、股权激励的制度设计

根据《上市规则》《监管办法》的规定，科创板股权激励制度主要从股权激励原则、股权激励主体、股权激励对象、股权激励方式、股权激励价格、股权激励比例和上限、股权激励实施程序和股权激励的信息披露等角度，对科创板的股权激励制度进行了规定。

（一）股权激励的原则

1. 合法性原则

发行人实行股权激励，应当符合法律、行政法规、公司章程的规定，有利于上市公司的持续发展，不得损害上市公司利益。

2. 有效性原则

发行人实行股权激励计划，应当设置合理的公司业绩和个人绩效等考核指标，有利于公司持续发展，不得损害公司利益。

3. 忠实勤勉原则

发行人董事、监事和高级管理人员在实行股权激励计划中，应当诚实守信、勤勉尽责，维护公司和全体股东的利益。

（二）股权激励主体

根据《上市公司股权激励管理办法》第13条的规定，发行人上市后如果具有下列情形之一的，不得实行股权激励：一是最近一个会计年度财务会计报告被注册会计师出具否定意见或者无法表示意见的审计报告；二是最近一个会计年度财务报告内部控制被注册会计师出具否定意见或无法表示意见的审计报告；三是上市后最近36个月内出现过未按法律法规、公司章程、公开承诺进行利润分配的情形；四是法律法规规定不得实行股权激励的；中国证监会认定的其他情形。

（三）股权激励对象

1. 股权激励对象

根据《上市规则》之规定，下列人员可以作为科创板上市公司的激励对象：一是上市公司的董事、高级管理人员、核心技术人员或者核心业务人员，以及公司认为应当激励的对公司经营业绩和未来发展有直接影响的其他员工。二是单独或合计持有上市公司5%以上股份的股东、上市公司实际控制人及其配偶、父母、子女以及上市公司外籍员工，在上市公司担任董事、高级管理人员、核心技术人员或者核心业务人员的，可以成为激励对象。

2. 禁止股权激励人员

根据《上市公司股权激励管理办法》和《上市规则》的规定，下列人员不得成为科创板上市公司的激励对象：一是最近12个月内被证券交易所认定为不适当人选；二是最近12个月内被中国证监会及其派出机构认定为不适当人选；三是最近12个月内因重大违法违规行为被中国证监会及其派出机构行政处罚或者采取市场禁入措施；四是具有《公司法》规定的不得担任公司董事、高级管理人员情形的；五是法律法规规定不得参与上市公司股权激励的；六是独立董事和监事除外；七是中国证监会认定的其他情形。

（四）股权激励的方式

1. 限制性股票

限制性股票是指激励对象按照股权激励计划规定的条件，获得的转让等部分权利受到限制的本公司股票。限制性股票在解除限售前不得转让、用于担保或偿还债务。上市公司授予激励对象限制性股票，包括下列类型：一是激励对象按照股权激励计划规定的条件，获得的转让等部分权利受到限制的本公司股票；二是符合股权激励计划授予条件的激励对象，在满足相应获益条件后分次获得并登记的本公司股票。

2. 股票期权

股票期权是指上市公司授予激励对象在未来一定期限内以预先确定的条件购买本公司一定数量股份的权利。激励对象获授的股票期权不得转让、用于担保或偿还债务。具体如下图：

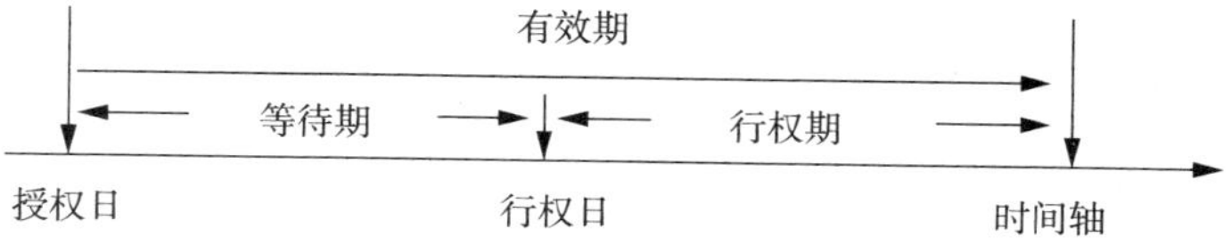

3. 其他方式

结合《国务院关于开展优先股试点的指导意见》《优先股试点管理办法》《上市规则》《上海证券交易所科创板股票发行上市审核问答》（2019年3月3日）的相关内容。

我们认为，员工持股计划和优先股可以成为科创板上市公司股权激励的选择方式，员工持股计划和优先股的内容，将在下文继续介绍。

（五）股权激励的价格确定

1. 限制性股票

科创板上市公司在授予激励对象限制性股票时，应当确定授予价格或授予价格的确定方法。授予价格不得低于股票票面金额，且原则上不得低于下列价格较高者：一是股权激励计划草案公布前1个交易日的公司股票交易均价的50%；二是股权激励计划草案公布前20个交易日、60个交易日或者120个交易日的公司股票交易均价之一的50%。

如果上市公司授予激励对象限制性股票的价格，低于股权激励计划草案公布前1个交易日、20个交易日、60个交易日或者120个交易日公司股票交易均价的50%的，应当说明定价依据及定价方式。并聘请独立财务顾问，对股权激励计划的可行性、相关定价依据和定价方法的合理性、是否有利于公司持续发展、是否损害股东利益等发表意见。

如果科创板上市公司采用其他方法确定限制性股票授予价格的，应当在股权激励计划中对定价依据及定价方式作出说明。

2. 股票期权

科创板上市公司在授予激励对象股票期权时，应当确定行权价格或者行权价格的确定方法。行权价格不得低于股票票面金额，且原则上不得低于下列价格较高者：一是股权激励计划草案公布前1个交易日的公司股票交易均价；二是股权激励计划草案公布前20个交易日、60个交易日或者

120 个交易日的公司股票交易均价之一。

如果科创板上市公司采用其他方法确定行权价格的，应当在股权激励计划中对定价依据及定价方式作出说明。

（六）股权激励的比例

上市公司可以同时实施多项股权激励计划。上市公司全部在有效期内的股权激励计划所涉及的标的股票总数，累计不得超过公司股本总额的 20%。

（七）股权激励的实施

1. 限制性股票实施流程

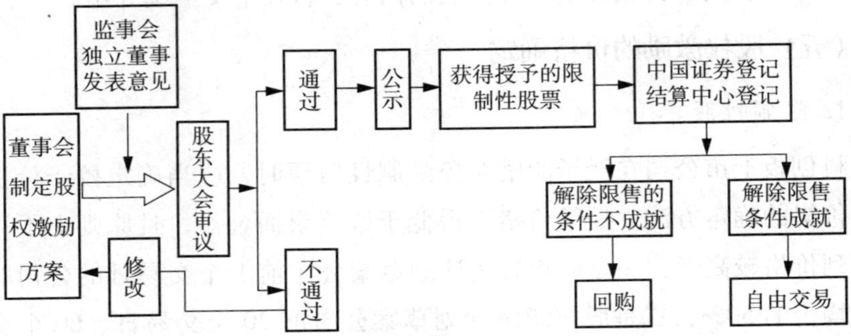

2. 股票期权实施流程

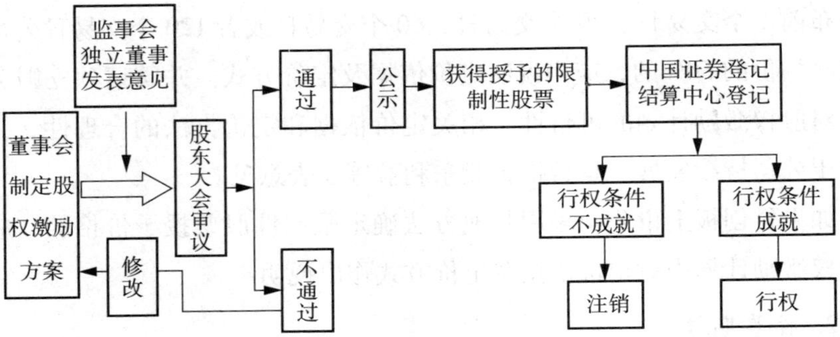

（八）股权激励的信息披露

1. 首发信息披露

首发时，发行人应当确保信息披露真实、准确、完整、及时、公平，不得存在隐瞒事实和虚假陈述之情形。

2. 持续信息披露

上市公司实行股权激励计划，应当按照法律规定履行信息披露义务，并且应当在年度报告中披露报告期内股权激励计划的实施情况。

三、限制性股票和股票期权的比较

限制性股票和股票期权各有优劣，没有谁劣谁优之分，上市公司应当根据企业的实际情况选择适用。

类型 项目	股票期权	限制性股票
本质	被激励对象可以选择行权或不行权	有限制条件的股票
会计	影响上市公司利润	影响上市公司现金流
税务	授予时不征税，实际行权购买时对于价差按照工资薪金征收个人所得税；出售时暂不征收	实际认购股票时，按工资薪金所得计征个税；出售时暂不征收
风险	对于被激励对象而言，没有风险	指数低（股价下跌，公司回购）
价值	股票价值+时间价值	股票价值

第二节　股权激励的持股模式和方案

一、持股模式与选择

（一）持股模式之比较

序号	形式	优势	弊端
1	直接持股	管理成本低、税负最低、身份象征、员工认同感高	长期持股，约束比较难，公司回购股权较难，被激励对象选择不当时调整成本很高
2	有限公司	利益捆绑，法制健全，政策风险小，规避流动性	管理成本增加、税负最高，转让股权须同步
3	有限合伙	利益捆绑，决策简便，税收优势，四两拨千斤	合伙人诚信无法保证
4	资管计划	效率高、条款灵活	二级市场购买需要大量资金

（二）持股模式的选择

在股权激励和股权结构设计过程中，这些持股模式既可以单独使用，也可以选择多个配合使用。每个持股模式单独使用的称之为单一模式，如果将多个持股模式混合使用的称之为复合模式。

根据实践经验，笔者认为股权激励的各种持股模式各有千秋，对于企业来讲没有最好的、只有合适的。企业应当根据公司现状、战略规划、股权结构、员工需求和员工意愿等因素综合考虑，最终选择适合公司当前现状和未来发展的持股模式，这样的模式才是最优的持股模式。

（三）复合持股模式之经典案例——有限合伙和有限公司配合运用

根据公开资料披露，浙江浙商产融资产管理有限公司（以下简称“浙商产融”）注册资本人民币100亿，目前在全国范围内投资各类资产管理公司、股权投资公司和实体企业共计90多个。

根据公开资料披露，浙商产融的庞大资金主要来自浙江浙商产融投资合伙企业（有限合伙）、宁波新业涌金投资管理合伙企业（有限合伙）和宁波产融创享股权投资合伙企业（有限合伙）的出资，而这三个有限合伙企业的有限合伙人有国内的上市公司、财务公司和企业集团，其中江浙一带的资金方占大部分。经过作者梳理，浙商产融的股权结构如下：

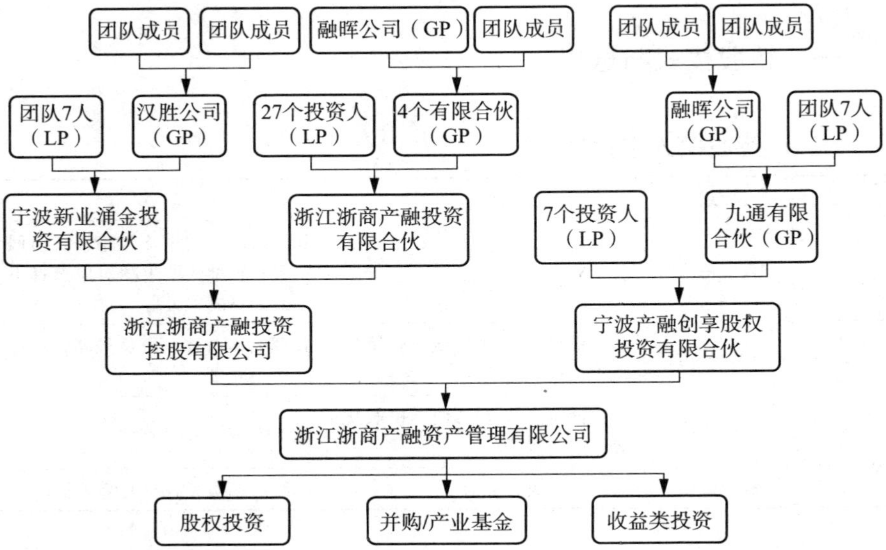

透过浙商产融的股权结构，我们发现浙商产融的实际控制人是一个有7个自然人组成的管理团队。这个管理团队出资人民币100万元成立宁波融晖企业管理有限公司（以下简称“融晖公司”），用来做有限合伙企业的普通合伙人（即管理合伙人），为自己建立一堵防火墙，规避承担连带责任，同时也用来管理投资人的资金。另外，管理团队成员也作为有限合伙人认缴宁波九通投资管理合伙企业（有限合伙）的部分财产份额，做该有限合伙企业的有限合伙人。这样做，对于投资人来说，可以捆绑整个管理团队，也增加了管理团队的责任，更放心地交给他们管理；对于管理团队来说，是投名状，也是增加收入的好方法，还有利于投资人放心投资和投入更多的资金。

浙商产融的管理团队，通过一系列合适的有限公司和有限合伙的合理安排，打造了一种新型、有效的控制模式，达到了“四两拨千斤”的效果，并成功实现了对百亿资金盘的控制，堪称“蚂蚁拉火车”式的资本运作。

浙商产融打造的这个模式，既是一个共赢的股权架构，也是一个有效的激励机制，它搭建了一个股东和股东之间、原股东和投资人之间、股东和管理层之间、甚至股东和管理层及员工之间的利益平衡点，并且是动态的利益平衡点。

这样的模式，无疑是一个成功的模式。

二、股权激励方案

（一）股权激励方案的内容

根据《上市公司股权激励管理办法》《监管办法》和《上市规则》的相关规定，发行人和科创板上市公司股权激励计划，在不违反法律、行政法规和上海证券交易所规范性文件的前提下，可以增加符合自身实际情况的内容，但必须包含下列内容：

（1）股权激励的目的。

（2）激励对象的确定依据和范围。

（3）拟授出的权益数量，拟授出权益涉及的标的股票种类、来源、数量及占上市公司股本总额的百分比；分次授出的，每次拟授出的权益数量、涉及的标的股票数量及占股权激励计划涉及的标的股票总额的百分比、占上市公司股本总额的百分比；设置预留权益的，拟预留权益的数量、涉及标的股票数量及占股权激励计划的标的股票总额的百分比。

（4）激励对象为董事、高级管理人员的，其各自可获授的权益数量、占股权激励计划拟授出权益总量的百分比；其他激励对象的姓名、职务、可获授的权益数量及占股权激励计划拟授出权益总量的百分比。

（5）股权激励计划的有效期，限制性股票的授予日、限售期和解除限售安排，股票期权的授权日、可行权日、行权有效期和行权安排。

（6）限制性股票的授予价格或者授予价格的确定方法，股票期权的行权价格或者行权价格的确定方法。

（7）激励对象获授权益、行使权益的条件。

（8）上市公司授出权益、激励对象行使权益的程序。

（9）调整权益数量、标的股票数量、授予价格或者行权价格的方法和程序。

（10）股权激励会计处理方法、限制性股票或股票期权公允价值的确定方法、涉及估值模型重要参数取值合理性、实施股权激励应当计提费用及对上市公司经营业绩的影响。

（11）股权激励计划的变更、终止。

（12）上市公司发生控制权变更、合并、分立以及激励对象发生职务变更、离职、死亡等事项时股权激励计划的执行。

（13）上市公司与激励对象之间相关纠纷或争端解决机制。

（14）上市公司与激励对象的其他权利义务。

（二）股权激励计划实施之“九定”模式

从实际操作的角度来讲，发行人股权激励计划的具体设计和实施，可以遵循“九定”模式，即定目的、定条件、定对象、定数量、定时间、定来源、定价格、定模式、定规则，具体见下表。

序号	项目	内容
1	定目的	留住人才、激励人才，降低成本、提升业绩，整合资源、发展壮大
2	定条件	根据股权激励的原则，确定股权激励的条件，比如：专业技术、业绩成果、对公司发展贡献
3	定对象	根据预先设定的条件，确定授予股权激励的具体人，审查激励对象的合规性
4	定数量	确定股权激励的股票总量、确定个人的股票数量；如果分期给付，则每次给付的数量
5	定时间	给付周期、给付时间点、等待期、有效期、限售期、授予日、行权期、可行权日等
6	定来源	法律规定：定向发行股份、回购本公司股份；其他方式：股东的股权转让、股票期权的预留部分
7	定价格	法定确定法，按照法律规定确认价格；自定法，双方根据上市公司每股净资产、机构估值等
8	定模式	选择直接持股模式，还是间接持股模式；是选择单一持股模式，还是复合持股模式
9	定规则	上市公司需要扩股、配股和缩股的处理方法，被激励对象因为离职、重大违约/违规的退出机制，被激励对象因为离婚、死亡和重大疾病的处理方法，上市公司和被激励对象关于议事、协同等重要事项约定

第三节　股权激励其他方式

一、员工持股计划

（一）员工持股计划的概念

员工持股计划是指公司为了吸引、保留和激励优秀员工，根据员工的自己的意愿，通过合法方式使员工获得本公司股权（股票）并长期持有，员工按约定参与公司经营决策和利益分享的机制。

（二）员工持股计划的内容

1. 员工持股计划原则

（1）合法性原则

实施员工持股计划，应当符合国家法律、行政法规的规定履行决策程序。

（2）自愿参与原则

实施员工持股计划应当遵循公司自主决定，员工自愿参加，不得以摊派、强行分配等方式强制员工参加本公司的员工持股计划。

（3）风险自担原则

员工持股计划参与人盈亏自负，风险自担，与其他投资者权益平等。

2. 员工入股的出资

员工入股应主要以货币出资，并按约定及时足额缴纳。按照国家有关法律法规，员工以科技成果出资入股的，应提供所有权属证明并依法评估作价，及时办理财产权转移手续。

3. 员工持股计划的股票来源

员工持股计划的股票来源的渠道主要有：一是回购公司的股票，二是在上海证券交易所二级市场购买（如果上市），三是认购非公开发行股票，四是股东自愿赠予，五是法律、行政法规和上海证券交易所允许的其他方式。

4. 员工持股计划的持股期限

员工持股计划的持股期限不得低于12个月，以非公开发行方式实施员工持股计划的不得低于36个月。

5. 员工持股计划的管理

（1）参加员工持股计划的员工应当通过员工持股计划持有人会议选出代表或设立相应机构，监督员工持股计划的日常管理，代表员工持股计划持有人行使股东权利或者授权资产管理机构行使股东权利。

（2）可以自行管理本公司的员工持股计划，也可以委托给信托公司、保险资产管理公司、证券公司、基金管理公司和其他符合条件的资产管理机构，双方还应当签订资产管理协议。

（3）员工享有标的股票的权益，在符合员工持股计划约定的情况下，该权益可由员工自身享有，也可以转让、继承。员工通过持股计划获得的股份权益的占有、使用、收益和处分的权利，可以依据员工持股计划的约定行使；参加员工持股计划的员工离职、退休、死亡或发生不再适合参加持股计划事由时，其所持股份权益依照员工持股计划约定方式处置。

（4）员工持股计划管理机构应当以员工持股计划的名义开立证券交易账户，员工持股计划持有的股票、资金为委托财产，员工持股计划管理机构不得将委托财产归入其固有财产。员工持股计划管理机构因依法解散、被依法撤销或者被依法宣告破产等原因进行清算的，委托财产不属于其清算财产。

6. 首发前员工持股计划的审查

（1）首发前实施员工持股计划应当体现增强公司凝聚力、维护公司长期稳定发展的导向，建立健全激励约束长效机制，有利于兼顾员工与公司长远利益，为公司持续发展夯实基础。

（2）首发前实施员工持股计划应当坚持“闭环原则”。即员工持股计划不在公司首次公开发行股票时转让股份，并承诺自上市之日起至少36个月的锁定期。发行人上市前及上市后的锁定期内，员工所持相关权益拟转让退出的，只能向员工持股计划内员工或其他符合条件的员工转让。锁定期后，员工所持相关权益拟转让退出的，按照员工持股计划章程或有关协议的约定处理。

（3）首发前实施员工持股计划，如果没有坚持“闭环原则”，则穿透计算持股计划的权益持有人数，并且员工持股计划应由公司员工持有，依法设立、规范运行，且已经在基金业协会依法依规备案。

二、优先股

（一）优先股的定义

何谓优先股，其相对于普通股而言，优先股股东拥有稳定的股息分红，并且在剩余财产分配方面享有优先权，但其参与公司决策管理的权利受到限制，正常情况下不参与公司治理。优先股股东在公司破产时，具有破产清算优先受偿，按事先约定的股息率优先享受股利，无表决权、无经营参与权，不能退股，只能被公司收回。

（二）优先股的特点

根据《优先股试点管理办法》第3条的规定，上市公司、全国中小企业股份转让系统挂牌企业可以发行优先股。实行股份制的企业中，投资人的资本可以以优先股的形式存在，在利润分红及剩余财产分配上相比原股东具有优先权。可以由《公司章程》对优先股股东表决权的事项范围做出特殊的约定，但也不应违反优先股的本意，给予优先股股东过多干预经营决策的空间。

优先股股东权利包括享有特定事项表决权，修改《公司章程》中与优先股相关的内容、一次或累计减少公司注册资本超过10%、发行优先股、公司合并、分立、解散或变更公司形式、未按约定支付优先股股息及《公司章程》规定的其他情形。对于发行人而言，优先股的优点包括不分散控制权、红利稀释减少、会计处理比较灵活；而缺点包括优先股股息不能税前扣除，可能会增加财务负担。对于投资人而言，优先股的优点包括能够满足长期稳定收益的投资需求；而缺点包括收益低，在极端情况下也存在一定违约风险。

对于发行人而言，如果在重大资产重组和并购中实施优先股制度，其既可以保障投资人资产处置的优先权，化解资产的流失风险，保证投资人优先获得股息，还可以放开经营权，让企业发挥效率优势和创新优势，提高企业的积极性，实现资本和企业结合的双赢。

（三）优先股的应用

优先股虽好，却未必适合所有公司，笔者结合工作经验，以下几类公司比较适合适用优先股：一是资金有需求量的公司，如银行类金融机构、对资金需求量大且具有稳定现金流的实业公司；二是需要大量资金投入研发的高新技术企业；三是股权已经比较分散，且大股东不想继续稀释股权的成熟性公司；四是创业期以及成长初期的公司；五是需要进行并购重组的公司等。

优先股目前在主板、中小板、创业板和新三板已经有很多的成功案例，具体案例：中国交建、工商银行、长沙银行、哈药股份、中国电建、中原高速、齐鲁银行、海航饮品、美味源、南海网等。

三、首发前期权激励计划

发行人首发前制定的期权激励计划是指发行人在首发申报前已经制定的期权激励计划，并准备在上市后实施的期权激励计划。其必须体现增强公司凝聚力、维护公司长期稳定发展的导向，原则上必须符合下列要求。

序号	核心要点	相关规定
1	激励范围	激励对象应当符合《上市规则》第10.4条相关规定；（10.4条规定了激励范围问题）
2	行权价格	期权的行权价格由股东自行商定确定，但原则上不应低于最近一年经审计的净资产或评估值
3	激励总量	发行人全部在有效期内的期权激励计划所对应股票数量占上市前总股本的比例原则上不得超过15%，且不得设置预留权益
4	实施规定	在审期间，发行人不应新增期权激励计划，相关激励对象不得行权
5	控制人稳定	在制订期权激励计划时应充分考虑实际控制人稳定，避免上市后期权行权导致实际控制人发生变化
6	减持规定	激励对象在发行人上市后行权认购的股票，应承诺自行权日起三年内不减持，同时承诺上述期限届满后比照董事、监事及高级管理人员的相关减持规定执行
7	其他规定	激励计划的必备内容与基本要求，激励工具的定义与权利限制，行权安排，回购或终止行权，实施程序等内容，应参考《上市公司股权激励管理办法》的相关规定予以执行

参 考 文 献

一、参考专著：

[1] 白光林．并购为王：法律的策略和智慧［M］．北京：法律出版社，2016.

[2] 刘树伟．新三板资本运作全书：挂牌、定增、并购重组和股权激励实务操作［M］．北京：法律出版社，2017.

[3] 邹菁．私募股权基金的募集与运作：法律实务与案例［M］．北京：法律出版社，2016.

二、参考网站：

[1] 中国证券监督管理委员会网站：www. csrc. gov. cn

[2] 上海证券交易所网站：www. sse. com. cn

[3] 全国中小企业股份转让系统网站：www. neeq. com. cn

[4] 最高人民法院网站：www. court. gov. cn

后 记

科创板上市在我国资本市场的历史上是一座丰碑。而其中的注册制就像一颗闪耀的星星吸引着诸多人的眼球。作为资本市场的新星，在一段时间内，再多的业内人士去关心它都不为过。我们也像追星族，在科创板施行的前后，用心地去关注、分析和研究，本书的出版就是我们研究的成果和结晶。

本书的作者都是在资本市场及相关领域长期耕耘的学者、律师和爱好者，对科创板有着共同的志趣。对于本书的写作，虽然最初有人只是试探性地提议，但却很快达成合意。我们经过几个月共同艰辛地努力，本书终于面世了。

我们在写作过程中，力求发挥各自的专业优势进行分工合作。舒长林律师负责本书第一章第一节、第三节、第四章、第五章的写作，李智琪律师和张振华律师负责第一章第二节、第三节、第二章的写作，王志健总经理负责第三章第一节的写作，袁森庚律师和李欣科长负责第三章第二节的写作。合理的分工既是合作的基础，也是高效的保障。

本书的出版，不仅有作者的努力，还得到了许多人的帮助。例如，科创板研究者发表的研究成果，有关媒体公布的资料，我们的律师助理对相关资料的收集以及对书稿的整理，业内同行给予的宝贵意见，投行大咖高伟老师还亲自写序，税务书店徐平利经理与出版社的沟通联络，尤其本书编辑叶老师艰辛地付出，以及广州鼎诚家族办公室有限公司对本书出版给予的资助，都是本书得以出版的坚实基础。在此，对你们的付出，我们深表感谢！

将自己的思绪转换成印制的文字，永远是作者的担忧，因为自己在出版物中留下不当甚至错误的表述都将成为无法更改的历史。虽然我们用心尽力，但可能由于水平所限，也许努力还不够等原因，总不免留下一些缺憾。读者诚意的指正，都将是我们不断进步的阶梯。

本书的作者们

2019 年 8 月 25 日